HISTORIA

DE LOS REYES CATÓLICOS

D. FERNANDO Y DOÑA ISABEL,

ESCRITA POR

EL BACHILLER ANDRÉS BERNÁLDEZ,

Cura que fué de la villa de los Palacios, y Capellan
de D. Diego Deza, Arzobispo de Sevilla.

———

TOMO I.

SEVILLA:

IMPRENTA QUE FUÉ DE D. JOSÉ MARÍA GEOFRIN,
CALLE DE LAS SIÉRPES, NÚM. 73.

———

M.DCCC.LXX.

PRÓLOGO.

La historia del mundo no ofrece pájinas más brillantes y gloriosas que las consagradas á rejistrar la de nuestra pátria, desde el advenimiento al Trono de los inmortales Reyes Católicos hasta que desciende á la tumba el insigne hijo y sucesor de Cárlos V. Siglo de oro aquel para España en todas las esferas de la intelijencia y la actividad humanas, hay todavia un período entre los que lo constituyen, que brilla con tales y tan vívidos y desusados resplandores, que hasta hace empalidecer las altas glorias que engrandecen á los demás de aquella época asombrosa y eternamente memorable.

No hay para qué decir que aludo á aquellos dias en que ocupando el ántes vilipendiado Sólio los egrégios Monarcas D. Fernando y D.ª Isabel, reconstituyen vigorosa y potente la nacionalidad española, convierten el caudillaje que asolaba el país en semillero de portentosos héroes, dán cima á la reconquista del suelo pátrio lanzando de él para siempre á la Morisma, avasallan la Italia, y realizan con asombro de las naciones todas, y para honra eterna del nombre español, la más alta y prodijiosa empresa que han intentado nunca los hombres, dotando á la civilizacion de un Nuevo Mundo, descubierto, y andando el tiempo conquistado, merced á hazañas que dejan atrás cuanto la imajinacion pudo concebir y la Fábula soñar en sus más atrevidas y maravillosas ficciones.

Hoy que tanta y tan merecida importancia se dá á los estudios históricos, y que en tan alto grado se estima cuanto conduzca á darnos á conocer las diversas épocas bajo su verdadero aspecto, y muy principalmente la á que me refiero, desenterrando de entre el polvo de los archivos todos aquellos documentos que puedan arrojar alguna luz sobre hechos que tan justa y poderosamente llaman nuestra atencion, han adquirido un interés aun mayor que el que siempre se les ha reconocido *las Crónicas* y Memorias particulares, linaje de escritos de muy diversa índole y aun más preciosos, si cabe, que las *Historias* propiamente dichas, pues si bien la importancia de estas es altísima, como que nos explican la marcha general de los sucesos públicos y desentrañan el espíritu que á ellos preside, constituyendo verdaderos tratados de filosofía histórica, muéstrannos aquellas el modo de ser de las generaciones que nos precedieron, y nos presentan co-

mo de relieve y con todo su colorido así la sociedad que nos describen como á los héroes y per-
sonajes que en ella sobresalieron, y á los cuales,
puede decirse, que, merced á los *cronistas* y auto-
res de *memorias* particulares, conocemos y trata-
mos, tal vez de una manera más íntima y perfec-
ta que si en nuestros mismos dias y entre nosotros mismos florecieran.

La *Crónica*, que su autor llama Historia, de los
Reyes Católicos, escrita por el Bachiller Andrés
Bernáldez, Cura de Los Palacios, reune tanto como la que más las verdaderas condiciones de tal.
Debida á un testigo ocular de los sucesos en ella
descritos, que por la ilustracion inherente entónces á su estado eclesiástico, y por el conocimiento
del mundo y el corazon humano que el pertenecer
á este mismo estado le proporcionaba, tenia grandes elementos para desempeñar bien su propósito,
al paso que por el carácter privado de su obra,
y por lo modesto de su posicion y hasta del
lugar en que pasó la mayor parte de su vida
reunia innegables garantías de imparcialidad y
consiguientemente de acierto, es un monumento
histórico apreciabilísimo, que ha servido á cuantos
han escrito acerca de la época á que se contráe
para comprobar multitud de hechos y afirmarlos.
Su mala ventura ha querido, sin embargo, que ha-

ya llegado hasta nuestros dias sin ser conocida más
que de los doctos, pues hasta la impresion que de
ella se hizo por vez primera y há solo catorce años
en Granada, fué en las cubiertas de un periódico,
no limpia ciertamente de yerros, y alcanzando la
escasa y precaria circulacion que la forma en que
hubo de publicarse hacia presumir.

Digna es por cierto de mejor fortuna, y persuadida de ello la Sociedad de Bibliófilos Andaluces,
complácese en darla hoy á la estampa tan esmera-
damente como le ha sido posible, á fin de hacerla
conocer al público todo, y de que saboreando este las indisputables bellezas que la avaloran, una
su aplauso á los que ya ha merecido de varones
tan competentes como el sábio P. Mariana, el insigne anticuario Rodrigo Caro, el docto bibliógrafo
D. Nicolás Antonio, y los modernos escritores Ro-
bertson, Irving, Prescott, Clemencin, Tapia, Mar-
tinez de la Rosa, Lafuente D. (Modesto), Lafuente
Alcántara, Rios, Fernández Espino y otros; no ménos que del ilustre Ticknor, quien si en un sen-
tido la moteja por considerar al autor preocupado
é intolerante, elójiala al fin del mismo párrafo en
que tal afirma, colocándola entre los libros impor-
tantes para la historia del descubrimiento de Amé-
rica.

Explicado el por qué de esta publicacion resta

solo reseñar, en la escasa medida que es posible, la vida de Bernáldez; dar algunas muestras de su estilo, y manifestar los Códices que han sido compulsados. .

Nació Andrés Bernáldez en la villa de Fuentes, perteneciente á la Encomienda Mayor de Leon en la Orden de Santiago, probablemente á mediados del siglo XV. Nieto de un escribano, hombre observador y curioso, que se complacia en consignar, para recuerdo suyo, los acaecimientos dignos de memoria que ante él se desarrollaban, débese á tal circunstancia la aficion que se despertó en nuestro Bachiller hácia este jénero de apuntes y consiguientemente la *Crónica* que hoy se dá á la estampa, pues, leyendo un dia algunas noticias de sucesos de su tiempo dejadas por su abuelo entre otros papeles, estimulóle la viuda del difunto á que escribiera él tambien lo que en su época acontecia.

Y en verdad que, como ántes he indicado, ninguna más propia para excitar el deséo de ocuparse en consignar sus hechos memorables. La reunion en uno solo de los diversos Estados en que se dividia España; la terminacion de los terribles bandos de Andalucía; la conquista de Granada; la expulsion de los judíos; las victorias de Italia, y sobre todo, el descubrimiento del Nuevo Mundo, sucesos fueron, y especialísimamente el último, de la mayor importancia, y que no podian menos de despertar el deséo de legarlos á la posteridad en quien viéndolos desarrollarse ante sus propios ojos, ó escuchando su narracion de los mismos que en ellos habian intervenido, se sintiera dotado, como á Bernáldez acontecia, de los medios de realizarlo.

Cura de la villa de Los Palacios, próxima á Sevilla, desde el año de 1488 al de 1513, como lo prueban los libros parroquiales de dicha poblacion, cuyas partidas vió Rodrigo Caro suscritas por nuestro cronista, el cual dejó anotados en sus márjenes muchos de los sucesos contemporáneos (1); capellan del Arzobispo de Sevilla D. Diego de Deza, confesor que habia sido de la Reina Católica, fué amigo y admirador del gran D. Rodrigo Ponce de Leon, Marqués de Cádiz, no ménos que del inmortal descubridor del Nuevo Mundo, á quien, como al hijo del infeliz Cacique Caonaboa, (así le llama), hospedó en su propia casa. De tales testigos, y de las noticias por sí mismo adquiridas proceden las que en

---

(1) Desgraciadamente no se conservan ya estas partidas, segun carta del actual Párroco de Los Palacios D. Manuel Perez y Jimenez, que en ella manifiesta conservarse la tradicion en dicha villa de haber habitado Bernáldez y parado Colon en una casa contigua á la Iglesia señalada con el número 10 moderno de la calle del Hospital, en la cual dicho Sr. Perez ha encontrado un trozo de mármol que parece pertenecer á una inscripcion conmemorativa de Colon, cuyo nombre casi por completo, y la inicial de su apellido, se leen en dicho trozo.

su libro estampa. Participa este en su consecuencia tanto del carácter de Crónica como del de Memorias particulares del autor, y tiene tal sello de sinceridad en cuanto afirma, al propio tiempo que tal sencillez y falta de pretensiones en la frase, que hacen estimabilísima la obra y por todo extremo simpático al autor, en quien se revelan las cualidades todas del verdadero cronista.

Como muestra de su estilo y de la verdad y animacion que resplandecen en su libro, séame permitido trasladar algunos pasajes, anticipando así á quien lo abriere por estas pájinas su sabrosa lectura.

Véase con que encantadora sencillez revela en uno de sus primeros capítulos la manera, ya ántes por mí indicada, como le vino en mientes escribir su *Crónica*, y las sólidas razones en que se apoya para llevar á cabo tan feliz propósito, avalorando con ellas su ejecucion y revistiendo el libro de un carácter tal de autenticidad, que en vano querrá concederse mayor á otro alguno:

«Cierto es que todos los que en este mundo alguna obra ó jornada comienzan, la comienzan con intencion de ver su fin, é si el fin de la obra es bueno, alegra mucho á aquel que la deseó ver acabada. Yo el que estos capítulos de *Memorias* escribí, siendo de doce años, leyendo en un registro de un mi abuelo defunto, que fué Escribano público en la villa de Fuentes, de la encomienda mayor de Leon, donde yo nací, hallé unos capítulos de algunas cosas hazañosas que en su tiempo habian acaecido, y oyéndomelas leer mi abuela viuda su mujer, siendo en casi senitud, me dijo· Hijo, y tú por qué no escribes así las cosas de ahora como están esas? pues no ayas pereza de escribir las cosas buenas que en tus dias acaecieron porque las sepan los que despues vinieren, y maravillándose desque las lean, den gracias á Dios. Y desde aquel dia propuse hacerlo así, y despues que mas se me entendia, dije muchas veces entre mí: si Dios me dá vida y salud y vivo, escribiré hasta que vea el Reyno de Granada ser ganado de christianos; é siempre tube esperanza de lo ver, é lo ví como lo vísteis é oísteis los que son vivos: á Nuestro Señor Jesu-Cristo sean dadas muchas gracias é loores. E por ser imposible poder escribir todas las cosas que pasaron en España por concierto, durante el matrimonio del Rey D. Fernando é de la Reyna Doña Isavel, no escribí, salvo algunas cosas de las mas hazañosas de que ove vera informacion, é de las que ví é de las que á todos fueron notorias y públicas, que acaecieron é fueron, é pasaron porque viva su memoria; é porque algunos caballeros y nobles personas que lo vieron, é otros que no lo vieron, é los que nacerán y vernán despues destos tiempos habrán placer de lo leer é oyr, é darán gracias á Dios por ello, porque no embargante que ello todo por los Coronistas de sus Altezas se dá muy cumplidamente escrito, como las corónicas no se comunican entre las gentes comunes, luego se olvidan muchas cosas acaecidas y el tiempo en que acaecieron y quien las fizo, si particularmente no son escritas y comunicadas, é por este provecho que de aquí se seguirá, suplico ninguno me tenga á locura quererme meter á escribir lo que es ageno de mi oficio, é á los que mejor lo supieren lo que yo escribo ó cualquier parte de ello por lo haber visto é se haber acaecido en ello, suplico si algunos defectos ó yerros fallaren en mi escribir los quieran enmendar, á la correccion de los quales é de toda la verdad é de buena razon me someto en mi voluntad no movida á ninguna defectuosa aficion ni vanagloria, ni para á nadie ofender.»

Difícilmente podrá hacerse pintura más de bulto que la de la salida á misa de la Reina Católica después del nacimiento del Príncipe D. Juan, ocurrido en Sevilla:

«Domingo 9 dias de agosto, salió la Reyna á misa á presentar al Príncipe al templo é á lo ofrecer á Dios, segun la costumbre de la Santa Iglesia, muy triunfantemente apostada, en esta manera: iba el Rey delante della muy festivamente en una hacanea rucia, vestido de un rozagante vestido de brocado y chapado de oro, é un sombrero en la cabeza chapado de hilo de oro, é la guarnicion de la hacanea era dorada de terciopelo negro. iba la Reyna cabalgando en un troton blanco, en una muy rica silla dorada é una guarnicion larga muy rica de oro y plata, é llevaba vestido un brial muy rico de brocado con muchas perlas y aljofar; iba con ella la Duquesa de Villahermosa, muger del Duque D. Alonso, hermano del Rey, y no otra dueña ni doncella íbanles festivando muchos instrumentos de trompetas é cheremías, é otras muchas cosas, é muy acordadas músicas que iban delante de ellos: iban allí muchos Regidores de la ciudad á pié los mejores: íbanles acompañando cuantos Grandes habia en la Corte que iban alrededor de ellos· iba el Condestable á la mano derecha de la Reyna, la mano puesta en las lomas de la brida de la Reyna, y el Conde de Benabente á la mano siniestra, de esta misma forma de este otro: iba á sus piés y estribo el Adelantado de Andalucía y Fonseca el Señor de Alahejos. Iba el ama del Príncipe encima de una mula en una albarda de terciopelo é con un repostero de brocado colorado, llevaba al Príncipe en sus brazos; iban alrededor dél muchos Grandes de la Corte; junto con el ama iba el Almirante de Castilla, y todos estos Grandes iban a pié; este dia dijeron la misa en el altar mayor de la iglesia muy festivamente.

Ofreció la Reyna con el Príncipe dos exelentes de oro de cada

cincuenta exelentes cada uno, ovo la Fábrica el uno é los Capellanes de la Reyna el otro. Oyda su misa, así ordenadamente como habían venido, se volvieron á el Alcázar.»

Sus descripciones de los sitios de Ronda é Illora son así mismo de palpitante interés, y revelan
como la anterior, la indudable presencia del Cronista. Hé aquí como refiere la llegada de la Reina
al Real de D. Fernando después de la toma de la
segunda de dichas plazas:

«El Viernes que los Moros partieron de Illora para Granada,
partieron del real el Marqués Duque de Cádiz é el Adelantado
de Andalucia con gran caballería á recibir la Reyna Doña Isabel
á la Peña de los Enamorados, que venía á ver el real, é á ver
parte de la victoria é buena ventura del rey su marido, la cual
traia consigo, dejando la gente que la fué á recibir. hasta cuarenta cabalgaduras, en que habia fasta diez mugeres; el recibimiento
que le fué fecho fué muy singular, en que salieron al camino los
primeros el Duque del Infantadgo, que habia venido de Castilla
á la guerra en persona muy poderoso é muy pomposo, é el Pendon de Sevilla é su gente, é el Prior de San Juan fasta una legua y media del real. é púsose una batalla á la mano izquierda
del camino por donde ella venia, todos bien aderezados como
para pelear, é como la Reyna llegó, fizo reverencia al Pendon
de Sevilla, é mandolo pasar á la mano derecha, é como la recibieron salió toda la gente delante con mucha alegria corriendo
á todo correr, de que Su Alteza ovo muy gran placer: é luego
vinieron todas las batallas, e las vanderas del real a le facer reci-
vimiento, é todas las banderas se abajaban cuando la Reyna pasaba: é luego llegó el Rey con muchos Grandes de Castilla á la
recibir, é antes que se abrazasen se hicieron cada tres reveren-

cias, en que la Reyna se destocó, é quedó en una cofia el rostro descubierto, é llegó el rey é abrazóla é besóla en el rostro: é luego el Rey se fué a la Infanta su fija, é abrazóla é besóla en la boca, é santiguóla venia la Reyna en una mula castaña en una silla andas, guarnecida de plata dorada, traia un paño de carmesí de pelo, é las falsas riendas é cabezada de la Mula eran rasas, labradas de seda de letras de oro entretallada y las orladuras bordadas de oro; é traia un brial de terciopelo é debajo unas faldetas de brocado, é un capuz de grana; vestido guarnecido morisco, é un sombrero negro guarnecido de brocado al rededor de la copa é ruedo; é la Infanta venia en otra Mula castaña guarnecida de plata blanca, é por orladura bordada de oro, é ella vestida de un brial de brocado negro, é un capuz negro guarnecido de la guarnicion del de la Reyna.

El Rey tenia vestido un jubon de demesin de pelo, é un quisote de seda rasa amarillo, é encima un sayo de brocado é unas corazas de brocado vestidas, é una espada morisca ceñida muy rica, é una toca en un sombrero, é en cuerpo en un Caballo castaño muy jaezado, é los atavios de los Grandes que allí estaban eran muy maravillosos é muy ricos, é de diversas maneras, así de guerra como de fiesta que seria muy luengo de escribir: allegó el Conde de Inglaterra luego en pos del Rey á facer recibimiento á la Reyna é á la Infanta muy pomposo, en estraña manera á la postre de todos armado en blanco á la guisa, encima de un Caballo castaño con los paramentos fasta el suelo de seda azul, y las orladuras tan anchas como una mano de seda rasa blanca, é todos los paramentos estrellados de oro enforrados en ceptí morado; é él traia sobre las armas una ropeta francesa de brocado negro raso, un sombrero blanco francés con un plumage, é traia en su brazo izquierdo un broquelete redondo á bandas de oro, é una cimera muy pomposa fecha de tan nueva manera, que á todos parecia bien, é traia consigo cinco caballos encubertados con sus pages encima todos vestidos de seda y brocado, é venian con él ciertos gentiles hombres de los suyos muy ataviados, é ansí llegó á facer reverencia al Rey, é anduvo un rato festejando á todos encima de su caballo, é saltando á un cabo é á otro muy concertadamente mirándole todos los grandes é toda la gente, é á todos pareció bien é desto Sus Altezas ovieron mucho placer, é ansí vinieron fasta las tiendas reales donde los señores reyes, é su fija fueron bien aposentados, é las damas y señoras que las acompañaban en este viaje.»

Con no menor viveza describe el sitio de Málaga, y hay en su relato frases como la de que: «era una gran fermosura ver el Real sobre Málaga por tierra e por mar» que denotan haber asistido por sí mismo á aquella hazañosa empresa. El acto de dar libertad á los cautivos cristianos encontrados en la ciudad conquistada, está de tal manera descrito, que su lectura bastó para inspirar al ilustre pintor contemporáneo D. Eduardo Cano, una de las más bellas obras por él producidas: la que representando tan conmovedora escena presentó en la Exposicion Nacional de Bellas Artes de 1867. No ménos bello cuadro pudiera pintarse, tomando el asunto de la descripcion hecha por Bernáldez del rebato que dieron en este mismo sitio los Moros al Real de los Cristianos por la parte que el Marqués de Cádiz ocupaba con su hueste, y de la gallarda manera como por tan valeroso caudillo fueron rechazados.

De los diversos lances de aquella caballeresca

guerra, ya prósperos, ya adversos, sigue haciendo animadísimos relatos; tales que parece siempre
al leerlos que á ellos asistimos, y no bien termina-
da la lucha, pinta de este modo la muerte y entierro del insigne Marqués de Cádiz:

Murió el esforzado Caballero Marqués Duque de Cádiz D. Rodrigo Ponce de Leon en la ciudad de Sevilla dentro de sus casas,
de achaque de una opilacion que se le hizo andando en la guerra contra los moros, recibió todos los Sacramentos é dejó por su
sucesor á su nieto D. Rodrigo; este fué el Caballero que mas
trabajó de los Grandes de Castilla en la guerra, que desque de
Alhama tomó no ovo entrada que el Rey ficiese que no fuese
en ella, en todos los diez años que duró la conquista del Reyno
de Granada: él fizo el comienzo y vido el fin, é ovo su parte de
la gloria é victoria, que él fué presente en la entrega de Granada, que fué el sello de la Conquista, y así mesmo fué honrado
en la vida y amado de los esforzados, así fué muy honrado en
la muerte. Pasó esta presente vida en lunes 27 de Agosto de
1492, dada la una, en presencia del Prior é del Vicario de San
Gerónimo, que lo absolvieron con la Santa Cruzada é consolaron hasta la fin, la cual él era, é ovo muy buena é con mucho
arrepentimiento de sus pecados, é fizo cristianos actos, é su tes-
tamiento, é firmólo ante Christóbal Gutierrez é Francisco Sanchez
Escribanos de Sevilla, en presencia de todos los cuales estaban,
así Caballeros como Dueñas. Desque ovo espirado luego el Sr.
D. Luís Ponce é su padre D. Pedro Ponce Señor de Villagarcía, é todos sus parientes é hermanos, é criados, é escuderos de
casa se cubrieron de xerga, y eran tantos, que no cabian en toda la casa; é alcanzó mucha honra en su fin, que estuvieron á su
fallecimiento é enterramiento, y se cubrieron por él de luto
el Sr. D. Alonso de Aguilar que era mucho su amigo y D. Pedro

Puerto Carrero, hermano de la Señora Duquesa, Señor de Moguer, y el Sr. D. Luís Puerto Carrero, Señor de Palma y otros muchos honrados Señores: Fernan Darias, Señor del Viso é Pedro de Vera, é D Luís Mendez Portocarrero, é Francisco Cataño é otros, todos estos se cubrieron de luto, que faltó xerga, con el fallecimiento del Duque de Medina, é pusiéronlo en un ataud aforrado en terciopelo negro, é una cruz blanca de damasco en presencia de los dos frailes, vestido de una rica camisa é un jubon de brocado, é un sayo de terciopelo negro, é una marlota de brocado, fasta en piés, é unas calzas de grana, é unos borceguíes negros, é un cinto de hilo de oro, é su espada dorada ceñida, segun él acostumbraba traer cuando era é andaba en las guerras de los moros, é así descendieron el ataud con él de la sala, é lo pusieron en unas andas enforradas de terciopelo negro á bajo en el cuerpo de la casa, donde los Ponces sus hermanos y parientes y la Duquesa, su mujer, y otras muchas Dueñas hicieron sobre él grandes lloros é sentimiento: eso mesmo ficieron sus escuderos é criados, é otros, é otras muchas de su tierra é tambien de la Ciudad, que era muy bien quisto Caballero. Desque fué noche, antes de Ave Maria, vinieron mas de ochenta Clérigos con la Cruz de Santa Catalina, é tres órdenes de Frailes del Cármen, de la Merced é de S. Francisco, y encomendáronlo é sacáronlo en las andas, acompañándolo los Eclesiásticos, el Provisor é todos los demás honrados Canónigos de la Iglesia mayor é Arcedianos é dignidades, é los Obispos que se hallaron en la ciudad. E de lo seglar el Conde de Cifuentes, Asistente de Sevilla y la mayor parte del Regimiento de la Ciudad de Veinte y cuatros, y Alcaldes mayores é otras gentes, que no cabian por todas las calles; lleváronlo por la calle de la Alóndiga é por S. Leandro, faciendo por sus trechos sus paradas, donde la Clerecía decia sus responsos, é las gentes que seguian sus ploros, y les ayudaban las Dueñas que salian á mirar desde sus puertas é ventanas á lo llorar, é daban tan grandes gritos las mugeres de la Ciudad por donde lo llevaban como si fuera padre, ó fijo, ó hermano

de todos, é siguiéronlo, é acompañáronlo tantas gentes fasta S.
Agustin, que no cabia por las calles ni por los adarbes, ni en la
Iglesia de S. Agustin, é así iban las gentes acompañándolo y
honrándolo como cuando facen la fiesta del Córpus Christi en
Sevilla, aunque era de noche: salieron con él desde su casa doscientas cuarenta hachas de cera encendidas que parecia por donde iban que era en mitad del dia: acompañáronle así mesmo desde casa hasta la sepultura diez banderas que por sus fuerzas é
guerras que fizo á los moros, antes que el Rey D. Fernando comenzase la conquista de Granada, les ganó, las cuales en testimonio allí iban cerca de él, é las pusieron sobre su tumba, donde agora están sustentando la fama de este buen caballero, la
cual no puede morir, é es inmortal, así como el ánima, é quedaron allí en memoria Saliéronle á recibir los Frailes de S Agustin con la Cruz é cirios, é ocho incensarios vestidos de Almá-
ticas negras, é así lo metieron muy honradamente en la Iglesia, é pusieron las andas en una muy alta cama donde estaba fasta que le digeron cuatro Vigilias, cada Orden la suya; é otra la
Clerecía; é dichas lo depositaron en su tumba cerca de los Condes D. Juan su Padre é D. Pedro Ponce su Abuelo, Ntro Señor
le dé santa gloria otro dia la digeron muchas misas

El Rey é la Reyna desque supieron la muerte del Marqués
Duque de Cádiz, se retrageron é encerraron, é ovieron mucho
sentimiento, é pusieron luto negro por él, é las Damas lloraron
mucho en casa del Rey, que lo amaban mucho, que las servia é
daba mucho, é lo conocian de como recibia é acompañaba á la
Reyna y á ellas en tierra de moros, porque llevándolo la Reyna,
é ellas cerca de sí, facian cuenta que llevaban al Cid Ruy Diaz
en su tiempo; porque los moros le temian mucho, tanto que donde quiera que sabian que iba é conocian su bandera, no esperaban ni osaban pelear

Describe después en estos términos la persona

del referido Marqués, figura en verdad principalí-
sima del último periodo de la reconquista, y quien,
de no haber fallecido cuando aún se hallaba en todo el vigor de la edad, hubiera emulado las glorias
del preclaro caudillo que alcanzó el universal re-
nombre de *Gran Capitan:*

Era hombre de buen cuerpo, mas mediano que grande, de muy
récios miembros, brazos é piernas, muy gran caballero de la gineta, era blanco en el cuerpo, é rojo en la cara, y cabellos, é pez-
cuezo é manos: era hermoso de gesto, la cara mas larga que angosta ni luenga, no habia en ella reprension, la habla é órgano
de ella muy clara é muy buena, los cabellos rojos é crespos, é
las barbas rojas; era muy esforzado é bravo, é muy feroz á sus
enemigos, é muy verdadero amigo de sus amigos, amaba mucho
sus vasallos, é volvia por ellos cuando lo habian menester.

Algunos han tachado á nuestro Bachiller de
un tanto parcial en favor del Marqués de Cádiz.
Como para mí fué éste la más alta y heróica figura militar de su tiempo, no hallo justificada semejante censura. Cuanto en su elójio pueda decirse
es, á mi juicio, merecido.

Las pájinas relativas al descubrimiento de Amé-
rica; las en que narra la emigracion y la inmigra-
cion judáicas, ambas igualmente lastimosas; ciertos pasajes relativos á la conquista de Nápoles, y
las descripciones del terremoto de 1504 y del hambre de 1506 son muy interesantes. Renuncio á trasladar sus razones, igualmente que las curiosísimas

con que relata el hospedaje dado por él á Colon en su propia morada, por no hacer interminable este prólogo, y supuesto que los lectores han de verlos y apreciarlos por sí propios pájinas adelante. Para muestra bastan las ya dadas.

En cuanto á los Códices compulsados para que vea la luz pública la presente edicion de esta Crónica, diré que despues de examinar detenidamente los dos que existen en la Biblioteca Colombina de esta Ciudad, uno de los cuales, el más antiguo, es el que ha servido para la actual publicacion, fué el primer cuidado de la Sociedad á quien se debe, conocer el que se suponia haber dejado dispuesto para la estampa .el erudito Académico de la Historia D. Eujenio Llaguno y Amírola. Aprovechando la accidental estancia en Madrid de uno de sus indivíduos, el Sr. D. José María Asensio, logró tener exacta noticia de él, pues dicho Sr. lo examinó por su encargo escrupulosamente en el Ministerío de Fomento donde existe, adquiriendo la conviccion de que el difunto Académico no tenia hecho trabajo preliminar alguno, y de que el Códice en nada importante se diferenciaba de los existentes en la Colombina.

Una vez persuadida de esto, adquirió así mismo la Sociedad puntualísima noticia de otro Códice que existe en la Real Academia de la Historia, y de tres que posée la Biblioteca Nacional, merced al noble amor á las letras y dilijente celo de personas tan doctas como los Sres. D. Pascual de Gayangos y D. Cayetano Alberto de la Barrera; y de su comparacion con los ya citados de la Colombina resultó no diferenciarse tampoco de ellos en lo esencial. La única discordancia que entre algunos de los siete que he indicado se nota, consíste en el número de los capítulos, no naciendo esto de que abrace ninguno otras materias que los demás, sino de haber omitido algun copista el título de algunos de aquellos. Todos los Códices comprenden los mismos sucesos, en todos se refieren de igual manera, y todos terminan en la propia forma; como que todos ellos, lo mismo que el que se tuvo presente para la edicion de Granada, proceden de una sola y misma copia debida al célebre escritor Rodrigo Caro, á quien son deudores por tanto los amantes de las glorias pátrias de la conservacion del precioso libro de Bernáldez.

FERNANDO DE GABRIEL Y RUIZ DE APODACA.

AL LECTOR,

por el Licenciado Rodrigo Caro.

Esta historia, que siempre ha corrido manus-cripta á nombre del Cura de los Palacios, *ha sido citada de muchos con este título solo, y alguno mal informado llamó á este autor el* Bachiller Medina. *Yo hice particular diligencia, viendo los libros del baptismo originales que escribió y firmó en la villa de los Palacios, siendo allí cura desde el año de 1488 hasta el año de 1513, donde hallé escrito siempre* Andrés Bernáldez, *y algunas veces* Bernal; *y en los mismos libros apuntadas algunas cosas de las que en su tiempo sucedian.*

Escribe esta historia como testigo de vista de los sucesos, y conocimiento de muchas personas principales, como del gran don Rodrigo Ponce de Leon, Marqués de Zahara, Duque de Cádiz, y D. Christobal Colon; ambos fueron sus guéspedes, é escribe su hábito y faiciones, y assí de otros seño-res. Tuvo ajustadas relaciones de todo lo que es-cribió de fuera del Reyno: muéstrase entendido en la geografía y leccion de la antigua historia. Su

*lenguaje es el que corria entónces, sin ninguna cul-
tura, antes repite algunas cosas sobradamente, pero jamás falta á la verdad que es el alma de la
historia, y así esta ha sido estimada de todos porque en ella demás de la sustancia de las cosas, refiere algunas muy particulares y que otros de aquel
tiempo no escribieron, como por el discurso lo podrá
ver el lector. No tuvo otro premio que de Cura de
los Palacios y capellan del Arzobispo D. Diego Deza. Esto me pareció advertir, otros harán mejor juicio, yo digo lo que siento.*

EL LICENCIADO RODRIGO CARO.

*A esta advertencia sigue en el M S la nota que copiamos a
continuacion, sin saber quien sea su autor.*

Este libro hice trasladar de uno que tenia el licenciado Rodrigo Caro, escrito de su mano, que
por su muerte fué á poder de D. Juan de Santelizes,
del Consejo Real de Castilla, é por muerte del susodicho, de mano en mano á la de D. Francisco
Flores, en quien hoy para. Es la verdadera historia
que escribió el cura de los Palacios, porque además
de la fée que hace el estar escrita de mano de un
hombre tan grande y firmado el prólogo de su nombre, yo he mostrado este traslado al Dr. Siruela
racionero de la santa Iglesia de Sevilla, que no tiene primero en todo género de buenas letras, y me

ha dicho ser esta la verdadera historia, y tener él
otro traslado del mismo original donde yo saqué
este. Háme obligado á escribir estos renglones el
ver que anda otra, que siendo trasladada de la que
anda impresa que escribió Fernando del Pulgar, la
quieren confirmar por del Cura de los Palacios. Esto es la verdad, y porque el lector no se ofusque, y
se desengañe y lea con gusto esta, si es que desea
la verdadera, he tomado el trabajo de ver muchos
grandes hombres mostrándosela y todos concuer-
dan ser esta la verdadera. Yo confieso de mí que
me duró el deseo de conseguir el. tenerla muchos
dias, y mucha solicitud por ser autor recibido.

HISTORIA

DE LOS REYES CATÓLICOS.

EN EL NOMBRE DE DIOS.

Aquí comienza la Historia é vida del Rey D.
Enrique, segun la escribió Hernando del Pulgar,
cronista del Rey D. Fernando, y de la Reina Doña
Isabel, nuestros Señores, en libro que fizo de los
claros varones, con alguna cosa entretejida que él
dejó de poner, que acaecieron en vida del dicho
Rey D. Enrique en los Reinos de España; y por
que sus prosperidades, y sus grandes trabajos, y
siniestra fortuna, acaecieron en mis dias, de lo
cuál yo ove vera noticia, quise tomar por principio escribir desde su vida las memorias de las cosas mas hazañosas que en mi tiempo han acaecido,
que yo ove verdadera informacion.

CAPÍTULO I.

DEL REY D. ENRIQUE.

El Rey D. Enrique IV, hijo del Rey D. Juan
el II, fué hombre alto de cuerpo, y hermoso de
gesto y bien proporcionado en la compostura de

TOMO I. I

sus miembros; y este Rey seyendo Príncipe, diole
el Rey su padre la ciudad de Segovia, y púsole casa
y oficiales, seyendo en edad de catorce años. Estuvo
en aquella ciudad, apartado del Rey su padre los
mas dias de su menoridad, en los cuales se dió en
algunos deleites que la mocedad suele demandar, y
la onestad debe negar. Hizo hábito de ellos, porque
ni la edad flaca los sabia refrenar, ni la libertad que
tenia los sofria castigar; no bebia vino, ni queria
vestir paños muy preciosos, ni curaba de la cirimo-
nia que es debida á persona real. Tenia algunos
mozos aceptos de los que con él se criaban, y
dábales grandes dádivas. Desobedeció algunas veces al Rey su padre, no porque de su voluntad
procediese, mas por inducimiento de algunos, que
siguiendo sus propios intereses le traian á ello.
Era hombre piadoso y no tenia ánimo de hacer
mal, ni ver padecer á ninguno, y tan humano era
que con dificultad mandaba ejecutar la justicia
criminal, y en la ejecucion de la civil, y en las
otras necesarias en la gobernacion de sus reinos algunas veces era neglijente y con dificultad
entendia en cosa ajena de su deleitacion, porque el apetito le señoreaba la razon. No se vido
en él jamás punto de soberbia en dicho ni en hecho; ni por cobdicia de haber grandes señoríos le
vieron hacer cosa fea ni deshonesta, é si algunas
veces habia ira, durábale poco y no le señoreaba tanto que dañase á él ni á otro; era gran
montero, y placíale muchas veces andar por los
bosques apartado de las gentes. Casóse, seyendo
Príncipe, con la Princesa Doña Blanca, hija del

Rey D. Juan de Aragon, su tio, que entonces éra Rey de Navarra, con la que estuvo casado por espacio de diez años; y al fin ovo divorcio entre éllos, por el defecto de la generacion que él imputaba á élla, y élla imputaba á él. Muerto el Rey D. Juan su padre, año de 1454, reinó él luego pacíficamente en los reinos de Castilla y de Leon, siendo ya de edad de treinta años, é luego que reinó usó de gran magnificencia con ciertos caballeros é grandes Señores de su reino, soltando á unos de las prisiones en que el Rey su padre los habia puesto é reducido, é perdonando á otros que andaban desterrados de sus reinos, é restituyéndoles todas su villas, é lugares, é rentas, é todos sus patrimonios y oficios que tenian.

Teniendo la primera mujér de quien se apartó, casó con otra hija del Rey Darte de Portugal, y en este segundo casamiento se manifestó su impotencia, porque como quier que estuvo casado con ella por espacio de quince años, é tenia comunicacion con otras mujeres, nunca pudo haber á ninguna con allegamiento de varon. Reinó veinte años, y en los diez primeros fué muy próspero, é llegó gran poder de gente é de tesoros, é los grandes y caballeros de sus reinos, con grande obediencia cumplian sus mandamientos. Era hombre franco, y hacia grandes mercedes é dádivas, y ni repetía jamás lo que daba, ni le placía que otros en su presencia se lo repitiesen. Llegó tanta abundancia de tesoros, que allende de los grandes gastos y dádivas que hacia, mercaba cualquier villa y castillo ó otra grande renta que en sus

reinos se vendiese, para acrecentar el patrimonio
real. Era hombre que las mas cosas hacia por
solo su adbitrio á placer de aquellos que tenia por
privados, y como los apartamientos que los Reyes hacen, y la gran aficion que sin justa causa
muestran á unos mas que á otros, y las excesivas
dádivas que les dan, suelen provocar á ódio, y del
ódio nacen malos pensamientos y peores obras,
algunos grandes de sus reinos á quien no comu-
nicaba sus consejos, ni la gobernacion de sus reinos, y pensaban que de razon les debia ser comunicado, concibieron tan dañado concepto que
algunas veces conjuraron contra él para lo prender ó matar; pero como este Rey era piadoso, bien
así Dios usó con él de piedad, y le libró de la
prision, y de los otros males que contra su persona real se imajinaron. Y ciertamente se debe considerar que, como quier que no sea ajeno de los
hombres tener aficion á unos mas que á otros,
pero especialmente los Reyes que están en el mi-
radero de todos, tanto menor licencia tienen de errar cuanto mas señalados y mirados son que los
otros, mayormente en las cosas de la Justicia, de
la cual tambien deben usar, mostrando su aficion
templada al que lo mereciere, como en todas las
otras cosas; porque de mostrarse los Reyes aficionados sin templanza, y no á quién, ni cómo, ni por
lo que deben ser, nacen muchas veces las envidias, de dó se siguen las desobediencias, y vienen
las guerras y otros inconvenientes que á este Rey
acaecieron Era gran músico, y tenia buena grácia
en cantar y tañer, y en hablar en cosas genera-

les, pero en la ejecucion de las particulares y necesarias, algunas veces era flaco, porque ocupaba su pensamiento en aquellos deleites de que estaba acostumbrado, los que le impedian el oficio de la prudencia, como á cualquier que de ellos está ocupado; y ciertamente vemos algunos hombres hablar muy bien, loando generalmente las virtudes, y vituperando los vicios; pero cuando se les ofrece caso particular que les toque, entonces vencidos del interese ó del deleite, no han lugar de permanecer en la virtud que loaron, ni resistir el vicio que vituperaron. Usaba así mismo de magnificencia en los recibimientos de grandes hombres, y de los Embajadores de Reyes que venian á él, haciéndoles grandes y suntuosas fiestas, y dándoles grandes dones. Otrosi en hacer grandes edificios en los Alcázares y casas Reales, y en Iglesias y lugares sagrados. Este Rey fundó de principio los monasterios de la Vírgen Santa María del Parral de Segovia, y de San Gerónimo del Passo de Madrid, que son de la Orden de San Gerónimo, y dotóles magníficamente; y otrosi el Monasterio de San Antonio de Segovia de la Orden de San Francisco, é hizo otros grandes edificios y reparos en otras muchas Iglesias y Monasterios de sus Reinos, dioles grandes limosnas é hízoles muchas mercedes.

Otrosi mandaba pagar cada año en tierras y acostamientos gran número de gente de armas, y allende de ésto, gastaba cada año en sueldo para la gente de á caballo continua, que traia en su guarda, otra gran cantidad de dinero, y con esto fué tan poderoso, y su poder fué tan renombrado por el

mundo, que el Rey D. Fernando de Nápoles, le envió á suplicar que le recibiese en su homenaje. Otro-
sí, la ciudad de Barcelona, con todo el Principado
de Cataluña le ofreció de se poner en su Señorio,
y de le dar los tributos debidos al Rey D. Juan
de Aragon su tio, á quien por entonces aquel Principado estaba rebelde. Por inducimientos y persua-
ciones de algunos que estaban cerca de él en su
Consejo, mas que procediendo de su voluntad, tuvo
algunas diferencias con este Rey de Aragon su tio,
que así mismo se intitulaba Rey de Navarra, y entró por su persona poderosamente en el reino de
Navarra, y envió gran copia de gente de armas con
sus capitanes al reino de Aragon, é hizo guerra á
los Aragoneses é Navarros; é puédese bien creér
esto segun su grande poder é la disposicion del
tiempo, é de la tierra, é la flaqueza, é poca resistencia que por entonces habia en la parte contraria;
si éste Rey fuera tirano é inhumano, todos aquellos
reinos y Señorios fueran puestos á su obediencia,
de ellos con pequeña fuerza, y de ellos de su voluntad. Y para pacificar estas diferencias, se trata-
ron vistas entre él y el Rey D. Luis de Francia,
que como árbitro se interpuso á les pacificar; á las
cuales vistas fué acompañado de grandes Señores y
Prelados, y de gran multitud de caballeros y hijos-
dalgo de sus reinos. En los gastos que hizo y
dádivas que dió, y en los arreos y otras cosas que
fueron necesarias de se gastar y contribuir para
tan grande acto, mostró bien la franqueza de su
corazon, y pareció la grandeza de sus reinos, y
guardó la preheminencia de su persona, y la honra

y loable fama de sus súbditos. Fué la habla de estos dos Reyes entre la villa de Fuenterrabia, que
es del reino de Castilla, y la ciudad de Bayona,
que es del reino de Francia en la ribera del mar.
Continuó algunos tiempos guerra contra los moros,
é hizo algunas entradas con gran copia de gente
en el reino de Granada. En su tiempo ganó Gibraltar y Archidona, y otros algunos lugares de aquel
reino. Constriñó á los moros que le diesen párias
algunos años, porque no les hiciese guerra; y los
Reyes comarcanos temian tanto su gran poder, que
ninguno osaba hacer el contrario de su voluntad;
é todas las cosas le acarreaba la fortuna como él
las queria; y algunas mucho mejor de lo que pensaba, como suele hacer á los bien afortunados. Y
los de sus reinos todo aquel tiempo que estuvieron en obediencia gozaban de paz, y de los otros
bienes que de élla se siguen. Fenecidos los diez
años primeros de su señorio, la fortuna envidiosa
de los grandes estados, mudó como suele la cara
próspera, y comenzó á mostrarla adversa, de la
cual mudanza muchos veo que se quejan, y á mi
ver sin causa, porque segun pienso, allí hay mudanza de prosperidad do hay corrupcion de costumbres; y así por esto, como porque se debe creer
que Dios queriendo punir en esta vida alguna des-
obediencia que este Rey mostró al Rey su padre,
dió lugar que fuese desobedecido de suyos; y permitió que algunos criados de los mas aceptos que
este Rey tenia, y á quien de pequeños hizo hombres grandes, y dió títulos y dignidades, y grandes
patrimonios, quier lo hiciesen por conservar lo ha-

bido, quier por lo acrecentar y añadir mayores rentas á sus grandes rentas, erraron la via que la razon les obligaba; y no pudiendo refrenar la envidia de otros que pensaban ocuparles el lugar que tenian, conocidas en este Rey algunas flaquezas nacidas del hábito que tenia hecho en los deleites, osaron desobedecerle, y poner disension en su casa; la cual porque al principio no fué castigada segun debia, creció entre ellos tanto que hizo descrecer el estado del Rey y el temor y obediencia que los grandes de sus reinos le habian, donde se siguió que algunos de éstos se juntaron con otros Prelados, y grandes Señores del reino, y tomaron al Príncipe D. Alonso su hermano, mozo de once años, y haciendo division en Castilla, lo alzaron por Rey de ella; y todos los Grandes y Caballeros, y las Ciudades y Villas estuvieron divisas en dos partes, la una permaneció siempre con este Rey D. Enrique, la otra estuvo con aquel Rey D. Alonso, el cual duró con título de Rey por espacio de tres años, y murió en la edad de catorce años. En esta division se dispertó la cobdicia, y creció la avaricia, cayó la justicia y señoreó la fuerza, reinó la rapiña, y disoluciose la lujuria; y ovo mayor lugar la cruel tentacion de la sobervia, que la humilde persuacion de la obediencia; y las costumbres por la mayor parte fueron corrompidas y disolutas, de tal manera que muchos, olvidada la lealtad y amor que debian á su Rey y á su tierra, y siguiendo sus intereses particulares, dejaron caer el bien general de tal forma, que el general y el particular perecia; y Nuestro Señor que algunas

veces permite males en las tierras, generalmente
para que cada uno sea punido, particularmente segun la medida de su hierro, permitió que hubiese
tantas guerras en todo el reino, que ninguno pueda decir ser eximido de los males que de élla se
siguieron; y especialmente aquellos que fueron causa de los principiar, se vieron en tales peligros, que
quisieran dejar gran parte de lo que primero tenian,
con seguridad de lo que les quedase, y ser ya salidos de las alteraciones que á fin de acrecentar sus
Estados intentaron; y así pudieron saber con la
verdadera esperiencia, lo que no les dejó conocer la
ciega cobdicia. Y por cierto así acaeció, que los
hombres antes que sientan el mal futuro, no cono-
cen el bien presente; pero cuando se ven envueltos en las necesidades peligrosas en que su desor-
nada cobdicia los mete, entonces querrian, y no
pueden hacer, aquello que con menor daño pudieran haber hecho.

Duraron estas guerras los otros diez años postreros que este Rey reinó: los hombres pacíficos,
padecieron muchas fuerzas de los hombres nuevos
que se levantaron, y hicieron grandes destrucciones
y gastos en estos tiempos, que el Rey todos sus
tesoros, y allende de aquellos gastó y dió sin medida casi todas sus rentas de su patrimonio real,
y muchas de ellas que les tomaron los tiranos que
en aquel tiempo eran, de manera que aquel que la
abundancia de los tesoros compraba villas y castillos, vino en tanta necesidad que vendió muchas
de veces las rentas de su patrimonio todo para el
mantenimiento de su persona. Vivió este Rey cin-

cuenta años, de los cuales reinó veinte, y murió en el Alcázar de la villa de Madrid de dolencia de la hijada, de la cual en su vida fué muchas veces de ella gravemente apasionado.

Hasta aquí Hernando del Pulgar.

CAPÍTULO II.

De la division que ovo en Granada entre los moros.

Division ovo en Granada entre los moros sobre elejir Rey, é fué en el tiempo de la prosperidad de este Rey D. Enrique; é fueron dos parcialidades, una querian á Cadiadiz, que era hijo de su Rey natural, é otra la mayor elijieron uno de los Abenzenazes. Cadiadiz, é su hijo Muley Hacen, que ambos reinaron despues, se vinieron huyendo en Castilla al Rey D. Enrique con docientos de á caballo ó más, el cual les recibió y trujo consigo mas de un año en la Corte, é les facia muchas honras, é les daba tanta suelta que las gentes mormuraron del Rey, porque enojaban á los christianos por donde andaban.

El dicho Cadiadiz tenia mucha parte en Málaga, é en la Sierra de Ronda, é Casarabonela, é trató con el Rey D. Enrique que le daria á Málaga, y que le diese favor para reinar en Granada. El Rey D. Enrique sacó muy gran hueste de gente, é fué sobre Málaga, é sabido en Granada mataron al Rey que habian alzado, é enviaron secretamente á llamar á Cadiadiz, que fuese á reinar sobre ellos; é llegando el Real ya cerca de Málaga, Cadiadiz se fué con los suyos del Real de noche, dejando al Rey D. Enrique sobre Málaga, é recibiéronlo luego por Rey en Granada; é desque el Rey D. Enrique esto vido, salió de tierra de moros por la ciudad de Gibraltar, y tomó á Estepona la cual algun tiempo se tuvo, é despues por los grandes gastos é daños que de ella se seguian, la mandó derribar; y tomó á Ximena que siempre se tuvo, de la cual fizo merced á Beltran de la Cueva criado suyo, que despues fué Duque de Alburquerque; en su tiempo se tomó Archidona á los moros, y dió un moro llamado el Curro á Gibraltar, y se tomaron otros lugares de moros del dicho Reino de Granada.

CAPÍTULO III.

DE LA BATALLA QUE D. PEDRO PONCE DE LEON, É LUIS DE PERNIA VENCIERON.

Despues que el Rey Muley Cadiadiz, reinó pacífico en Granada sobre los moros de todo el reino, el Infante Muley Hacen, su hijo, le demandó gente y licencia para correr tierra de christianos, porque tenia mucha saña de algunas cabalgadas que habian hecho dos famosos Alcaides que en aquel tiempo habia en la frontera de Loja, é Málaga, que eran Luis de Pernia, Alcaide de Osuna, é Rodrigo de Narvaez, Alcaide de Antequera; y el Rey no le queria dar gente ni licencia, reconociendo los beneficios que en Castilla habia recibido del Rey D. Enrique; y en cabo con importunidad de los caballeros de Granada, y del dicho Infante, y porque no mormurasen de él, ovo de dar licencia contra su voluntad, que por la via de Loja viniesen á correr. El Infante Muley Hacen, sacó de Granada tres mil de caballos muy escogidos, é cuatro mil peones, no mas, porque le pareció que para donde habian de correr que habia harto. É partido de Granada entraron por tierra de christianos por Archidona, y enviaron desde Archidona mil é doscientos de á caballo por corredores, é los cuatrocientos de ellos fueron sobre Teba; y los ochocientos de ellos fueron correr por el campo de Alhenos, é de Osuna, é de Écija, é quedó la celada atrás con el Infante con mil é ochocientos de á caballo, é la mayor parte de los peones, porque algunos pocos habian ido con los corredores, y para ayudar á traer el ganado; y se cuidó por la tierra de esta entrada de los moros D. Rodrigo fijo de D. Juan Ponce de Leon, Conde de Arcos, siendo mozo de diez y siete años é diez y ocho, salió de Marchena, se juntó con Luis de Pernia, Alcaide de Osuna, y con doscientos de á caballo que aquí se hallaron, é algunos peones, fueron desde Osuna á buscar los moros, y hallaron los cuatrocientos corredores sobre Teba. Estuvieron allí quedos un gran rato, vieron venir los ochocientos de á caballo, con la cabalgada que traian seiscientos bueyes, y mil y quinientas vacas, é treinta y siete hombres christianos presos, y pasaron con su cabalgada, é juntáronse con los cuatrocientos corredores que estaban sobre Teba que pa-

saron la via de tierra de moros Y entonces D. Rodrigo Ponce, é Luis de Pernia ficieron su gente
tres batallas y echaron la una adelante, en que
eran once de á caballo escogidos con el Comendador de Cazalla que era muy buen hombre, el cual
arremetió dos veces á la zaga de los moros, é la
primera vez mató dos moros, é la segunda mató
tres moros; y con esto apretáronse los moros, é
salieron de una angostura adelante, é los christianos trás de ellos, é salieron á un llano, cerca de
un cabezo, é los moros se pararon, é aderezaron,
é embrazaron sus adargas para volver sobre los
christianos, y dijo Luis de Pernia á D. Rodrigo:
señor, estos moros quieren pelear, ved que quereis que hagamos. E dijo D. Rodrigo: ¿qué habemos de hacer sino pelear con ellos? y Luis de
Pernia queria mucho aquel dia escusar la pelea,
porque D. Rodrigo era mozo, é por dar buena
cuenta de él, é dijo: Catad Señor que estos moros
nos tienen mucha ventaja, y estos peones de Osuna, que aquí tenemos, yo los conozco, que viéndolos pelear huirán, é se subirán á esta sierra. É
D. Rodrigo dijo: conviene que no vamos de aquí
sin pelear; y mostró allí muy viril corazon, y habló cosas con que esforzó mucho la gente, que no
hizo mas demudamiento por ser mozo, que si fuera de cuarenta años é tuviera allí diez mil de á caballo. Y los moros, puesto caso que hicieron aquel
ademan, se estuvieron quedos; é habia con D. Rodrigo y con Luis de Pernia obra de cuatrocientos
peones, é estaba allí un cerro alto cerca de ellos,
é por eso temian que los peones se les irian allí;

estuvieron quedos los unos é los otros un rato, é los
moros volvieron las riendas, é poco á poco siguieron en pos de su cabalgada á mas andar; y D. Rodrigo é Luis de Pernia con toda la gente de lo seguir á las aldas; é pasaron hasta donde estaba el
Infante Muley Hacen, con los mil y ochocientos
de á caballo en la celada, é con los peones; é los
christianos con las alturas de la tierra perdieron de
vista á los moros, é por miedo de la celada no osaron pasar de largo, é subiéronse en un cabezo é no
muy defensible que dicen de Madroño, é pasaron
allí, é estaban muy cerca de la celada. Como los
moros de la cabalgada llegaron al Infante, y le re-
contaron de aquellos pocos christianos que les seguian, é que en toda la tierra no parecian mas; el
Infante acordó que volviesen á ellos mientras la
cabalgada se alargaba, pensando que por ser tan
pocos los podrian tambien llevar con la cabalgada;
y ficieron para volver tres batallas, en la primera
vino por capitan un caballero moro llamado Aodalla Ambran, capitan de la gente de Baza é Guadix, con mas seiscientos de á caballo; y los christianos recogiéronse al dicho cabezo del Madroño,
y aun no estaban recogidos de el todo los peones,
é D. Rodrigo é Luis de Pernia, se apoderaron en
aquel cabezo, é ficieron su gente apretar, é los caballos colas con colas, é ficieron muro de sí mismo en circuito, todas las puntas de las lanzas á de
fuera, para se defender á bote de lanza como fué.
E Aodalla Ambran, llegó é dióles una vuelta alrededor; y los moros de su batalla, de que no les
pudieron entrar, les arrojaron muchas lanzas por

un cabo, é por otro, é los christianos se las recibian en las adargas é con las suyas. E en esto Aodalla Ambran, vido venir peones christianos á hilo, y dejó aquel combate, y corrió con su batalla á donde venian los peones christianos, y fué matando por ellos por donde venian gran trecho de tierra. É el peonaje era de Écija, é mató ciento y veinte y tres hombres, y vino sobre D. Rodrigo y sobre los christianos la segunda batalla de otros tantos caballeros, é ficieron de la manera de la otra, é arrojaron todas las lanzas, y se vinieron alrededor, é nunca pudieron mover los christianos.

Estando en esto, asomó el Infante con otra muy gruesa batalla muy ordenadamente, que no salia hombre de hombre; é tres Alfaquies ante él en tres sendos caballos, vestidos de sendas alcandoras blancas muy cumplidas sobre las armas, y con sendas espadas sacadas, amagando á un cabo y á otro, á las cabezas de los caballos que no salia uno de otro rigiendo la batalla. El Infante, bien pensó que cuando él llegase que ya los christianos serian desbaratados, y como los vieron, arremetieron é tambien echaron las lanzas, é allí pelearon muy fuertemente los unos con los otros. É D. Rodrigo Ponce é Luis de Pernia de tal manera pelearon é esforzaron sus gentes, é nuestro Señor milagrosamente les dió tanto esfuerzo, que se mezclaron peleando con la batalla del Infante, y mataron allí muchos moros, é fué herido D. Rodrigo de una lanza arrojadiza que le pasó un brazo, é ansí herido salieron de allí en pos de los moros, peleando muy fuertemente, é los moros, é su

Infante volvieron las espaldas á huir, que no pudieron sofrir á los christianos que salieron hechos un cuño con todas sus lanzas que no habian echado ningunas, é los moros habian echado la mayor parte de las suyas que no parecian sino parva en deredor de los christianos y de allí los christianos siguieron el alcance, matando muchos moros. É allí perdió el Infante su seña, é el Paje con ella, é otras muchas señas, que cada capitan tenia la suya, é las ovo D. Rodrigo, é siguieron el alcance, hasta que cerró la noche, é aquella noche fué D. Rodrigo en gran peligro de su persona; desque se resfrió la lanzada que le pasaba el brazo por la muñeca, se desangró mucho é desmayó por la mucha sangre que le salió, y despues fué confortado, y con la fortaleza de su corazon, y el favor del vencimiento, él mesmo se esforzaba, é aquella noche durmieron en el alcance en un arroyo. É á otro dia salió á la delantera el Conde de Cabra con nuevecientos de á caballo é hizo grande estrago en los moros que alcanzó. Rodrigo de Narvaez, Alcaide de Antequera, salió por su parte por otro cabo, é mató, é cautivó muchos moros, é ovo muy grande despojo y provecho del fardaje, mas que ninguno de los otros que se hallaron en encuentro con los moros cuando iban huyendo. Como los moros que iban con la cabalgada, vieron que el Infante y los suyos iban desbaratados, y huyendo, dejaron la cabalgada y huyeron, y la cabalgada se volvió toda aquella noche á sus querencias. El Infante Muley Hacen, é Aodalla Ambran, é los mas que pudieron se fueron á uña de caballo. E fué esta batalla en

viérnes once dias del mes de Abril año del nacimiento de nuestro Redentor Jesuchristo de mil cuatro Año de 1462.
cientos é sesenta y dos años, en tiempo del Papa
Pio II. Este año adelante en el Agosto se tomó
á Gibraltar, cá lo dió el Curro al Rey D. Enri- Toma de Gi-
que; é el Duque de Medina D. Enrique con la braltar.
gente de Sevilla, é con la gente de su tierra fué
por Capitan á la tomar, y D. Rodrigo Ponce de
Leon, fué presente á ello con la gente del Conde
D. Juan su Padre; é la ciudad se tomó sin peligro, é dió el Rey la tenencia de ella al Duque de
Medina Sidonia.

CAPÍTULO IV

De los bandos é Guerras.

Dejando de contar de los infinitos bandos é
parcialidades que en Castilla ovo entre los caballeros
é comunidades, que es imposible el poderse escribir Sevilla año
de aquel tiempo de los trabajos de este dicho Rey de 1471.
D. Enrique, me vino á memoria escribir algun
poquito, de lo que acaeció en Sevilla entre el Duque de Medina Sidonia y el Marqués de Cádiz
D. Rodrigo Ponce de Leon, que eran como dos
columnas que toda la ciudad é Andalucía sostenian. Viviendo ambos en Sevilla en el año de
1471, é gozando de la ciudad é de su tierra, ovo algunas cismas entre ellos por inducion de malos
hombres de pié é rufianes que se arrimaban á sus
casas llamándose suyos. É otrosi tambien por algunos pundonores de honra, é montar, é valer en
la ciudad, é mandar de manera que aunque ellos

en sus pundonores muchas veces se pacificaron
habiendo gana de vivir en paz, nunca los dejaron
malos hombres, é los unos diciendo Niebla, é los
otros Leon, como el tiempo les mudaba por el de-
caimiento de la justicia, aunque por un cabo se
apagaba el fuego, por otro se encendia; de manera que creció tanto el enojo entre ellos que sus casas se pusieron en armas del uno contra el otro,
y se volvió la pelea entre ellos, é pelearon por las
calles de Sevilla muchos dias é noches, é las gentes del uno é del otro afligian mucho la ciudad, y
la metian á saco mano, é el Marqués tenia el bar-
rio de Santa Catalina con sus cercas; y érale la torre de S. Marcos en contra, y unos rufianes de la
parte del Marqués pusieron fuego á las puertas de
la iglesia pensando no hacer tanto, y encendióse
toda la iglesia, y ardió toda sin remedio; é desque
esto se vido por toda la ciudad fué en muy gran
mormuracion, é mandaron repicar en la iglesia mayor, y recogióse tanta gente contra el Marqués que
él é los suyos ovieron de salir huyendo, é vino á
parar á Alcalá de Guadaira, donde le dió la fortaleza é la villa Fernan Arias de Saavedra, Señor
del Viso é Castellar, é veinti-cuatro de Sevilla que
la tenia, cá era su cuñado, casado con su hermana; é el Marqués fortaleció mucho á Alcalá, é la
tuvo; é dende fué á la ciudad de Jerez, é la tomó
é fortaleció, é labró mucho la fortaleza, de donde se
hizo muy poderoso; é siguióse la guerra entre estos
dos caballeros, de donde se siguieron muchos males
é muertes de hombres, é robos, é hurtos, é bandos en
todos los lugares de esta Andalucía. Y el Marqués

como era hombre de muy gran corazon y olvidaba
tarde los enojos, quisiera mucho haber batalla con el
Duque; y con este deseo volvió á Sevilla é se puso
en Tablada con tres mil de á caballo de su tierra é
casa, é de sus amigos é valedores, é con los peones
que le pareció eran menester, y dende envió á desa-
fiar al Duque. É el Duque salió fuera de los muros
de la Ciudad con su gente é valias, con gran multitud de confesos que llamaban é querian en demasiada manera. É el Comendador mayor de Leon
D. Alfonso de Cárdenas, que despues fué Maestre
de Santiago, é otros nobles caballeros se atravesa-
ron en medio y los mitigaron, é amansaron algo
al Marqués de su furia con intercesion de los frailes é religiosos de todas órdenes, que no cesaron
de noche y de dia hasta que los pusieron en tregua;
é volvióse el Marqués, é el Duque se metió en Sevilla, y siguióse todavia la guerra. É en Carmona
habia dos parcialidades, una por el Duque, otra
por el Marqués, é pelearon muchas veces, é los dos Parcialidades de Carmona.
alcazares estaban por el Marqués el uno, é el otro
por el Duque, é cuando peleaban, cada uno de los
dichos señores facia socorrer á su parte. Y así fué
que un dia lúnes 8 de Marzo de 1473, se encontra-
ron cerca de Alcalá de Guadaira, é fácia Carmona Año de 1473 en 8 de Mar-
donde dicen Peromingo, de una parte D. Pedro de zo. Batalla de
Stuñiga, é dos hermanos bastardos de dicho Duque las dos par- cialidades
de Medina, D. Pedro que era yerno del Comendador
mayor, é D. Alonso que era mancebo y otros gentiles hombres, y otros muchos caballeros de Sevilla
que habian salido á buscar con quien pelear de sus
enemigos, ó á llevar cabalgada. É de la otra parte

Fernan Arias de Saavedra, cuñado del Marqués casado con su hermana, Señor del Viso, susodicho,
con los caballeros de Marchena; é serian de cada
parte hasta ciento y cincuenta de á caballo, pocos
mas ó menos, así que la ventaja era poca de unos
á otros aunque algo mas eran los de Marchena; é
hubieron su batalla, é fueron desbaratados los de
Sevilla, é vencidos é muertos, D. Pedro é D. Alonso, hermanos del Duque; recreció gente de Alcalá y
siguieron el alcance en que se hizo mas daño en
la gente del Duque, de muertos, é presos, é despojos; é los que de ellos escaparon fueron á uña
de caballo. En la villa de Carmona tenian los dos

Reencuen-
tros en Car-
mona. Alcázares el Mayordomo Godoy que era un honrado caballero, por la parcialidad del Marqués,
en que gran parte de la villa se acostaba; y tenia
el otro Alcázar otro caballero llamado Luis Mendez de Sotomayor, con otra muy gran parte de la
villa por el duque de Medina, é pelearon muchas
veces ambos bandos donde se hacian mucho daño

Muerte de
Luis de Per-
nia. de muertos é heridos; é allí murió un dia el famoso y buen caballero Luis de Pernia, alcaide de
Osuna, de una espingardada, que era de la parte
del Marqués, el cual habia habido muchas victorias contra los moros. Quedó en toda la frontera
de los moros, entre los christianos, gran dolor
de su muerte. Ovo el Marqués en aquel tiempo
de aquella guerra, muchas victorias contra los moros y christianos é tomó á Carde por fuerza de ar-

Toma de Me-
dina. mas á los moros. É tomole á el Duque á Medina,
que es el título del ducado, el cual nunca cesaba
de noche y dia de pensar como hacer la guerra

á sus contrarios, é siempre traia entre moros los ada-
lies, é eso mesmo en la tierra de sus contrarios;
é sabia cuales fortalezas se velaban bien, é en cuales
habia mal recaudo, é Pedro de Vera su Alcaide de
Arcos, por le servir hurtó una noche á Medina
Sidonia, estando fuera el Alcaide Basurto, é la entregó al Marqués, el cual la tuvo hasta que la dió
de su grado hechas las amistades.

En aquel tiempo de aquella guerra salió el Duque de Sevilla con todo su poder, é con la Ciudad,
é su tierra, é cercó la villa de Alcalá de Guadaira, Cerco de Al-
é sus fortalezas, é túvola cercada ciertos dias, é calá de Guadaira.
el Marqués fué allí muy poderoso sobre él, y estuvo allí hasta que el Conde de Tendilla, é otros
caballeros é religiosos los concertaron. É el Duque
alzó el cerco é se fué á Sevilla, é el Marqués se
volvió á Jerez, é Alcalá se quedó por él.

No se pueden escribir tantas cosas é robos, é
muertes, é hurtos, é fortunas cuantas de estas guerras se causaron.

Salió el Marqués de Sevilla, como dicho es, miércoles postrero dia del mes de Julio, año de 1471, Salida del
Marqués Don
é duró la guerra entre estos dos caballeros y sus Rodrigo de Se-
valias cuatro años, de donde esta Andalucía recibió villa, año de
1471.
mucha pena y mas por los tiempos que vinieron
estériles é faltos de pan y vino que se encareció,
que el año de 1472 no se cojió mucho pan; é el año
de 1473 fué seco é fízose la sementera los meses Esterilidad y
precio del pan
postrimeros del año de 72 y despues nunca llovió, y carne en
aquel tiempo
Febrero ni Marzo, ni Abril ni Mayo del año de 73. año de 1472 y
1473.
Los panes en berza sin sazon en las mas partes de
esta Andalucía, é valió el pan muy caro todo este

año, é el año de 74 hasta que se cojió pan nuevo; é comunmente valia una fanega de trigo 700 é 800 maravedís, é valia un buey 3ooo maravedís, é una vaca 2ooo maravedis, é una fanega de cebada 3oo maravedís é aun mas. El dicho año de 1474, se cojió muy poco vino, é valía el arroba 3oo maravedís. É esta falta fué desde puertos de Castilla á acá. En el Maestradgo de Santiago habia mucho pan, de donde la ciudad de Sevilla y su tierra se proveia en aquellos tiempos. Y por la mar vino bastecimiento de pan, y si no fuera por las guerras no llegara á valer tan caro, que por la mar se proveyera con tiempo; mas como los dichos señores se hacian guerra por tierra é mar, no se podian proveer. Llegó á valer en la ciudad del Puerto de Santa María, 1ooo maravedís una fanega de trigo. El año de 1474 envió Dios nuestro Señor tan abundoso de pan, é vino é frutas, que visitó su pueblo desde que se cojió, que comunmente los labradores cojieron de cada fanega dos, é tres, é cuatro cahices de trigo y de cebada. É no penseis que ésta hambre, é carestía é esterilidad de tiempos, acaeció tan solamente en éstas partes donde yo he hablado particularmente acá; en toda España alcanzó, y tambien de la fertilidad y hartura que nuestro Señor envió el año de 1474 años.

CAPÍTULO V.

Como los portugueses tomaron a Arcilla y Tanjar.

En el dicho año de 1471 años, á 24 dias de Agosto, dia de San Bartolomé, tomaron los portugueses Año de 1471 la villa de Arcilla á los moros allende de la mar, en el reino de Fez, por fuerza de armas; y dende en ocho dias despojaron los moros á Tanjar é tomáronla los portugueses, que la hallaron una mañana. Esto fué reinante en Portugal el muy noble Rey D. Alonso, fijo del Rey D. Duarte, é nieto del Rey D. Juan, Reyes de Portugal. É él mesmo en persona é el Príncipe D. Juan su fijo, fueron presentes en esta victoria.

CAPÍTULO VI.

De la mina de oro que descubrieron los portugueses.

En el dicho año de 1471 años descubrieron la flota Año de 1471. del dicho Rey D. Alonso la mina de oro que hoy los Reyes de Portugal poseen, que es en la costa del mar océano, hácia la parte de nuestro mediodía, pasadas las costas de los negros xelofes, é sus confines, é mucho mas adelante tanto al norte, poco ménos se les esconde con la redondez de la tierra; donde al tiempo que la hallaron y en los primeros viajes, la mayor parte de los navegantes adolecian, y se morian sin remedio; y despues, prosiguiendo sus viajes, se desenconó el camino y se sanaron é cesaron de morirse. De la cual mina de oro muy gran riqueza y honra ha procedido á los Reyes de Portugal é cada dia procede mucho provecho á todo su reino; no porque ellos sean señores de la cosecha del oro, ni señores de la tierra donde se coje, salvo hánlo por su rescate en una fortaleza que allá en la mar tienen, que ficieron nuevamente, donde los negros de todas aquellas comarcas de su placer é gana se lo traen á vender y rescatar, por las cosas que de acá les llevan de cobre é laton, peltre é lopas é otras muchas cosas hechas alhajas que no son de mucho valor, é conchas de Canarias, que tienen los negros en muy grande estimacion é precio.

CAPÍTULO VII.

DEL PRONÓSTICO DEL REINADO DEL REY D. FERNANDO EL CATÓLICO EN CASTILLA.

Despues que se comenzaron guerras en Castilla entre el Rey D. Enrique, é los caballeros de sus reinos, é ántes que el Rey D. Fernando casase con la Reina Doña Isabel, se decia un cantar en Castilla que decian las gentes nuevas, á quien la música suele aplacer, á muy buena sonada: *Flores de Aragon, dentro en Castilla son: Flores de Aragon, dentro en Castilla son.* É los niños tomaban pendoncicos chiquitos; y caballeros en cañas, jineteando decian: *Pendon de Aragon: pendon de Aragon.*

Es el autor testigo de haber él dicho estos cantares.

É yo lo decia y dije mas de cinco veces; pues bien podemos decir aquí, segun la experiencia que adelante se siguió: *Domine ex ore infantium et lactantium perfecisti laudem, propter inimicos tuos ut destruas inimicum et ultorem: Señor, tú hiciste acatada alabanza de la boca de los niños é de los que maman, por razon de los tus enemigos, por destruir el enemigo é el que se vengó;* pues que significó esto é en allende de la glosa que la Santa Madre Iglesia de ello tiene, contemplativamente lo podemos atribuir, segun lo vemos por experiencia. Y qué fué, sino que viendo nuestro Señor su pueblo de toda Castilla, padecer llena de mucha soberbia é de mucha herejía, é de mucha blasfemia é avaricia, é rapiña, é de muchas guerras é bandos, é parcialidades, é de muchos ladrones é salteadores, é rufianes é matadores, é tahures, é tableros públicos que andaban por renta, donde muchas veces el nombre de nuestro Señor Dios é de nuestra Señora la gloriosa Vírjen María, eran muchas veces blasfemados, é renegados de los malos hombres tahures, y las grandes muertes y estragos y resgates que los moros hacian en los christianos, y para el remedio que nuestro Señor por su infinita piedad y bondad propuso hacer, púsole en boca de los niños sin pecado, por hablar en señal de batallas con pendones, y en cantar de la otra gente nueva con alegría, ántes que remediase y destruyese lo que á Castilla destruia y aflijia; y así que las flores y el pendon que entraron en Castilla de Aragon á celebrar el santo matrimonio con la Reina Doña Isabel, donde juntos estos dos reales cetros de Castilla y Aragon, procedieron en espacio de treinta años, que ambos reinaron juntos, tantos bienes é misterios, é tantas é tan milagrosas cosas, cuantas Justifica como testigo de vista los sucesos de estos tiempos. habeis visto y oido, los que hoy sois vivos, las cuales nuestro Señor en su tiempo, y por sus manos de éllos obró é hizo; y los que de ello somos testigos, bien podemos tomar por nos aquello que dijo nuestro Señor Redemptor: »*Beati oculi qui vi-*»*dent quod vos videtis.*" Y ansi, con esta junta de estos dos reales cetros, se vengó nuestro Señor Jesuchristo de sus enemigos, y destruyó el vengador ó matador.

Enemigos de Dios son los malos christianos é aquellos que están en propósito de todo mal, los herejes, é ladrones, é engañadores, é todos los que andan fuera de la doctrina de la Santa Iglesia.

Vengador quiere decir matador, el que mata sin piedad, como hacian los moros antes que el reino de Granada se ganase, que sin ninguna piedad cuando podian mataban á los christianos, é por ellos se tome aquí: »*Ut destruas inimicum et ulto-*»*rem:* porque destruyas el enemigo ó el matador."

Pues no es oculto cuando comenzaron de reinar, la mayor parte de estos reinos serles en contra, y dárselos en sus manos maravillosamente, pues por fuerza de armas lo ganaron como por todos fué visto; de donde quebrantaron la soberbia de los Remedios que pusieron en su reinado los Reyes Católicos; y utilidades en Castilla de ello malos, é puesto sus reinos en mucha justicia encendieron el fuego á los herejes, donde con justa razon, por sinodal constitucion han ardido, é arden, é arderán en vivas llamas hasta que no haya ninguno; é por mas aina dar fin á la herejía mosáica, le quitaron las raices, que eran las descomulgadas sinagogas. A los renegadores, ladrones é rufianes, ya sabeis cuanto los aborrecieron é mandaron punir; pues el tablero grande, los grandes juegos que por renta andaban en las tierras de los señores, donde el nombre santo de nuestro Señor era muchas veces blasfemado sin que nadie por Él volviese, ved desque lo defendieron, si mas se osó usar.

Pues contra los moros de aquende en la conquista del reino de Granada, ved cuan glorioso é victorioso fin le dieron. Comenzaron de reinar con buena intencion y esperanza de ver al servicio de Dios estos reinos sojuzgados á su poder, é vencidos sus enemigos, de hacer la guerra á los moros, é todo lo vieron é hicieron.

Cierto es que todos los que en este mundo alguna obra ó jornada comienzan, la comienzan con intencion de ver su fin, é si el fin de la obra es bueno, alegra mucho á aquel que la deseó ver acabada. Yo el que estos capítulos de *Memorias* escribí, siendo de doce años, leyendo en un rejistro de un mi abuelo difunto, que fué escribano público en la villa de Fuentes, de la encomienda mayor de Leon, donde yo nací, hallé unos capítulos de algunas cosas hazañosas que en su tiempo habian acaecido, y oyéndomelas leer mi abuela viuda, su mujer, siendo en casi senitud me dijo: hijo, y tú por que no escribes así las cosas de ahora como están esas? pues no hayas pereza de escribir las cosas buenas que en tus dias acaecieren porque las sepan los que despues vinieren, y maravillándose desque las lean, dén gracias á Dios. Y desde aquel dia

Motivos que tuvo el autor para escribir estas Memorias de este libro y sucesos de su tiempo, y por qué causa.

propuse hacerlo así, y despues que mas se me entendia, dije muchas veces entre mí: si Dios me dá
vida y salud, y vivo, escribiré hasta que vea el reino
de Granada ser ganado de christianos; é siempre tu-
ve esperanza de lo ver, é lo ví como lo vísteis é oisteis los que son vivos: á nuestro Señor Jesuchristo
sean dadas muchas gracias é loores. É por ser imposible poder escribir todas las cosas que pasaron en
España por concierto, durante el matrimonio del
Rey D. Fernando é de la Reina Doña Isabel, no
escribí, salvo algunas cosas de las mas hazañosas
de que ove vera informacion, é de las que ví, é
de las que á todos fueron notorias y públicas que
acaecieron, é fueron é pasaron, porque viva su memoria; y porque algunos caballeros y nobles personas que lo vieron, é otros que no lo vieron, é los
que nacerán y vernán después de estos tiempos, habrán placer de lo.leer é oir, é darán gracias á Dios
por ello. Porque no embargante que ello todo por
los cronistas de Sus Altezas, se dá muy cumplidamente escrito, como las crónicas no se comunican
entre las gentes comunes, luego se olvidan muchas
cosas acaecidas, y el tiempo en que acaecieron y
quien las hizo, si particularmente no son escritas y
comunicadas; é por este provecho que de aquí se
seguirá, suplico ninguno me tenga á locura quererme meter á escribir lo que es ajeno de mi oficio;
cá los que mejor lo supieren lo que yo escribo, ó á
cualquier parte de ello por lo haber visto, é se haber acaecido en ello, suplico, si algunos defectos ó
yerros fallaren en mi escribir, los quieran enmendar, á la correccion de los cuales é de toda verdad

é buena razon me someto en mi voluntad, no movida á ninguna defectuosa aficcion ni vanagloria, ni
para á nadie ofender. É pensando no ser yerro escribir por memoria lo que tácito no debe quedar;
á loor y alabanza de Nuestro Redentor Jesuchristo,
y de su gloriosa Madre la Vírgen Santa María nuestra Señora, y á honra y ensalzamiento de la muy loable, y muy gloriosa y perpétua memoria de Sus Altezas, y de sus hijos y nietos y subcesores, y linaje
de estos christianísimos y muy virtuosos é invictísi-
mos Rey D. Fernando é Reina Doña Isabel, su mujer, reyes de España, desechando ociosidad entro al
exordio de lo sobredicho, contando primeramente la
real progenie donde estos reyes vienen.

CAPITULO VIII.

DE EL LINAJE DE DONDE VIENE EL REY D. FERNANDO.

El rey D. Fernando V. de este nombre, nació *Nacimiento del Católico rey D. Fernando en Marzo de 1452.*
en Aragon á dos dias de Marzo del año del naci-
miento de Nuestro Redentor de mil y cuatrocientos y cincuenta y dos, en una villa que llaman
Ros; viernes nació á las diez horas del dia, estando
su planeta é signo en muy alto triunfo de bien aven-
turanza, segun dijeron los astrólogos. Es fijo del
rey D. Juan, que fué primero de Navarra, porque
ovo aquel reino con su primera mujer. El Rey
de Aragon, uno de los Infantes de Castilla fijos del
Infante D. Fernando, que fué fijo del Rey D. Juan
de Castilla, primero de este nombre, hermano del

Rey D. Enrique tercero de este nombre, el Bueno que dijeron, é fué doliente, padre del Rey D. Juan II, é fué tutor el dicho Infante D. Fernando del dicho Rey D. Juan II su sobrino, é le alzó por Rey de Castilla en la cuna, é gobernó á Castilla en tiempo de su niñez del dicho Rey D. Juan, é fizo á los moros del reino de Granada muchas guerras é daños, é les ganó lugares é villas, especialmente las villas de Antequera é Zahara; é siendo gobernador de Castilla fué á reinar en Aragon é Cataluña é sus provincias, é islas invocado é rogado por aquellos reinos; é su madre del Rey D. Fernando fué segunda mujer del dicho Rey de Navarra é Aragon, su padre, é fué fija del Almirante de Castilla llamado D. Federico que fué uno de los claros varones de España.

CAPÍTULO IX

Del linaje de la Reina Doña Isabel.

Nacimiento de la Católica Reina Doña Isabel, en el mes de Noviembre de 1450.

Esta Reina, nació año de mil cuatrocientos y cincuenta años en el mes de Noviembre, dia de Santa Elisabed en Ávila. La Reina Doña Isabel fué fija del Rey D. Juan de Castilla, segundo de este nombre, é nieta del Rey D. Enrique tercero susodicho el Bueno, é viznieta del Rey D. Juan, primero de este nombre. Así el Rey D. Fernando é la Reina Doña Isabel habian los abuelos hermanos, é la madre de la Reina Doña Isabel llamada Doña Juana, era fija del Rey D. Juan de Portugal, é fué segunda mujer del Rey D. Juan, é era hermana de la

Emperatriz de Alemania mujer del Emperador Federico tercero.

Casaron en uno el Rey D. Fernando é la Reina Doña Isabel despues de la muerte del Rey D. Alonso su hermano, que los caballeros habian alzado por Rey de Castilla en vida del Rey D. Enrique su hermano, é el matrimonio se celebró en 18 dias de Setiembre del año de 1469 en Valladolid, siendo el Rey D. Fernando Rey de Sicilia y Príncipe de Aragon, que así se intitulaba en vida de su padre: é la Reina Doña Isabel Princesa de Castilla é de Leon. Fueron Príncipes de Castilla hasta la muerte del Rey D. Enrique cuarto, é así les llamaban, puesto caso que habia en Castilla la doncella hija de la Reina Doña Juana, mujer del Rey D. Enrique, que nació en casa del Rey D. Enrique, á quien los grandes de Castilla habian publicado no sér su fija, aunque algunos le llamaban Princesa, é todas las comunidades la llamaban públicamente por el nombre de aquel gran privado del Rey D. Enrique, que decian era su padre. Vivieron y estuvieron aquel tiempo hasta que murió el Rey D. Enrique, en Castilla la vieja en Tordesillas é en sus comarcas, muy obedientes al Rey é muy agradables á las gentes.

Casamiento de los Católicos Reyes D. Fernando y Doña Isabel, en 18 de Setiembre de 1469.

CAPÍTULO X.

DE LA CORONACION DE LOS REYES CATÓLICOS
É BANDOS DE CASTILLA.

Murió el Rey D. Enrique como dicho es, é su hermano en Castilla en Madrid á 12 dias de Diciembre de 1474, estando en Segovia la Princesa Doña Isabel, y el Rey D. Fernando estaba en aquel tiempo en Aragon, é Rodrigo de Ulloa vino con la nueva cierta á Segovia el dia de Santa Lucía, é la Princesa Doña Isabel se cubrió de luto é fizo los llantos que convenian hacer por el Rey su hermano, é fuese á la iglesia de San Miguel, é allí fueron los pendones del Rey D. Enrique, é los de la misma Ciudad, bajos é cubiertos de luto; é allí despues de fechos los autos del luto, y oficios é misas y osequias, hicieron un cadahalso, y la alzaron por Reina de Castilla é de Leon, á la Princesa Doña Isabel, é luego el mayordomo Cabrera le entregó los alcázares de la ciudad, é le dió las llaves de ellos, é le entregó las varas de la justicia, é dió los tesoros del Rey D. Enrique su hermano, cuyo mayordomo él era; y ella se lo mucho agradeció, y le volvió las varas y llaves que las tuviese é ministrase por ella. É el Rey D. Fernando vino dende á quince dias, y entró por la puerta de S. Martin, donde todos los caballeros y grandes de Castilla que allí estaban con la Ciudad é clerecía é cruces le salieron á recibir, é confirmó los privilejios de Segovia, é allí lo alzaron por Rey de Castilla é de

Leon: é de los grandes de Castilla que fué público placerles de su reinar y buenaventura, que luego se demostraron, fueron el Arzobispo de Toledo D. Alonso Carrillo, que era hombre de muy varonil corazon, é interesal, é muy rico, é tenia muchas fortalezas é ciudades, villas y lugares, así de su casa como de la corona real, é muchos parientes. Este fué el mas principal en su casamiento. La pública fama era en aquel tiempo, que él le habia casado é dado todo el favor de su ayuntamiento, aunque despues dió la vuelta é le fué enemigo. É fué el Almirante D. Alonso Enriquez, é el Conde de Treviño Duque de Najera, D. Pedro Manrique, é el Condestable D. Pedro de Velasco Conde de Haro, el Duque del Infantado D. Diego de Mendoza, é otros muchos: empero eran muchos los llamados é pocos los escojidos, porque muchos se mostraban en parte, mas nó en todo, porque estaban de secreto á viva quien vence.

Así comenzaron á reinar en Castilla el Rey D. Fernando é la Reina Doña Isabel, dejando aquellos pocos dias del mes de Diciembre de 1474 años á fuera, desde el comienzo del año del nacimiento de nuestro Señor Jesuchristo de 1475 años; habiendo en Castilla otra parcialidad en sus contrarios tan grande ó mayor que la suya, que querian meter al Rey D. Alonso de Portugal. Ya es dicho en las cosas que atrás son escritas del Rey D. Enrique, como en su segunda mujer manifestó su impotencia, por lo cual ella se dió á mal recaudo, é fué fama pública que se empreñó de un caballero el mas privado del Rey su marido, é parió una hija á quien llamaron Doña Juana, la cual siempre se crió con aquella sospecha de no ser hija del Rey y por tal la juraron los grandes de Castilla cuando depusieron al Rey D. Enrique, que no era su hija; é así lo hicieron pregonar por toda Castilla con las otras cosas é tachas que á el Rey pusieron, é afirmando esto. La dicha Reina Doña Juana, segunda mujer del dicho D. Enrique, dió de sí muy mal ejemplo cá se empreñó é parió dos fijos de otro caballero de sangre real, continuo de su casa, é esto parece que lo causó la desventura del Rey su marido por no poder haber acceso á ella, é por no ser celoso de su casa é honra; cá muchas veces acaece á muy nobles dueñas pecar en esta cuitada humanidad de ser forzadas, ó tomadas la primera vez en lugar donde no se pueden defender y por conservar su honra callan, é á esto dan causa los maridos ó padres ó hermanos ó señores de casa, que se confian no mirando de quién ni cómo. Cá saludable cosa es á los hombres con buen juicio ser celosos y recelosos. Decian en aquel tiempo que siendo niño el Rey D. Enrique que le fué fecho mal, ó obo tal lision de que se causó su impotencia. É esto sabe Dios si fué así ó si no.

Con esta doncella, llamada la Princesa Doña Juana, hija del Rey, se alzaron ciertos grandes de Castilla contra el Rey D. Fernando, para la casar con el Rey D. Alonso de Portugal, allegándose á la cláusula del testamento del Rey D. Enrique, que diz que decia que la dejaba por su hija heredera.

É los primeros que se mostraron é manifestaron con la dicha doncella Doña Juana, fueron el

Marqués de Villena, D. Diego Pacheco, que la tuvo
en su poder, é sus primos el Maestre de Calatrava
D. Rodrigo Giron é su hermano D. Alonso Tellez Giron conde de Urueña, hijos del Maestre de Calatrava
D. Pedro Giron, y D. Alonso de Estúñiga, Conde
de Béjar y Duque de Arévalo, que entónces se lo
llamaba, é tenia; é de estos cuatro pendia la mitad de Castilla é eran muy grandes Señores cada
cual de ellos, é con ellos habia otros muchos declarados, é otros no del todo declarados, é otros
habia á quien vence; é en esto pasó alguna parte de Año de 1475.
los primeros meses del dicho año de 1475 é las parcialidades de los caballeros no cesaban, cada uno
buscando favores é haciendo ligas, unos declarán-
dose por una parte, otros por otra, otros dilatán-
dose tiempo, no queriendo declararse, porque esperaban la entrada del Rey de Portugal.

CAPÍTULO XI.

Prosiguen las parcialidades, y cómo el Arzobispo de Toledo se apartó de los Reyes.

Vuelta obo grande en el corazon grande del Arzobispo de Toledo, y decian que por dos causas; la
primera porque no quisiera que el Rey y la Reina
salieran de su mandar é obediencia; como si los
reinos fueran suyos, é él se los diera. É quisiera él
poner de su mano ciertos contadores é oficiales, é
porque luego como él lo queria no se hizo. É lo
segundo con envidia que obo de la buena voluntad
que el Rey y la Reina mostraban al Obispo de Si-

güenza D. Pedro Gonzalez de Mendoza, diciendo: éste mancebo y yo viejo privará tanto que será Arzobispo de Toledo despues de mí; é por otras cosas, é por estas. En fin él se fué de Segovia de la córte muy enojado camino de Alcalá de Henares, y la Reina desque lo supo envió en pos de él al Duque de Alba, y al Duque de Nájera, á le amansar é rogar que volviese á la córte, é nunca con él pudieron sino que lo dejasen ir á sus tierras. Y la Reina desque esto supo, porque el tiempo estaba tan en peso y no convenia enojar á los de su parte, antes dar y agradar á los contrarios para los hacer suyos, cabalgó é fué en pos de él, y desde Colmenar Viejo envióle á decir á Alcalá de Henares donde ya estaba, que obiese por bien que ella iba á comer con él á tal hora, que la atendiese; y el Arzobispo con mal seso, le envió á decir á la Reina, que supiese certificadamente que si allá iba, que entrando ella en Alcalá por una puerta, que él se iria huyendo por la otra. Y como esto supo la Reina estando oyendo misa, la misa acabada obo tanto enojo que echó mano á sus cabellos, é recobrada alguna poca de paciencia dijo contemplando: *Señor mio Jesuchristo, en vuestras manos pongo todos mis fechos, y de vos me defienda el favor y ayuda:* y otras cosas con que ella propia se conortaba. Y desde aquí el Arzobispo comenzó de hacer allegamiento de gente de guerra y no quiso mas volver á la córte, cá él tenia dos malos consejeros por quien se regia; un Mayordomo dicho Alarcon, que era un muy mal hombre, é un Beato, los cuales madaban á él é toda su casa, é le acon-

Descomidimento grande, y descortesía del Arzobispo de Toledo con la Reina.

sejaban mal, é consintieron, ó dieron lugar ó consejo á ello; que gastó el Arzobispo por mucho espacio é tiempo muy gran suma de dinero en alquimias, con alquimistas, procurando facer oro é plata, é de lo cual se imputaba á el dicho Arzobispo é cargaba gran culpa.

É la Reina se volvió desde Colmenar Viejo, é habló cerca de collado un caballero, que le llamaba la obediencia de Toledo, é tomó camino de Toledo é la ciudad se le dió é tomóla, é entregóse en ella y despues dió la vuelta de Toledo para Segovia. É Juan Lujan, Alcaide de Escalona, quisiera ofender que estaba por el Marqués de Villena; y la Reina no llevaba tanta gente de guerra con que le pudiese atender, é fuese á mas andar hasta Cebreros, y de allí el dicho Alcaide se volvió con su mal propósito. En este medio é tiempo, mas con alhagos que con amenazas, el Rey por un cabo y la Reina por otro adquirieron por Castilla cuanto podian; é la otra parcialidad que estaban con intencion de meter al Rey de Portugal, por semejante; é como el Arzobispo de Toledo se habia ausentado de la córte sañudo, é era hombre belicoso, y seguia mas veces la aficion que no la razon, y placíanle guerras y parcialidades, é era hombre que insistia mucho en la opinion que tomaba, é como era gran Señor, recibian mucha pena el Rey y la Reina de su apartamiento, é ficieron mucho por lo volver á su amistad, é nunca pudieron. Entónces todo el mundo pensaba que á la parte que él se acostase pesaria mas la balanza. É estando así las cosas, le fué enviada de la córte del Rey é de la Reina la siguiente epístola, notada é fecha é enviada por el Coronista Fernando del Pulgar, creyóse que por mandado de Su Alteza.

CAPÍTULO XII.

CARTA AL ARZOBISPO.

«Clama, no ceses, dice Isaías, Muy Reverendísimo Señor; y pues no vemos cesar este reino de llorar sus males, no es de cesar de clamar á vos, que dicen ser causa de ellos. «Poca cosa os parece, dice Moisés á Coré y á sus sequaces, haberos Dios elejido entre toda la multitud del pueblo, para que le sirvais en el sacerdocio, sino que en pago de su beneficio le seais adverso escandalizando al pueblo." Contad, muy Reverendísimo Señor, vuestros dias antiguos y los años de vuestra vida, considerad los pensamientos de vuestra ánima, y fallareis que en tiempo del Rey D. Enrique vuestra casa fué receptáculo de caballeros airados y descontentos, é inventora de ligas y conjuraciones contra el cetro Real, favorecedora de desobedientes é de escándalos del reino. É siempre vos habemos visto gozar en armas la quietud del pueblo, é ayuntamientos muy ajenos de vuestra profesion, enemigos de la quietud del pueblo. É dejando de recontar los escándalos pasados que con el pan de los diezmos habeis tenido el año de 74, contra el Rey D. Enrique, se fizo aquel ayuntar de jente que todos vimos ser el primer acto de inobediencia clara que, V. S. siendo cabeza y gobernador, sus natu-

rales le quisieron mostrar, ó osaron mostrar aquel
casi amansado por la sentencia que en Medina se
ordenaba, é Vuestra Reverendísima se tornó á yun-
tar con el Rey, y luego á pocos dias acordó de
mudar el propósito y se juntó con el Príncipe D.
Alonso haciendo division en el reino alzándolo por
Rey. Estas mudanzas, é en tan poco espacio de
tiempo por Señor de tan gran dignidad fechas, no
en pequeña injuria de la persona, é de la dignidad
se pudieron hacer; durante esta division se dispertó la maldad de los malos, la cobdicia de los cob-
diciosos, la crueldad de los crueles, y la rebelion
de los rebeldes inobedientes. V. M. Rda. Señoría lo
considere bien, é verá cuan medicinal es la Santa Escritura que nos manda por San Pedro obedecer á los Reyes, aunque disolutos, antes que
facer division en los reinos; porque la confusion
y males de la division son muchos y mas graves
sin comparacion, que aquellos que del mal Rey
se pueden sufrir. Con gran vigilancia vemos á
V. S. procurar que vuestros inferiores os obedez-
can y sean sujetos; dejad, pues, por Dios, Señor,
los sujetos de los Príncipes, no los alboroteis, no
los levanteis, no les mostreis sacudir de sí el yugo
de la obediencia, la cual es mas aceptable á Dios
que el sacrificio. Dejad ya, Señor, de ser causa
de escándalos, é sangre: cá si á David por ser varon de sangre no permitió Dios facerle casa de
oracion; ¿cómo puede V. S. en guerras de tantas
sangres como se han seguido, envolveros con sana
conciencia en las cosas que vuestro oficio sacer-
dotal requieren? Contagioso y muy irregular ejem-

plo toman y an los otros Prelados de esta nuestra
España viendo á vos, el principal de todas las armas y divisiones. No pequeis por Dios, Señor, ni
fagais pecar, cá la sangre de Jeroboan, de la tierra
fué desarraigada por este pecado. Dejad ya, Señor,
de rebelar y favorecer rebeldes á sus Reyes é Señores, que es el mayor denuesto que dió Nabal á
David, fué irado y desobediente á su Señor; Hie-
rusalen y todas aquellas tierras, segun cuenta el
historiador Josefo, en caida tal vinieron cuando
los sacerdotes, dejado su oficio divino se mezclaron
en guerras y en cosas profanas. Oh! pues vuestra
dignidad vos hizo padre, vuestra condicion no os
haga parte, y no profaneis ya más vuestra persona,
religion y renta que es consagrada, y para sus cosas pias dedicada. Gran inquisicion hizo Achime-
lech, sacerdote, antes que diese el pan consagrado
á David, por saber primero si la gente que lo habian de comer eran limpios; pues considere agora bien V. S. de consideracion espiritual, si son
limpios aquellos á quienes vos lo repartís; y como
y á quien, por qué se lo dais y á quién se debia
dar, é como sois transgresor de aquel santo de-
creto que dice; *Virum catholicum præcipue domine
sacerdotem.* Cansad ya por Dios, Señor, cansad, á
lo menos habed compasion de esta tribulada tierra que piensa tener Prelado, é tiene enemigo; gime
y reclama por que tuviste poderío en ella, del
cual á vos place usar, no para instruccion, como
debeis, mas para su destruicion como faceis; no
para su reformacion, como sois obligado, mas para
doctrina y ejemplo de paz y mansedumbre; mas

para corrupcion y escándalo y turbacion; ¿para qué vos armais sacerdote sino para pervertir vuestro hábito y religion? ¿para qué os armais padre de consolacion sino para desconsolar y hacer llorar los pobres é miserables, y para que se gocen los tiranos é robadores y hombres de escándalos y sangres con la division contínua que V. S. cria y favorece; decidnos por Dios, Señor, si podrán en vuestros dias haber fin nuestros males, ó si podremos tener la tierra en vuestro tiempo sin division. Catad señor, que todos los que en los reinos y provincias procuraron divisiones, vida y fines hubieron atribuladas: temed, pues, por Dios la caida de aquellos cuya doctrina quereis remedar, y no trabajeis mas este reino, cá no hay só el cielo reino mas deshonrado que el diviso. Lea V. S. á San Pedro cuya órden recibísteis, é hábito vestís, y habed alguna caridad de la que os recomendó que hayais. Vasteos el tiempo pasado á voluntad de las gentes; sea el porvenir á voluntad de Dios, que hora es ya Señor, de mirar do vais, é no atrás do venis; no querais mas tentar á Dios con tantas mudanzas, no querais dispertar sus juicios que son terribles, y espantosos. Y pues vos eligió Dios entre tanta multitud para que le sirvais en el sacerdócio, en retribucion de su beneficio, no le escandaliceis el pueblo, segun fueron las primeras palabras de esta epístola.»

Esta sobredicha carta fué fecha é enviada, del cronista del Rey é de la Reina Fernando del Pulgar, al Arzobispo de Toledo D. Pedro Carrillo, despues que se fué sañoso de la córte, é se juntó con la liga

de los que querian meter al Rey de Portugal, al
tiempo que ya el Rey y la Reina del no tenian esperanza que volviese á su córte, é por eso con la
verdad, se le envió la carta tan ejemplosa y lastime-
ra de la córte; é parece que á esta carta ó á otra,
respondió por el Arzobispo un caballero su criado
al Cronista, disculpando al Arzobispo é poniendo
algunas razones por él, é queriendo hacer entender
que el Arzobispo no haria cosa que no debiese
contra el Rey y la Reina; y en respuesta á aquel
caballero, el dicho Cronista sin ningun temor y con
esperanza de la prosperidad que Dios demostraba
al Rey é á la Reina, respondió al dicho caballero y
le envió la presente carta.

CAPÍTULO XIII.

Segunda carta.

«Señor, vuestra carta recibí por la cual quereis
relevar de culpa al Sr. Arzobispo vuestro amo por
este escándalo nuevo que se sigue en el Reino de la
gente que agora tiene junta en Alcalá, y quereis
darme á entender que lo hace por seguridad de su
persona, y por paz en el reino, y tambien decís que
ha miedo de yerbas; para este temor de las yerbas
entiendo yo que será mejor atriaca, que jente, aunque costaria menos; y cuanto á la seguridad de su
persona y paz del reino, haced vos, Señor, con el
Sr. Arzobispo que se sosiegue su espíritu, y luego
holgará él y el reino: y por tanto, Señor, escusada

es la ida vuestra á Córdoba, á tratar paz con la
Reina, porque si paz quereis, ahí la habeis de tratar en Alcalá con el Arzobispo. Acabad vos con
su Señoria que tenga paz consigo, y que esté acompañado de jente de letras, como su órden lo requie-
re, y no rodeado de armas ,como su oficio lo de-
fiende; y luego habreis tratado la paz que él quiere procurar y vos quereis tratar. Con todo eso, aunque me han dicho que el Doctor Calderon es vuel-
to á córte, plegue á Dios, que este Calderon saque
paz; justo es Dios y justo es su juicio; en verdad
Señor, yo fuí uno de los Calderones con que el
Rey D. Enrique muchas veces envió á sacar paz
del Arzobispo, y nunca pudo sacarla. Agora veo
que el Arzobispo envia su Calderon á sacar de
la Reina, plegue á Dios que la concluya con Su
Alteza, mejor que yo la acabé con el Arzobispo.
Pero dejando agora esto aparte, ciertamente, Señor,
gran cargo habeis tomado si pensais quitar de cargo á ese Señor por este nuevo escándalo que agora
hace, salvo si alegais que el Beato, y Alarcon, le
mandaron de parte de Dios que lo hiciese; y no lo
dudo que se lo dijesen, porque cierto es que el Arzobispo sirvió tanto al Rey y á la Reina en los
principios y tan bien, que si en el servicio perseve-
raba, todo el mundo dijera, que el comienzo, medio y fin de su reinar, habia sido el Arzobispo y
toda la gloria se imputara al Arzobispo. Dijo Dios
gloriam meam al Arzobispo *non dabo;* y para
guardar para mí esta gloria que no me la tome
ningun Arzobispo, permitiré que aquellos Alar-
cones, le digan que sea contrario al Rey y á la

Reina, y que ayude al Rey de Portugal para les quitar este reino, y contra toda su voluntad y fuerza lo daré á esta Reina, que lo debe haber de derecho, porque vean las gentes que cuantos Arzobispos hay de mar á mundo, no son bastantes para quitar ni poner Reyes en la tierra, sino solo yo que tengo reservada la semejante provision á mi tribunal. Así que, Señor, esta via me parece para escusar á su Señoria, pues que lo podeis autorizar con tal Moisen y Aaron, como el Beato y Alarcon. Con todo eso ví esta semana una carta que enviaba á su Cabildo, en que reprende mucho á el Rey é á la Reina por que tomaron la plata de las iglesias, la cual sin duda estuviera queda en su sagrario, si él estuviese quedo en su casa. Tambien dice que fatigan mucho el reino con Hermandades, y no vé que la que dá él á ellos, causa la que dan ellos al reino. Quéjase asimismo porque favorecen la toma de Talavera, que es de su iglesia de Toledo, y no se miembra que favoreció la toma de Cantalapiedra, que es de la iglesia de Salamanca. Siente mucho el embargo de sus rentas, y no se miembra cuantas ha tomado y toma del Rey, y aun nunca ha presentado el privilegio que tiene para tomar lo del Rey, y que el reino no pueda tomar lo suyo. Otras cosas dice la carta que yo no consejara á su Señoria escribir, si fuera su escribano, porque la Sacra Scriptura manda que no hable ninguno con su Rey papo á papo, ni ande con él á dime y dirte hé. Dejando agora esto á parte, mucho querría yo que tal señor como ese considerase que las cosas que Dios en su presencia tiene ordenadas para que hayan fines prósperos y durables, muchas veces vemos que han principios y fundamentos trabajosos, porque cuando vinieren al cúlmen de la dignidad hayan pasado por el crisol de los trabajos, y por grandes misterios ignotos de presente á nos, y notos de futuro á él. La Sacra Scriptura, y otras historias están llenas de estos ejemplos. Persecuciones grandes obo David en su principio, pero *Jesu fili David* decimos. Grandes trabajos pasó Eneas dó vinieron los Emperadores que señorearon el mundo: Júpiter, Hércules, Rómulo, Céres, Reina de Sicilia, y otros y otras muchas; á unos criaron ciervos y á otros lobos, echados por los campos; pero leemos que al fin fueron adorados y se asentaron en sillas reales, cuya memoria dura hasta hoy. Y no sin causa la ordenacion divina, quiere que aquello que luengamente ha de durar, tenga los fundamentos fuertes y tales, sobre que se pueda hacer que la obra dure. Viniendo ahora, pues, al propósito, casó el Rey de Aragon con la Reina madre del Rey nuestro señor, y luego fué desheredado y desterrado de Castilla. Obo este su hijo, que desde su niñez fué guerreado y corrido, cercado, combatido de sus súbditos y de los extraños; y su madre con él en los brazos huyendo de peligro en peligro. La Reina nuestra señora desde niña se le murió el padre, y aun podremos decir la madre, que á los niños no es pequeño infortunio. Vínole el entender, y junto con él los trabajosos cuidados; y lo que mas grave se siente en los reales, es méngua estrema de las cosas necesarias; sufría amenazas, estaba con

temor, vivia en peligro. Murieron los príncipes D.
Alfonso y D Cárlos sus hermanos; cesaron éstas,
ellos á la puerta de su reinar y el adversario á la
puerta de su reino. Padecian guerra de los extraños, rebelion de los suyos, ninguna renta, mucha
costa, grandes necesidades y ningun dinero, muchas demandas, poca obediencia. Todo esto así
pasado con estos principios que vimos, y otros que
no sabemos. Si ese Señor vuestro amo, les piensa tomar este reino como un bonete, y darlo á quien
se pagare, digo, Señor, que no lo quiero creer aunque me lo diga Alarcon, y el Beato. Mas querré
creer á estos misterios divinos que á esos pensamientos humanos; y como para esto murió el Rey
D. Enrique sin generacion, y para esto murieron el
Príncipe D. Cárlos, y D. Alfonso, y para esto murieron otros grandes estorbadores; para esto hízo
Dios todos estos fundamentos y misterios que habemos visto, para que disponga el Arzobispo vuestro amo de tan grandes reinos á la medida de su
enojo. De espacio se estaba Dios en buena fé, si
habia de consentir que el Arzobispo de Toledo ven-
ga sus manos lavadas, y disponga así lijeramente
de todo lo que él ha ordenado y cimentado, de tanto tiempo á acá con tantos y tan divinos misterios.
Hacedme agora tanto placer, si deseais servir á ese
señor, que le aconsejeis que no lo piense así, y que
no mire tan somero, cosa tan honda; en especial
le consejad que huiga cuanto pudiere, de ser causa
de divisiones en los reinos, como de fuego infernal,
y tome ejemplo en los fines que han habido los que
divisiones han causado. Vimos que el Rey D. Juan

de Aragon padre del Rey nuestro señor, favoreció algunas parcialidades y alteraciones en Castilla; y vimos que permitió Dios á su hijo el Príncipe D. Cárlos que le pusiese escándalo y divisiones en su reino. Y tambien vimos que el hijo que las puso y los que le sucedieron en aquellas divisiones, murieron en el medio de sus dias, sin conseguir el fruto de sus deseos. Vimos que el Rey D. Enrique crió y favoreció aquella division en el reino de Aragon, y vimos que el Príncipe D. Alfonso su hermano le puso division en Castilla, y vimos que plugo á Dios de le llevar de esta vida en su mocedad como á instrumento de aquella division. Vimos que el Rey de Francia procuró asimismo division en Inglaterra, y vimos que el Duque de Guiana su hermano procuró division en Francia; y vimos que el hermano perdió la vida sin conseguir lo que deseaba. Vimos que el Duque de Borgoña, y el Conde de Barvique, y otros muchos procuraron en los reinos de Inglaterra y de Francia divisiones y escándalos, y vimos que murieron en batallas despedazados, y no enterrados. Y si quereis ejemplos de la Sacra Scriptura, Architofel, y Absalon, procuraron division en el reino de David y murieron ahorcados. Así que visto todo esto que vimos, no sé quien puede estar bien y estar quedo, y querer estar mal y estar bullendo.»

Y el Arzobispo en este tiempo se aclaraba cada dia mas por el Rey de Portugal con los caballeros de la liga; é aun soberbecido, se publicó que decia que les quitaría el reino, y haría volver á hilar la rueca á la Reina como si fuera en él, é envió con los otros á Portugal su palabra á el Rey D. Alonso.

CAPÍTULO XIV.

Otra carta.

Como sea parte del oficio de los cronistas en
servicio de los Reyes sus señores despedir epístolas en su servicio en los tiempos que conviene,
para saber lo que se hace en otros reinos, é acojer
las respuestas é tomar de ellas aquello que á su
oficio conviene de algunas cosas hazañosas, é haber conocimiento de los Reyes comarcanos, é de
sus cronistas por intercesion de letras, para en-
jerir en las crónicas algunas cosas de las que acae-
cen en sus tiempos; las de acullá acá, é las de acá
acullá que convienen por la verificacion serán si
escritas, é con su dulce escribir, deben procurar
de evitar escándalos, é guerras entre los Reyes
y los señores y procurar la paz, é la concordia por
epístolas de dulce y autorizado escribir.

El cronista del Rey é de la Reina nuestros
señores, Fernando del Pulgar, pesándole mucho
de los impedimentos y cosas que se atravesaban,
contra el reinar en Castilla de estos Católicos Reyes, é sabido é publicado cómo los dichos caballeros de Castilla habian procurado é procuraban
meter al Rey de Portugal á casar con la doncella
Doña Juana su sobrina, que llamaban la Princesa
ellos, é para que reinase en Castilla; allende de
otras muchas demostraciones é requerimientos que
le fueron fechos, que no tomase la tal empresa ni
entrase, le envió la presente epístola.

CCARTCA CAL REY D. CALONSO.

«Muy poderoso Rey y Señor· sabido hé la indi-
nacion que V. A. tiene de aceptar esta empresa de
Castilla que algunos caballeros de ella os ofrecen;
y despues de haber bien pensado en esta materia,
acordé de escribir á V. A. mi parecer. Bien es,
muy excelente Rey y Señor, que sobre cosa tan
alta y árdua haya en vuestro consejo alguna plática
de contradicion disputable por que en ella se aclare
lo que á servicio de Dios, y honor de vuestra corona real, bien y acrecentamiento de vuestros reinos mas conviene seguir. Y para esto, muy poderoso Señor, segun en las otras guerras santas dó
habeis seido victorioso habeis hecho, porque en
esta con ánimo limpio de pasion lo cierto mejor
se pueda discernir, mi parecer es que ante todas las
cosas aquel redemptor se consuele que vuestras cosas conseja, aquel se mire que siempre es guia,
aquel se adore y suplique, que vuestras cosas y estado segura y prospera. Porque como quier que
vuestro fin es ganar honra en esta vida, y vuestro
principio sea ganar vida en la otra; y cuanto toca
á la justicia que la Señora vuestra sobrina dice tener á los reinos del Rey D. Enrique, que es el fundamento que estos caballeros de Castilla hacen, y
aun lo primero que V. A. debe mirar. Yo por cierto Señor, no determino agora su justicia, pero veo
que estos que os llaman por ejecutor de ella son el
Arzobispo de Toledo, y el Duque de Arévalo, los
hijos del Maestre de Santiago, y del Maestre de Ca-

latrava su hermano, que fueron aquellos que afirmaron por toda España, y aun fuera de ella publi-
caron, que esta Señora no tener derecho á los reinos
de D. Enrique, ni poder ser su hija por la impotencia esperimentada, que de él en todo el mundo,
por sus cartas y mensajeros divulgaron: y allende
de esto le quitaron el título real, y hicieron division
en su reino. Desearíamos pues, saber como hallaron entónces esta Señora no ser heredera de Castilla, y pusieron sobre ello sus estados en condicion;
y como hallaron agora ser su lejítima subcesora,
y quieren poner á ello el vuestro. Estas varieda-
des, muy poderoso Señor, dan causa justa de sospecha, que estos caballeros no vienen á vuestra
Señoría con celo de vuestro servicio, ni menos con
deseo de esta justicia que publican; mas con deseo
de sus propios intereses que el Rey y la Reina
no quisieron, ó por ventura no pudieron cumplir segun la medida de su cobdicia, la cual tiene tan
ocupada la razon en algunos hombres, que tentan-
do sus propios intereses acá y allá, dan el derecho
ageno dó hallan su utilidad propia: y debeis creer,
muy excelente Señor, que pocas veces vos sean fie-
les aquellos que con dádivas oviéredes de sostener:
antes es cierto, aquellas cesantes, os sean deservi-
dores, porque ninguno de los semejantes viene á
vos como debe venir, mas como piensa alcanzar:
y cuando vencido ya de la instancia de ellos, vuestra real Señoría acordase todavia aceptar esta empresa, yo por cierto dudaria mucho entrar en aquel
reino teniendo en él por ayudadores, y menos por
servidores los que el pecado de la division pasada

hicieron, y quieran agora de nuevo hacer otra,
reputándolo á pecado venial, como sea uno de los
mayores crímenes que en la tierra se pueden cometer, y señal cierta de espíritu disoluto y inobe-
diente Por el cual pecado los de Samaria, que fueron causa de la division del reino de David, fueron
tan escomulgados, que nuestro redemptor, mandó
á sus discípulos, en la provincia de Samaria no
entreis, numerándolos en el gremio de las idolatrias,
y aun por tales mandó el hombre de Dios al Rey
Amacías que no juntase su gente con ellos para la
guerra que entró á hacer en las tierras de Seir, y
en caso que este Rey habia traido cien mil de ellos
y pagádoles el sueldo, los dejó por ser varones de
division y escándalo, y no osó envolverse con ellos
ni gozar de su ayuda en aquella guerra por no tener irada la divinidad, la cual en todas las cosas,
y en la guerra mayormente debemos tener aplaca-
da, porque sin ella ninguna cosa está, ningun saber vale, ningun trabajo aprovecha; y por tanto mi-
rad por Dios, Señor, que vuestras cosas (hasta hoy
florecientes) no las envolvais con aquellos, que el
derecho de los reinos que es divino, miran no segun su validad, mas segun sus pasiones y propios
intereses. Y cuanto á la promesa tan grande y dulce como estos caballeros os hacen de los reinos de
Castilla, con poco trabajo y mucha gloria, ocúrreme
un dicho de S. Anselmo que dice: compuesta es y
muy afeitada la puerta que convida al peligro: y
por cierto, Señor, no puede ser mayor afeitamiento
ni compostura de la que estos vos presentan. Pero
yo hago mas cierto el peligro de esta empresa, que

cierto el efecto de esta promesa: lo primero, porque no vemos aquí otros caballeros sino estos solos, y estos no dan seguridad ninguna de su lealtad; y caso que haya otros secretos que afirman aclararse, los tales no piensan tener firme como deben, mas temporizar como suelen, para declinar á la parte que la fortuna se mostrase mas favorable. Lo segundo, porque dado que todos los mas de los grandes, y de las ciudades y villas de Castilla, como estos prometen, vengan luego á vuestra obediencia, no es duda segun la parentela que el Rey tiene, que muchos caballeros y grandes señores y ciudades y villas, se tengan por él y por la Reina, á los cuales así mesmo los pueblos son muy aficionados, porque saben ella ser hija cierta del Rey D. Juan, y su marido hijo natural de la casa real de Castilla; y la Señora vuestra sobrina, hija incierta del Rey D. Enrique, y que vos la tomais por mujer, de lo cual no pequeña estima se debe hacer, porque la voz del pueblo es voz divina, y repugnar lo divino es querer con flaca vista vencer los fuertes rayos del sol. Eso mismo, porque vuestros súbditos nunca bien se compadecieron con los castellanos, y entrado V. A. en Castilla con título de Rey podria ser que las enemistades y discordias que entre ellos tienen, y de que estos hacen fundamento, á vuestro reinar todas se saneasen contra vuestra gente, por el ódio que antiguamente entre ellos es. Lo otro por que en tiempo de division, así á vos de vuestra parte, como al Rey y á la Reina de la suya converná dar y prometer, rogar y sufrir á todos por que no muden el partido que tuvieren,

para se juntar con la parte que mas largamente
con ellos se oviera. Así que, Señor, pasaríades vuestra vida sufriendo, y dando y rogando, que es oficio
de subjecto, y no reinando y mandando, que es
el fin que vos deseais y estos caballeros prometen.
Tornando agora pues á hablar en la justicia de la
Señora vuestra sobrina, yo, muy alto Rey y Señor,
de esta justicia dos partes hago, una es esta que vosotros los reyes y príncipes, y vuestros oficiales por
cosas probadas mandais ejecutar en vuestras tierras,
y á esta conviene preceder prueba y declaracion antes que la ejecucion, porque de otra manera, mal
se cumpliria aquel comun hablar de los letrados, que
el Juez debe sentenciar conforme á lo alegado y
probado, y es injusta sentencia condenar sin oir
las partes, si no fuese en rebeldía. Otra justicia es
la que por juicio divino, por pecados á nosotros
ocultos vemos ejecutar, veces en las personas propias de los delincuentes y en sus bienes, veces en
los bienes de sus hijos y sucesores, así como hizo
al Rey Roboan hijo del Rey Salomon, cuando de doce partes de su reino, luego reinando perdió las diez
No se lee pues, Roboan haber cometido público pecado hasta estónce por dó los debiese perder; y
como juntase gente de su reino para cobrar lo que
perdia, Semey profeta de Dios le dijo de su parte:
Está quedo no pelees, no es la voluntad divina que
cobres esto que pierdes; y como quiera que Dios,
ni hace ni permite hacer cosa sin causa, pero el
profeta no ge lo declaró, porque tan honesto y co-
medido es nuestro Señor, que aun despues de muerto el Rey Salomon, no le quiso deshonrar ni á su hijo

avergonzar declarando los pecados ocultos del padre, porque le plugo que el sucesor perdiese estos bienes temporales que perdia. En la Sacra Scriptura, y aun en otras historias auténticas, hay de esto asaz ejemplos: mas porque no vamos á cosas muy antiguas y peregrinas, este vuestro reino de Portugal, á la Reina Doña Beatriz hija heredera del Rey D. Fernando y mujer del Rey D. Juan de Castilla, pertenecia de derecho público; pero plugo al otro juicio de Dios oculto, darlo al Rey vuestro abuelo, aunque bastardo y profeso de la órden de Cistel; y porque este oculto juicio, este Rey D. Juan quiso repugnar, cayeron aquella multitud de castellanos que en la de Aljubarrota sabemos, y es notorio ser muertos. De derecho claro pertenecian los reinos de Castilla á los hijos del Rey D. Pedro: pero vemos que por virtud del juicio de Dios oculto, los poseen hoy los descendientes del Rey D. Enrique su hermano, aunque bastardo. Y si quiere V. A. ejemplos modernos, ayer vimos el reino de Inglaterra que pertenecia al Príncipe hijo del rey D. Enrique, y vemos hoy poseer pacífico al Rey Eduarte, que mató al padre y al hijo. Y como quier que vemos claros de cada dia estos y semejantes efectos, ni somos, ni podemos ser acá jueces de sus causas, en especial de los Reyes, cuyo juez es Dios que los castiga, veces en sus personas y bienes, veces en la sucesion de los hijos segun la medida de sus yerros. San Agustin en el libro de la Ciudad de Dios, dice: ¿el juicio de Dios oculto puede ser iníquo? no, que sabemos es muy excelente Rey y Señor. Si el Rey D. Enrique cometió en su vida algunos graves pe-

cados por dó tenga Dios deliberado en su juicio secreto disponer de sus reinos en otra manera de lo
que la Señora vuestra sobrina espera, y estos caballeros procuran, segun hizo á Roboan y á los otros
que he declarado ya á vuestra Señoría. De los pecados públicos se dice dél, que en la administracion de la justicia (que es aquella por dó los Reyes
reinan) fué tan negligente que sus reinos vinieron en
total corrupcion y tiranía; de manera que antes de
muchos dias que falleciese, todo cuasi el poderío y
autoridad real le era envanescido. Todo esto con-
siderado, querria saber quién es aquel de sano entendimiento que no vea cuan difícil le sea esto que
á V. A. hacen fácil, y esta guerra que dicen pequeña,
cuanto sea grande y la materia de ella peligrosa, en
la cual si algun juicio de Dios oculto hay por dó V.
A. repugnándolo oviese algun siniestro, considerad
bien, Señor, cuan grande es el aventura en que po-
neis vuestro Estado real, y en cuanta obscuridad
vuestra fama, que por lo grande de Dios, por todo
el mundo relumbra. Allende de esto, de necesario
ha de haber quemas, robos, muertes, adulterios,
rapiñas, destrucciones de pueblos y de casas de
oraciones, sacrilegios, el culto divino profanado, la
religion apostatada, y otros muchos estragos y ro-
turas que de la guerra surten. Tambien vos con-
verna sufrir y sostener robos y robadores, y hombres criminosos sin castigo ninguno, y agraviar los
ciudadanos y hombres pacíficos, que es oficio de tiranos y no de Rey; y vuestro reino entre tanto no
será libre de estos infortunios, porque en caso que
los enemigos no le guerreasen, vos será forzado con

tributos grandes y contínuos, y servidumbres pre-
miosas para la guerra necesarias, fatigásedes de manera que procurando una justicia cometiérades muchas injusticias. Allende de esto, vuestra Real persona que por la gracia de Dios está agora quieta, es
necesario que se altere; vuestra conciencia sana, es
por fuerza que se corrumpa; el temor que tienen
vuestros súbditos al vuestro mandato, es necesario
que se afloje; estais quieto de molestias, es cierto
que habreis muchas; estais libre de necesidades,
meteis vuestra persona en tantas y tales, que por
fuerza os harán súbdito de aquellos; que la libertad que agora teneis os hace Rey y Señor. Y porque conozco cuanto cela vuestra alta Señoría la
limpieza de vuestra excelente fama, quiero traer á
vuestra memoria como ovistes enviado vuestra embajada á demandar por mujer á la Reina; tambien
es notorio cuantas veces en vida del Rey D. Enrique
vos fué ofrecida por mujer la Señora vuestra sobrina, y no vos plugo de lo aceptar, porque se decia
vuestra conciencia real no se sanear bien del derecho de sucesion. Pues considerad agora esta mudanza, sin preceder causa pública porque lo debais
hacer, quien no habrá razon de pensar que halleis
agora derecha sucesora á vuestra sobrina, no porque lo sea de derecho, más porque la Reina que
demandásteis por mujer contrajo antes el matrimonio con el Rey su marido, que con vos que la
demandásteis, y habria lugar la sospecha de cosas
indebidas, contrarias y mucho á las virtudes insig-
nes que de vuestra persona Real por todo el mundo
están divulgadas; y soy maravillado de los que ha-

cen fundamento de este reino que vos dan, en la discordia de los caballeros y gentes de él, como si fuese imposible la reconciliacion entre ellos, y conformarse contra vuestras gentes. Podemos decir por cierto, muy alto Señor, que el que esto no vé es ciego del entendimiento, y el que lo vé y no lo dice es desleal. Guardad, Señor, no sean estos consejeros los que consejan, no segun la recta razon, mas segun la voluntad del Príncipe ven inclinada; y por tanto, muy alto y poderoso Rey y Señor, antes que ésta guerra se comience, se debe mucho mirar la entrada, porque principiar guerra, quien quiera lo puede hacer; salir de ella nó, sinó como los casos de la fortuna se ofrecieren; los cuales son tan vários y peligrosos, que Estados Reales y grandes no se les deben cometer sin grande y mudura deliberacion, y á cosas muy justas y ciertas.»

CAPÍTULO XV.

Desque el Arzobispo de Toledo se declaró por el Rey de Portugal, muchos caballeros criados suyos fijosdalgo, fueron muy pesante de ello y muy mal contentos de él; de los cuales fueron Lopez Vazquez, su fijo, é su hermano el Conde de Buendia, é Gomez Manrique, é Hurtado de Luna, los cuales siempre mucho se lo estorbaron é contradijeron, poniéndole delante la vergüenza, é los muchos daños é inconvenientes que de aquel trasmudarse convernian, é diciéndole como queria contradecir lo que siempre habia afirmado estos reinos

justamente ser de la Reina, é venirle por justo título, é se los ayudó á dar é entregar este dia que la
alzaron por Reina, é eso mesmo les otorgó é dió
su voz de ello al Rey D. Fernando su marido
cuando fué en lo alzar por Rey de ellos, de que
en él, é ellos esperaban muchas mercedes; é ni
con esto, ni con otras muchas razones ni afrentas que le presentaron, nunca lo pudieron volver de
sus intereses é mal propósito. É desque esto vieron los caballeros susodichos, siguiendo la lealtad
que á su Rey debian, é la nobleza de donde venian,
se despidieron dél é de su servicio, é se pusieron
con el Rey D. Fernando é con la Reina Doña Isabel á venir, é siguiendo su servicio de allí en adelante. É ansi como estos nobles caballeros habia
en casa del Arzobispo que le aconsejaban bien, habia
otros á quien él daba su crédito que le aconsejaban
mal en la contra de estos otros con dañadas auto-
ridades, así como eran Alarcon, alquimista mayor
su mayordomo é privado, é sus secuaces, al cual
dicho Alarcon, despues de hecha la guerra, el Rey
D. Fernando permanente victorioso, fizo degollar
en Toledo en Zocodover, é lo degollaron sobre una
espuerta de paja tendida por mas baldon segun su
gran merecimiento, cá se halló ser muy traidor al
Rey, é á la Reina muy contrario.

CAPÍTULO XVI.

Como el Rey D. Alonso de Portugal determinó entrar en Castilla.

Muchas embajadas fueron y vinieron de los caballeros de Castilla de la liga de la Señora Doña Juana, particulares y generales, al Rey D. Alonso de Portugal, convidándole con ella para casar, é . con Castilla para reinar, afirmándole venir los reinos por subcesion del Rey D. Enrique su padre. É el Rey D. Alonso resistido todo buen consejo, é todo buen pensamiento procediente del Espíritu Santo, encendido en el pecado de la cobdicia, ovo de aceptar el partido, á lo cual mucho pesó á los caballeros de su reino que deseaban su servicio é su honra, porque sabian el caso no ser á él conveniente aceptarlo; los cuales mucho se lo estorbaron, é pusieron delante mirase en cuanto trabajo, é inconvenientes é peligro queria poner su persona é reino, en aceptar de entrar en Castilla á reinar, para la haber de conquistar por armas; é nunca le pudieron hacer mudar el concebido propósito. Pues de la parte del Rey é de la Reina, no creais que quedó dele molestar, y rogar y requerir de parte de Dios que no entrase en Castilla, ni creyese el consejo de los que la prometian, haciéndole saber el caso muy por estenso desde el comienzo hasta el fin, de como la Señora su sobrina no tenia aquella justicia que le decian á los reinos, lo cual él bien sabia, é siempre resistió el consejo de los embajadores del Rey

é de la Reina. É de un cabo molestado, reque-
rido é rogado en Castilla; é del otro comunicado é
llamado á ella; de un cabo ciego de la gran cobdicia; de otro muy turbado de los inconvenientes y
peligros que delante le presentaban que le podrian
venir, no sabia de si que hacer, é deliberó de enviar cartas y presentes á la mayor parte de los caballeros de Castilla que no estaban en su liga, é pro-
siguió esto presentándoles el título como él queria
casar con la hija del Rey D. Enrique, cuya era Castilla, que lo oviesen por bien, é lo recibiesen, é les
faria muchas mercedes, é envióles á cada uno, segun quien era, muchos cruzados de oro, é muchas
tazas é piezas de plata labrada, pensando que los
que recibiesen no le faltarian, é ellos, así los de
Castilla como los de Andalucía, ó la mayor parte
de ellos recibieron lo que les envió, con intencion
algunos dele servir, otros de estar á viva quien
vence, y en tanto no le ofender. Otros con intencion de le dar guerra con su mesmo dinero, ansí
como fizo el Duque de Alba D. García, que era
casado con tia, hermana de la madre del Rey D.
Fernando; y ovo el Rey D. Alonso de Portugal tal
atrevimiento, que le envio gran suma de cruzados,
no mirando lo que mirar debiera, que de tal pariente antes se debiera mucho de guardar, y este
recibió, con que despues le hizo la guerra, y este publicó la embajada en tiempo debido, y la intencion,
é lo mostró por obra é así ficieron otros. É de
ellos le enviaron sus cartas firmadas, é de ellos su
palabra, en lo cual el Rey D. Alonso gastó muy
gran suma de oro, é desque entendió que tenia á

su servicio la mayor parte de Castilla, aceptó el casamiento, é deliberó en venir en ella á reinar si pudiese. É fué concertado entre él é los caballeros que lo metieron, en tiempo y lugar, é donde é como se oviese de celebrar el matrimonio.

CAPÍTULO XVII.

La entrada del Rey D. Alonso de Portugal en Castilla.

A primer año del reinado del Rey D. Fernando y de la Reina Doña Isabel su mujer, en el quinto año del pontificado del Papa Sixto IV en el mes de Mayo del año del nacimiento de nuestro Salvador Jesuchristo de 1475 años, entró en Castilla el Rey D. Alonso de Portugal en título de Rey de ella, con tres mil é quinientos de á caballo, é muchísima gente de pié de guerra, é vino á Plasencia donde le aguardaban los caballeros de Castilla que le metían con la Señora Doña Juana su sobrina, Reina que decian de Castilla, para celebrar el matrimonio con ella y allí le ficieron muy honrado recibimiento; é ficieron un cadahalso muy alto é muy ricamente adornado donde todos los de la ciudad le podian ver. É á 25 dias de Mayo, dia de la fiesta del Córpus Christi, jueves, subieron allí al dicho Rey, y á la dicha Señora Doña Juana su sobrina, é á vista de todos los desposó un Obispo, é luego allí los alzaron por Reina é Rey de Castilla é Leon, con todos los otros títulos de Castilla; é dijeron: Castilla, Castilla, por el Rey D. Alonso, é

Año 1475 en el mes de Mayo.

En 25 de Mayo dia del Córpus, alzaron por Rey á D. Alonso de Portugal é á la Señora Doña Juana su mujer.

por la Reina Doña Juana su mujer, tocando muchas bastardas, é instrumentos de música é atabales. Desde este dia comenzó de arder Castilla otra vez, como cuando en vida del Rey D. Enrique alzaron por Rey á su hermano D. Alonso: *quidquid agat omnes, intentio indicat omnes*: la intencion de aquellos señores que lo metieron, Dios lo supo si fué por la lealtad que debian, ó si fué por asegurar lo que tenian de la corona real, porque el Rey D. Fernando no les quizo confirmar; cá ellos eran en aquel tiempo los mas grandes é mas poderosos de toda Castilla, é el Duque de Arévalo, Conde de Béjar, Señor de Plasencia D. Álvaro de Stúñiga, puesto caso que era ya muy viejo, tenia á Arévalo y su tierra, y tenia á Búrgos, é el Maestradgo de Alcántara, é poco menos toda la tierra de Estremadura, é todas sus tierras é Señoríos, é otras casas harto bien pacíficas, é á su servicio é mandar, é no es duda estar el mayor de los caballeros de Castilla con lo susodicho, é con sus hijos é parientes, é el Arzobispo de Toledo D. Alonso Carrillo que era el mayor prelado de España, que es la segunda casa de renta de Castilla, tenia muchas tierras, ciudades, é villas, é castillos suyos y de la corona real: é el marqués de Villena, á quien habia quedado en guarda la Señora Doña Juana, tenia á su mandar mas villas é castillos que ningun grande de todo el reino, é no habia otro mayor que él, é él se intitulaba estonce Maestre de Santiago é Duque de Trujllo: é el Maestre de Alcántara que era muy gran Señor, é el Duque de Ureña su hermano eso mesmo, é de estos pendia la mayor

parte de Castilla; é ovo otros muchos que aclama-
ron antes que el Rey D. Alonso llegase. Asimesmo
Alonso Carrillo, Señor de Maqueda é Castañeda,
Señor del Portillejo é de las Calañas, é Pareja Adelantado de Galicia, Juan de Ulloa, Alcaide de Toro
é Mariscal de Zamora, el Conde de Valencia, é
otros muchos, dejando los que estaban de callada,
son los que le facian muy gran parcialidad al Rey
D. Alonso; é él pensó que con ellos sojuzgaría á
Castilla. É como nuestro Señor sabe las intenciones é aficciones de cada uno de los hombres, permite que cada uno sea sojuzgado segun su intencion;
el que mala intencion tiene, que sea juzgado para
pena de tormento; el que buena, que sea juzgado
para ver gloria: é sobre todo él es justo juez y juz-
ga derechos, é á él es á dar los reinos á cuyos son,
é le place de los dar; el cual no judició segun el
querer de estos poderosos caballeros é de este Rey,
ni segun sus intenciones donde pareció no ser buenas, ni les proveyó cosa alguna de lo que deseaban,
segun adelante se dirá.

CAPÍTULO XVIII.

PROSIGUE LO QUE HIZO EL REY D. ALONSO EN CASTILLA.

Movió el Rey D. Alonso su hueste, é partió de
Plasencia, é fué la via de tierra de Campos, requi-
riendo á los Alcaides, le entregasen las villas é castillos por do iba; é de ellos decian: andad Señor

adelante, que esto es todo vuestro, é de ellos, se las daban, y otros se le defendian; y siguió su via hasta la ciudad de Toro, é Zamora, é llegado, luego se le entregaron que estaban por él, y asentó su estada por allí algun tiempo, que tenia mucha parte de villas é castillos por cerca de aquella ribera de Duero; é allí llegó muy gran gente para si necesario le fuese haber batalla.

En este tiempo el Rey D. Fernando allegó muy grande hueste de gente en el mes de Julio del dicho año de 1475. É estando el Rey D. Alonso en Toro, le puso el real á una legua de Toro en una aldea llamada Temules, donde juntó mas de treinta mil hombres, en que decian haber mas de diez mil de á caballo, é la gente de á pié eran de ellos muy gran parte Vizcainos, y Austarianos, y Montañeses que en demasiada manera amaban á el Rey D. Fernando, allí se juntaron con los grandes de Castilla que tenian de su parte el Duque de Nájera, el Duque de Alba D. García, el Conde de Haro, el viejo Condestable de Castilla, el Almirante de Castilla, é su hermano; el Adelantado de Andalucía, el Duque del Infantado Marqués de Santillana, D. Alonso de Aragon, hermano bastardo del Rey D. Fernando, Maestre de Calatrava que estonce se llamaba Duque de Villahermosa, que era muy esforzado caballero é de muy gran consejo para la guerra, el primero que metió robadequienes en Castilla; la gente del Marqués de Astorga, que tenia en administracion D. Luis Dorio, Capitan que despues fué, é guarda de Alhama, é despues Obispo de Jaen, que era tutor del Marqués de Astorga, que era niño; el Obispo de Sigüenza, D. Pero Gonzalez de Mendoza, que fué despues Arzobispo de Sevilla, é despues Arzobispo de Toledo é Cardenal de España, é otros muchos. É allí estando un dia en el consejo, en una iglesia del dicho lugar Temules, el Rey y los caballeros muy gran pieza del dia salió sonido por el real entre la gente de á pié, que los caballeros querian prender al Rey, é allegáronse los Vizcainos y Montañeses, y otros muchos con ellos todos armados, á pié é alborotados, é fueron á la puerta de la iglesia del consejo á voces: dad acá á nuestro Rey, dad acá á nuestro Rey: é fué muy gran turbacion en el real, y el Rey salió á la puerta de la iglesia para que le viesen, diciendo: héme aquí hermanos, no temais que ninguno me haya de hacer traicion, que todos estos caballeros son mis parientes y leales vasallos, y otras muchas cosas por los apaciguar, é nunca con ellos pudo hasta que lo sacaron de la iglesia, y lo llevaron consigo á su real. É despues de haber estado allí el real algunos dias, visto que el Rey D. Alonso no quiso salir á pelear, ó no osó, y que el cerco para no estar sobre él era muy peligroso é muy gastoso, el Rey D. Fernando dejó sus guarniciones bien ordenadas é bien repartidas á donde convenia, é volviose á Medina del Campo, y dende fué luego á poner cerco sobre Búrgos que estaba de la parte del Rey de Portugal por el Duque de Arévalo, é dióse luego la ciudad, y túvose la fortaleza cerca de nueve meses, estando por Alcaide de ella D. Juan Sarmiento, hermano del Obispo de Búrgos D. Luís de Acuña.

CAPÍTULO XIX.

Prosiguen los sucesos del Rey D. Alonso en Castilla.

Supo el Rey D. Alonso estando en Toro, como el Rey D. Fernando habia puesto el cerco á Búrgos, é partió de Toro con toda su hueste para ir en socorro, é fué por Arévalo é estuvo allí algunos dias; y de allí salieron un dia el Conde de Pharo é D. Alvaro su hermano, portugueses, con cierta gente de caballos, é ovieron batalla con el Conde de Cifuentes con el cual se encontraron, que era la parte del Rey D. Fernando, é pelearon, é fué desbaratado el Conde de Cifuentes é su gente, é los portugueses volvieron á Arévalo con victoria, é despues de esto partió el Rey D. Alonso de Arévalo, é con él el Marqués de Villena, Maestre de Santiago é Duque de Trujillo, que todos llamaban, é el Arzobispo de Toledo, é otros muchos caballeros para ir á Peñafiel, é supo que el Conde de Benavente D. Pedro Pimentel, estaba en una villa suya que llamaban Baltanas, que es llana y estaba toda barreada de tapias para segun el tiempo; é fué sobre él, é cercóle la villa, é combatiola, é tomola; é estonce por la parte que el Marqués de Villena combatia, é prendieron al Conde de Benavente, el cual salió á pié fuera de la villa á besar la mano al Rey, é se la dió, é el Rey durmió allí aquella noche; é otro dia llevó consigo al Conde preso, el cual le dió en rehenes por sí por ser suelto, tres

ó cuatro villas, é á su hijo D. Luis: é las villas fueron Portillo, é Villalva, é Mayorga; é el Rey fué de
allí á Peñafiel que es del Conde de Ureña, que estaba por él; y no osó dende pasar á socorrer á
Búrgos, porque supo de los grandes favores y grandes gentes que se allegaban y recrecian á el Rey
D. Fernando, y volvióse á Arévalo, y dende á Toro y Zamora, y por allí ribera de Duero hácia su
estado, y hácia Cantalapíedra que estaba por él, é
quitó á García de Melo que la tenia, y puso por
Alcaide á Alonso Perez de Vivero, fijo, ó nieto del
Contador que mató al Maestre D. Alvaro de Luna;
y á este la tomó despues el Rey D. Fernando. De
la prision del Conde de Benavente, é rehenes que
en el dicho viaje acaecieron, muy gran sospecha
se causó y publicó diciendo que era todo hechizo,
y que el Conde como era muy sagaz y discreto,
conoció el tiempo, y quiso mañosamente contentar
á ambas partes, de lo cual despues se le siguió mucho provecho: lo interior de su interior él lo supo.

CAPÍTULO XX.

DE BÚRGOS.

Tuvo el Rey D. Fernando cercado el castillo
de Búrgos ocho ó nueve meses, en que le dieron
muchos y muy grandes combates de lombardas, é
tiros de pólvora, é cuártagos é ingenios, é ponian
en el cerco muy gran recaudo, é algunas veces
cuando pensaban los cercadores que en mas es-

trecho tenian á los cercados, les mostraban de dentro perdices, naranjas y otras cosas de modradas.'
En fin tanto estrecho les pusieron, que se ovieron de dar á merced del Rey con algunos partidos en que el Rey los tomó, y mandó ahorcar muchos é degollar otros, en que luego ahorcaron é degollaron veinte y nueve hombres, é despues otros muchos; é esto fué en tiempo de ocho ó nueve meses que duró el cerco; é se vino á tomar el año de 1476 en el mes de Febrero. En este tiempo no cesaban guerras, robos, rapiñas, muertes, peleas entre caballeros, fuerzas en los pueblos é en los campos, é injusticia, é sacrilegios de poca honra, que cataban á las iglesias y clerecia por toda Castilla. Cá ardia su fuego entre las parcialidades, é entre muchos ladrones cosarios que andaban con la voltória del tiempo, é no hacian sino robar nombrándose de la parte que se les antojaba, ó segun veian el tiempo ó el lugar en que se hallaban, é veian que les convenia donde no eran conocidos. É así mismo todas las fronteras de Portugal ardian en vivas llamas de robos, y hurtos y cautiverios que los castellanos de la parte del Rey D. Fernando, é otros muchos ladrones hacian en tanto grado, que de las camas los sacaban de noche de los lugares, y los traian cautivos á Castilla, á ellos é á sus fijos, é haciendas, é ganados: de donde procedió despoblarse muchos lugares de la frontera entre Portugal y Castilla, tambien de Castilla como de Portugal, y se huian, é metian los reinos adentro.

Entrega del castillo de Búrgos en el mes de Febrero de 1476

CAPÍTULO XXI.

DE CASTRONUÑO Y CANTALAPIEDRA.

De Castronuño y Cantalapiedra, que fueron
dos fortalezas muy proveidas de ladrones é malos
hombres, é de hombres que habian gana de ganar
robando é faciendo la guerra, fué de donde mas
daños se recibieron en Castilla, en las tierras reales
de parte del Rey D. Fernando. Castronuño era
muy fuerte fortaleza ribera de Duero, y era del
Prior de San Juan llamado Valenzuela, que era
criado y muy servidor del Rey D. Enrique: y en
el tiempo de sus guerras y trabajos que ovo cuando alzaron por Rey al Rey D. Alonso su hermano
en Castilla, la tomó é se alzó con ella por el Rey
D. Alonso un ladron mal hombre llamado Pedro
de Mendaño, fijo de un hombre zurrador vecino
de Paradinas aldea del Obispado de Salamanca,
que fué muy valiente en su oficio de robar, y matar y hacer la guerra, uno de los que el tiempo de
las guerras crió: el cual triunfó tanto y creció desde allí, que todas las tierras de las comarcas le tenian é habian miedo en demasiada manera. É desque falleció el Rey D. Alonso, nunca ovo disposicion de tiempo para le sacar de allí; é al tiempo
que falleció el Rey D. Enrique quedó el criado gu-
sano inficionado, grueso y poderoso verdugo para
aquella tierra, que allegaba cada vez que queria
quinientos é seiscientos de á caballo, é peones cuantos queria, con que sojuzgaba á Medina del Campo,

Quien tenia usurpado á Castronuño, y desde que tiempo.

á Valladolid, é á Toro, é á Zamora, é á Salamanca
é á todas sus tierras é lugares, que nunca le faltaron
en aquellos tiempos otros de su condicion: é algunos caballeros de los grandes, lo habian en dicha tenerlo por amigo, é otros lo querian mal é
les pesaba de tan gran subida como habia subido,
por ser de tan baja suerte, é por haber rapiñado;
é por la disposicion del tiempo no se curaban de
poner con él en armas; é algunos pueblos, é personas particulares é muchas, se le ofrecian con servicios porque no les robase é ficiese mal. É el Duque de Alba D. García que estonces era, se puso
un tiempo á lo castigar, é con la mala disposicion
del tiempo de guerras é vueltas no pudo, cá lo
halló mucho poderoso para estonce; cá él tenia siete fortalezas muy cerca unas de otras en ribera de
Duero; cá él tenia á Castronuño, é á Navares, é á
Cubillos, é á Iglesias é otra fortaleza en la ribera; é
tenia á San Cristóbal, é á Árabe, é tenia en todas
é en cada una de ellas su Alcaide, todos rufianes
é ladrones, é muy malos hombres. Estas siete aco-
jidas tenia el Alcaide de Castronuño, é aun otras
de tierras de sus amigos, de donde salia á hacer
mil saltos é robos en todas aquellas comarcas; é al
tiempo que falleció el Rey D. Enrique é comenzaron de reinar el Rey y la Reina, no siguió su partido por que no le confirmaron é dieron lo que tenia hurtado é robado, como hicieran otros que si-
guieran su partido, si les dieran lo de la corona real
que tenian robado é por fuerza.

Mas como aquellos que entran á reinar, é sojuzgar, é cobrar lo perdido como reyes de la tierra,

é no á ser sujetos de nadie, é entraban á ser temidos y no á temer, no quisieron dar por precio de sujecion lo que era suyo, ni sojuzgarse, como hizo el Rey D. Alonso de Portugal, que porque fuesen con él les confirmó é mandó lo que tenian, é mas que no tenian, y por esto este Alcaide de Castronuño siguió la via y parcialidad del Rey de Portugal.

En Cantalapiedra ovo dos Alcaides en aquel tiempo: el primero fué García de Melo que quitó el Rey de Portugal cuando por allí fué, é puso á Alonso Perez de Viveros; é los capitanes que de allí facian la guerra á el Rey D. Fernando, eran Cristóbal Bermudez, é Juan de Tobar Señor de Cívico é de la Torre, caballeros de Castilla, los cuales hacian daños, y á las veces los recibian, y á las veces algunos. Y despues algunos de ellos fueron degollados por mandado del Rey D. Fernando, que fueron presos en una batalla; é como quiera que acaeciese en aquel tiempo siempre acaeciese victoria, é llevaban ventaja los del Rey D. Fernando sobre sus contrarios.

CAPÍTULO XXII.

DE COMO SE GANÓ Á ZAMORA.

Zamora se tomó en esta manera. Era Alcaide de la puerta un ciudadano llamado Valdés, y estando en propósito de dar entrada al Rey D. Fernando, el Rey D. Alonso supo alguna cosa de ello y

envióle á llamar y vino á la ciudad, y díjole lo que
de él le habían dicho; y él mostró de aquello sentimiento, y pidió por merced al Rey que quisiese
tomar las llaves de la puente, y el Rey confiado se
las dejó y no trató por estonce de más; y este Valdés fizo un baluarte luego detrás de las puertas de
la torre de la puente, y el Rey le volvió enviar á
llamar aquella noche, y dijo que no era hora, y tor-
nóle á enviar á llamar, y dijo estonce: á fuera, á
fuera, Fernando, Fernando; y el Rey le mandó dar
muy gran combate aquella noche y poner fuego á
las puertas, donde le mataron los de la torre mucha
gente de la mas honrada que allí traia, en que despues de quemadas las puertas vieron el baluarte, é
vieron que era imposible tomárselas, é dejaron el
combate; é desto el Rey D. Alonso fué muy triste,
é temió estar en la ciudad, y otro dia partióse para
Toro, y dejó muy buen recaudo en la fortaleza; y
estonce Valdés y Pedro Macarego, otro caballero
de la ciudad, enviaron por socorro á las guarniciones é valias del Rey é de la Reina mas cercanas,
é una noche metieron en la ciudad tanta cuanta
gente quisieron, que nunca fué sentida, é tomaron
la ciudad, la cual estaba de buena gana de se dar
al Rey D. Fernando: é allí robaron é despojaron á
todos los portugueses que pudieron, y todos los
de la valia del Rey D. Alonso fueron á la fortaleza por donde pudieron. Luego pusieron cerco á la
fortaleza las guarniciones del Rey y de la Reina; é
Valdés é Pedro Macarego que ficieron este concierto, escribieron al Rey y á la Reina lo que era fecho, é que no tardasen de les venir á socorrer.

CAPÍTULO XXIII.

Del desbarato y rompimiento del Rey D. Alonso de Portugal.

El Rey D. Alonso desque supo que la gente del Rey D. Fernando estaba en la ciudad, vino luego desde Toro con gran gente, y con el Príncipe de Portugal D. Juan su hijo, que Rey de Portugal se llamaba, y el Duque de Guimarans, y el Condestable su hermano, y otros muchos caballeros portugueses, y el Arzobispo de Toledo, y Alonso Carrillo Señor de Maqueda su sobrino, y otros muchos caballeros castellanos, é asentó su real sobre Zamora de cabo del rio, en manera que el rio Duero estaba en medio del real y de la ciudad; y de allí lombardeó las torres de la puente; estuvo allí con fasta tres mil é quinientos de á caballo é más, é con fasta cinco mil peones quince dias. En tanto vino el Rey D. Fernando, é entró en Zamora con la gente que pudo, é cercó mejor la fortaleza, é ansí estaban ambos reales el rio en medio. É desque el Rey D. Alonso vido que no podia socorrer la fortaleza de Zamora, ni facer cosa en su honra, levantó su real é fuese orilla del rio arriba la via de Toro, é echó el fardaje é el peonaje; é el Príncipe su hijo é los otros caballeros, ordenaron sus batallas atrás, é comenzaron el viaje con fasta tres mil é quinientos de á caballo poco mas ó menos que allí tenian. Otros decian que alzó el real por temor, que supo que venian grandes gentes en socorro del

Rey D. Fernando. Y como el Rey D. Fernando
sintió que se querian ir, mandó prestamente alis-
tar toda la gente que allí tenia, y fizo muy aina con
mucha madera adobar lo quebrado de la puente, é
pasó en pos del Rey D. Alonso fasta dos mil é quinientos de á caballo é cinco mil peones, poco mas
ó menos, é ordenadas sus batallas, llevando la delantera D. García de Toledo Duque de Alba con
una gruesa batalla de caballeros, con dos capitanes
caballeros sus parientes casados con dos sobrinas
suyas, el uno era D. Alonso de Fonseca Señor de
Alahejos é Coca, y el otro Pedro Dávila Señor de
Villafranca é las Navas. Siguió el Rey D. Alonso
orilla del Duero arriba camino de Toro, é alcanzá-
ronlo á dos leguas de Toro é tres de Zamora,
é aquí era muy tarde; y el Rey D. Alonso é
sus batallas, desque vieron la gente é que no se
podia escusar la batalla, ordenadas sus haces, se
vinieron á encontrar con las batallas del Rey D. Fernando; y el Duque de Alba rompió por medio con
su gruesa batalla, é desbarató mucha gente y derribó de los contrarios; y estonce los reyes ambos
rompieron con sus batallas, é pelearon muy fuertemente de ambas partes, y al fin el Rey D. Alonso
fué vencido é desbaratado, é mucha de su gente
muerta é ahogada en el rio. É su fijo el Príncipe
de Portugal quedó con una gruesa batalla de caballeros á una parte encima de un cabezo, que
nunca osó romper, donde cogió muchos de los qué
iban desbaratados de la pelea; é el Rey D. Alonso
escapó de la batalla huyendo con ocho de á caballo, é fué esa noche á aportar á Castronuño que

estaba por él, donde le acogieron. Esta batalla se comenzó muy tarde y llovia, y peleando le cerró la noche, que si de dia fuera, muy mayor daño hubiera de muertes de gentes. Murieron en el rio ahogados muchos del Rey D. Alonso, que los atropellaron las batallas del Rey D. Fernando é facian caer dentro, é otros por huir; é como era orilla del rio no se podia escusar; y entre pelea y ahogados en el rio, á lo que se pudo saber, murieron mil é doscientos hombres de la parte del Rey D. Alonso, pocos mas ó menos, en que ovieron gran despojo é presa el Rey D. Fernando é los suyos, de caballos, é armas, é prisioneros, é oro, plata, é ropa y otras muchas cosas. Fué muerto en esta batalla el Alferez del Rey D. Alonso, é desarmado é tomado el pendon real, el cual con el arnés del dicho Alferez, é con otras muchas banderas que allí se tomaron, fué traido á Toledo é puesto en la Capilla de los Reyes donde está hasta hoy, é estará para memoria. Fué aquella noche preso el Conde de Alba de Liste D. Enrique, hermano del Almirante viejo que iba en la batalla del Rey D. Fernando, é siguió el alcance fasta Toro, y allá lo prendieron, y era hombre de mas de sesenta años, é despues salió por rescate. É la gente del Rey D. Fernando ovo muy poco daño de muertes de hombres. Esta batalla fué primero dia de Marzo, primero viérnes de cuaresma año del nacimiento de Nuestro Salvador Jesuchristo de 1476 años. Vencida la batalla, vueltos del alcance los que le siguieron, la gente del Rey D. Fernando, así peones como caballeros, cojieron el campo é toda la presa que allí ovie-

Batalla de Toro viérnes 1.º de Marzo, primer viérnes de Cuaresma año de 1476.

ron delante del Príncipe de Portugal, que no se
movió nunca aquella noche de encima de un cerro,
fasta que á la media noche el Rey D. Fernando se
partió, cojida su gente con la presa á Zamora. Estonce el Príncipe de Portugal se partió para Toro.
La Reina Doña Isabel estaba en este medio tiempo
en Tordecillas, é lo supo en poco espacio. Así volvió el Rey D. Fernando á Zamora con mucha honra vencedor, é fizo cuenta que en aquella noche
Nuestro Señor le había dado á toda Castilla. En
esta batalla se falló con él D. Pedro Gonzalez de
Mendoza Obispo de Sigüenza, Arzobispo de Toledo
que despues fué, é le sirvió mucho é peleó con el
roquete sobre el arnés. Fué este dia de este vencimiento dia de San Alvin Confesor, del cual se hacia
en Castilla fiesta menor de tres liciones, y el Rey
y la Reina mandaron desde este dia honrar su fiesta é facer mayor de nueve liciones é segunda dignidad, como se face hoy.

CAPÍTULO XXIV.

Victoria de los Vizcainos contra los Franceses.

Cerca de este tiempo reinando en Francia el
Rey Luis, tenia con el Rey D. Alonso, é por le
vandear, envió gran gente de Francia franceses sobre Fuenterabia, é la tuvieron cercada, é hiciéronle
gran guerra por la tomar, para pasar por allí en
Castilla. É los vizcainos se dieron á buen recaudo
en muchas veces que pelearon defendiendo la villa,
é siempre quedaban con honra; é un dia hubieron

una gran pelea é batalla, é los franceses fueron vencidos é desbaratados, é muchos de ellos muertos é presos, é los vizcainos fueron vencedores. É despues el Rey D. Fernando tomó la fortaleza de Zamora, é despues de la batalla habida con el Rey D. Alonso de Portugal, fué á visitar á Vizcaya donde fué recibido con muchas alegrias que le amaban mucho, é estuvo allá favoreciendo los vizcainos é reformando la tierra algunos dias. É quedaron la Reina é D. Alonso de Aragon hermano del Rey en tierra de Campos favoreciendo su partido, é aliñando de poner cercos á los contrarios.

CAPÍTULO XXV.

COMO EL REY D. ALONSO SE VOLVIÓ Á PORTUGAL.

El Rey D. Alonso de Portugal desque se vido vencido é gastado, é que no le habian acudido en Castilla segun pensó, é se vido con pocos dineros é poco favor, é vido que en demasiada manera crecia el favor del Rey D. Fernando, é como le habia tomado á Búrgos y á Zamora, é vido que de grado se le daban muchas villas é lugares, consideró no ser segura su estada en Castilla; é dejando sus Alcaides é guarniciones se fué á Portugal, donde con mucha tristeza é lloro de los suyos fué recibido él y el Príncipe D. Juan su hijo, quedando el fuego de la guerra en Castilla encendido. É luego como salió de Castilla, el Rey D. Fernando puso el cerco á Toro é túvolo cercado fasta que to-

Cerco de Toro.

mó la ciudad é fortaleza, la cual se tomó por partido ocho meses despues de la batalla, en el mes
de noviembre del dicho año de 1476 años. En el
cual dicho cerco se dieron muchos combates é ovo

muchas cosas de contar, especialmente se dió un
gran combate á la ciudad por mandado de la Reina,
en que fueron en lo dar el Conde de Benavente,
é el Almirante, é el Obispo de Ávila que despues
fué Obispo de Cuenca, é D. Fadrique Manrique
hermano del Conde de Paredes é otros. É diéronse
á tal recaudo los de la ciudad, é ficieron tanto daño en los combatientes, que se ovo de dejar el combate; é dejado, proveyeron poner en el cerco buen
recaudo fasta que todo lo tomaron como dicho es.
Y no penseis que solo este cerco en este tiempo tenia el Rey D. Fernando, que tenia otros muchos

cercos sobre villas y castillos, que seria luengo de
escribir, que tenia cercados á Castronuño, á Cantalapiedra, Siete Iglesias, Cubillas é otros castillos
que tenia el Alcaide de Castronuño, é otros caballeros.

CAPÍTULO XXVI.

COMO SE TOMÓ LA CIUDAD DE TORO.

Por que fué gran llave el cerco de Toro para la
concordia de Castilla, quiero aclarar mejor como se
tomó. Debeis saber que dende á pocos dias despues
de la batalla, ido el Rey D. Alonso á Portugal, el
Rey D. Fernando hizo poner guarnicion é cerco á

la ciudad de Toro en esta manera. Puso guarnicion en San Roman de Ornija, é á dos leguas de Toro, é en Villar, é en Bezames que son lugares de su comarca, que la corrian cada dia, é no osaba salir nadie de ella. É escaláronla una noche, por el aviso y consejo de un hombre llamado Bartolomé Pastor, por la parte del rio: é abrieron la puerta de la puente los escaladores por de dentro la gente de la celada: é un capitan de las guarniciones llamado Espinosa tuvo la forma del concierto con el dicho Bartolomé Pastor. É desque la gente comenzó de entrar, entraron por la ciudad hasta la plaza; é como fueron sentidos, los de la ciudad comenzaron de pelear é trabajar por los votar fuera; y eso mesmo facian los de la fortaleza, é nunca pudieron, é la ciudad se hinchó de gente del Rey D. Fernando, y estonce arrojáronse á la fortaleza los que pudieron. Y el Conde de Marialva Portugués, que estaba por Capitan é Gobernador de aquella ciudad, salió huyendo fuera, é fuese á meter en Villa Alonso, un lugar é fortaleza de Juan de Ulloa; é la mujer de Juan de Ulloa Alcaide de Toro, quedó en la fortaleza de Toro con ochenta escuderos, é cercó luego la gente del Rey D. Fernando la fortaleza, é túvola treinta dias, y en cabo de este tiempo dióse á el Rey é á la Reina á partido, estando la Reina en el cerco.

CAPÍTULO XXVII.

DE COMO EL REY D. ALONSO FUÉ Á FRANCIA Á DEMANDAR SOCORRO AL REY LUIS É NO SE LO DIÓ.

Pasados algunos pocos de dias despues que el Rey D. Alonso salió de Castilla, como dicho es, estando en Portugal ordenó ir á demandar favor y ayuda al Rey de Francia, quedando su Rey el fijo el Príncipe D. Juan, alzado é titulado por Rey de Portugal; y estuvo en Francia con el Rey Luis, el cual no le acudió, ni dió favor segun remaneció; é lo que allá entre ellos pasó, no se supo, y despues de haber estado allá algunos dias en Francia, se volvió á Portugal. Y despues que salió de Castilla el Rey D. Alonso fasta que volvió de Francia en Portugal, pasó un año poco mas ó menos, y el Rey D. Juan su fijo, le volvió el reino é título, y ansí estuvieron ambos en el reino como padre é fijo, é la Reina Doña Juana que de Castilla llevó, que él intituló de Reina para se casar con ella, á la cual decian que nunca ovo aceso, é la fizo guardar en Portugal hasta que él fué.

Segun adelante se dirá, en todo este torno de tiempo siempre habia cruel guerra en Castilla é Portugal, é las parcialidades; é tenia el Rey D. Fernando diversos cercos puestos á sus contrarios, é siempre los portugueses eran vencidos las mas veces, é robados, é muertos, é destrozados ellos y los de sus valías. Cá los castellanos se iban á ellos como de vencedores á vencidos, é de favorecidos á desfavorecidos; é sacaban grandes cabalgadas de Portugal, é tanto que todas las fronteras de Portugal eran yermas y despobladas.

CAPÍTULO XXVIII.

De la toma de Castronuño, é de como se dieron al Rey D. Fernando muchas ciudades, villas y lugares, é pusieron debajo de su obediencia á toda Castilla la Vieja el Rey y la Reina, y los contrarios le vinieron á demandar clemencia.

Castronuño fué la primera fortaleza que el Rey D. Fernando tomó en aquella tierra, é túvola cercada el Rey D. Fernando desde el principio que le comenzaron á cercar fasta que se tomó, once meses, en que la combatieron con las lombardas fasta que no habia que derribar; donde murieron muchos hombres de los cercadores, y de los de dentro tambien. Y en cabo de ocho meses de cerco puesto en forma, que no salia uno ni entraba otro, se dieron á partido los cercados y se fueron á Portugal; y el Rey D. Fernando tomada la fortaleza, la fizo derribar é asolar toda por el suelo. É antes de esto tomó á Cantalapiedra en dos meses de cerco, é á Siete Iglesias, y Cubillas, y Árabe, y á San Cristóbal é á las otras fortalezas que tenia el Alcaide de Castronuño. É para que mejor podais saber en que año fué cada cosa, es así que el Rey D. Fernando tomó la fortaleza de Búrgos año de 1476 en el mes de Febrero: en este mismo tiempo y año se

Fortalezas que se dieron á los Reyes católicos, y en qué tiempo.

le dió Zamora, é vino luego de Búrgos á la favorecer, é vino el Rey de Portugal desde Toro á cercarlo á él é á la ciudad por el cavo del rio, y estuvo ende: y el primer dia de Marzo de dicho año de 1476, se iba del cerco, é aquel dia fué la batalla, y dende á pocos dias se fué en Portugal, y luego se pusieron las guarniciones é cercos sobre otros muchos castillos, ansí como Cantalapiedra, é Castronuño é otros. Empero tomado Toro se pusieron en forma, y tomóse Cantalapiedra y los otros, y quedó Castronuño, y pusiéronle el cerco en forma fasta que se tomó como dicho es, é vínose á tomar en el verano del año de 1477 años.

Mudanza de los caballeros de la parcialidad del Rey D. Alonso de Portugal. Habidas estas victorias tantas por el Rey D. Fernando é por la Reina Doña Isabel su mujer, luego ovo muchas vueltas en los corazones de los hombres, y gran esfuerzo en los de su parcialidad, muy gran tristeza y desmayo en sus contrarios, é los que de palabra se le habian ofrecido, de hecho lo venian á servir; los que esperaban á viva quien vence, impedidos de los cruzados del Rey D. Alonso, con todas sus fuerzas no se le presentaban y servian. En **Dánse á los Reyes católicos, otras villas y lugares.** este medio tiempo se le dió Madrid que le tenian cerco, é se le dió Atienza, y se dió Villena con la mayor parte del marquesado, y otras muchas ciudades, é villas é lugares que tenian los caballeros de Castilla, de ellos, de sus patrimonios é señorios, é de ellos, de la corona real. En este tiempo ordenaron é ficieron hermandades el Rey y la Reina, en **Hermandades.** tal manera que ficieron mucha gente de á caballo que les pagaban las hermandades, é ficieron muchas lombardas, mas de las que tenian, é muchos tiros

de pólvora, de diversas maneras, é muchos robadequienes. Visto por los Grandes de Castilla que á la
opinion contraria habian tenido, como Nuestro Señor punaba é peleaba por estos Reyes y daba en sus
manos tantas victorias, cada uno procuraba y procuró de venir á decir: *Tibi soli pecavi, Domine:*
y el Rey y la Reina los recibian é facian con ellos
sus partidos, é siempre usaron de mucha clemencia
con todos los caballeros que se la demandaron. El
Arzobispo de Toledo conoció su pecado y demandó
clemencia, y aunque el deservicio fué tan grande
en les querer destruir en tal tiempo, la clemencia
de ellos fué muy mayor, que todo se lo perdonaron
acordándose de los servicios que en otros tiempos
dél recibido habian; el cual les entregó cuantas fortalezas tenia. É asentados los negocios de Castilla
é Leon, é toda la tierra de allá puesta debajo de sus
reales cetros, no sin infinitos trabajos de sus Reales personas, ansí de las armas y ejercicios de la
guerra que tan bien ella como él usaban, como de
la vijilancia y trabajo de sus espíritus que contínuamente perdiendo el sueño habian consejo por no
errar é por haber victoria de sus contrarios; propusieron pasar á los puertos é venir á tierra de
Estremadura, donde Trujillo, é Medellin, é Mérida,
é otros lugares é castillos les estaban en contra.
Trujillo estaba por el Marqués de Villena, de donde Duque de Trujillo se llamaba, y aun Maestre de
Santiago; y allí vinieron 'el Rey y la Reina, y estu- Se dió Tru-
vieron en el verano del año de 1477 algunos dias jillo año de
y tanto, fasta que Trujillo se les dió á partido por 1477.
mandado del Marqués de Villena que la tenia: y

quedaron en contra Medellin, y Mérida é otras algunas fortalezas que estaban de la valía del Rey de Portugal, que aunque fueron requeridos no se quisieron dar. De allí el Rey y la Reina por la sierra se vinieron para Sevilla, y en este viaje y en la toma de Trujillo, se fizo la conformidad entre el Rey y la Reina y el Marqués de Villena, y el Maestre de Calatrava D. Rodrigo Giron, y el Conde de Ureña su hermano, y la casa de Estúñiga. Y el Rey y la Reina los perdonaron y recibieron por suyos, á ellos, y á otros muchos que habian estado de sus valías, é les ficieron mercedes, é desde allí les comenzaron de servir estos dichos caballeros al Rey é á la Reina, é triunfaban mucho en su córte.

CAPÍTULO XXIX.

COMO EL REY É LA REINA VINIERON Á SEVILLA, É COMO FUERON ENDE RECIBIDOS, É COMO EL MARQUÉS VINO UNA NOCHE Á BESARLES LAS MANOS.

Continuando su viaje el Rey y la Reina para Sevilla, la Reina se adelantó, y el Rey quedó pacificando sus villas é lugares de las sierras de Constantina; é la Reina Doña Isabel entró en la ciudad de Sevilla en veinte y nueve dias del mes de Julio del dicho año de mil cuatrocientos y setenta y siete años, donde le fué fecho muy alto recibimiento por el Duque de Medina D. Enrique, que la tenia é mandaba desde la muerte del Rey D. Enrique, é por todos los otros caballeros, é veinticuatros, é oficia-

Entrada de la Reina Doña Isabel en Sevilla á 29 de Julio de 1477.

les de oficios reales de ella, é por la clerecia de la
ciudad. É dende á un mes poco mas ó menos, en-
tró el Rey D. Fernando, é le fué fecho otro tal re- Entrada en Sevilla del Rey D. Fernando, un mes despues
cibimiento. ¿Quién podrá decir aquí la grandeza de
la tan excelente córte que les siguió y tuvieron en
Sevilla, de caballeros y Prelados, Duques, Marqueses, Condes, Arzobispos, Obispos, Deanes, Abades
reglares y seglares, Comendadores y grandes señores, así de estos reinos, como de Aragon é Cataluña, Navarra, Nápoles, é Cecilia, é de otras muchas
tierras? El Duque de Medina D. Enrique que man- El Duque de Medina Sido-nia entrega las fortalezas á la Reina.
daba á Sevilla é tenia las fuerzas de ella, luego se
las entregó como vinieron, especialmente á la Reina que entró primero, le dió las llaves de todo. É
estuvieron en Sevilla holgándose é habiendo mucho
placer el Rey é la Reina, pacificando las cosas del
Andalucía fasta el mes de octubre. En este medio
tiempo el Marqués de Cádiz D. Rodrigo Ponce de
Leon, tenia á Xerez de la Frontera é Alcalá de Guadaira á su mandado é gobernacion, alto é bajo, é
Constantina, desde el tiempo del Rey D. Enrique;
así como tenia el Duque de Medina á Sevilla, y el
Mariscal Fernando Arias de Saavedra, veinticuatro
de Sevilla, tenia la fortaleza de Utrera, y tenia á
Zahara y á Tarifa; y como Tarifa no era suya, de-
mandábasela el Almirante de Castilla, que estaba
enagenada desde el tiempo de la guerra del Rey
D. Juan con los Infantes: y por esto temió y fuese
á Zahara, confiando que el Duque de Medina tenia
algun medio con Sus Altezas en su partido, porque
él vivia con el Duque de Medina; y de estas cosas
decian algunos que el Mariscal no debia ser solo en

revelar así. Y el Duque de Medina y el Marqués de Cádiz, aunque contrarios, siempre estuvieron de la valía del Rey D. Fernando y de la Reina Doña Isabel. Y el Marqués no entraba en Sevilla desde la pelea del año de setenta y uno que salió fuera. Y desque supo que el Rey D. Fernando entró en Sevilla, luego tomó consigo algunos de los suyos, y una noche con tres de á caballo dió al postigo del Alcázar que sale al campo, y dijeron á el Rey é á la Reina como el Marqués de Cádiz estaba al postigo, y que les venia á besar las manos, y mandáronle abrir y entró por el dicho postigo, y hallolos ambos solos, y besoles las manos, y abrazáronlo el Rey y la Reina, y recibiéronlo con mucho placer maravillándose mucho de su venida, porque habia sido así y sin les de ella avisar; y allí el Marqués les dió las llaves de Xerez, Alcalá y Constantina, y les suplicó las fuesen á tomar que él allí las tenia

Entrega el Marqués de Cádiz á los Reyes católicos, las fortalezas que tenia. á su servicio, y muy mas fornicidas, y fortalecidas, y fabricadas las fortalezas, que no las habia recibido. É de aquí pusieron el Rey é la Reina mucho amor con el Marqués por ver su tan noble lebiralidad, lealtad y confianza; porque por dicho de algunas personas, no creian Sus Altezas, que tan franca y deliberadamente se ovieran; é confirmáronle á Cádiz, é metiéronlo en su amistad, consejo y secretos, y diéronle muchas gracias por el tan señalado servicio como les facia, é ovieron allí mucho gozo é placer aquella noche con él: y el Marqués les demandó licencia, y besándoles las manos se despidió de ellos y se volvió aquella noche á Alcalá. En este tiempo acompañaban la Córte el Car-

denal de España D. Pedro Gonzalez de Mendoza,
y otros muchos Obispos y Prelados: (este D. Pedro
Gonzalez de Mendoza, fué Arzobispo de Sevilla, é
Cardenal de España luego, desde que comenzaron
de reinar estos Rey é Reina, cá estaba vacante la
sede en Sevilla desde el fallecimiento de D. Alfonso de Fonseca que fué Arzobispo de Sevilla): y el
Almirante de Castilla; y el Condestable, y el Duque de Alba, el Comendador mayor que fué de Segura é Fuentes, que se llama la Encomienda mayor
de Leon, Contador mayor que fué de Castilla, Señor que despues fué de Maqueda, yerno que era del
Almirante viejo, casado con Doña Teresa hija bastarda de dicho Almirante; é D. Juan Chacon el viejo Contador mayor de Castilla, é su fijo el Adelantado mayor de Murcia, é el Marqués de Moya,
Comendador é Mayordomo mayor, marido de la
Señora Bobadilla, Marquesa de Moya, é sus mujeres, é Rodrigo de Ulloa Contador mayor de Castilla,
y otros muchos caballeros, é otras muchas é muy
nobles dueñas é grandes señoras, acompañaban la
casa é córte del Rey é de la Reina en aquel tiempo
en Sevilla. Esto he dicho de los de Castilla, dejando los del Andalucía, que no menos le acompañaban é servian: traian en su guarda muchos caballeros é guarniciones con sus capitanes bien ordenadamente, sin reprehension de gente de guerra; sus
Alcaldes, Alguaciles, é Justicias tan concertadas, tan
temidas, tan ejecutivas, tan espantosas á los malos,
á los ladrones, á los rufianes, á los mal vivientes,
que por puro temor, muchos fueron á Portugal, é
otros á tierra de moros, y allende se pasaban. Es-

to digo, porque de Sevilla fuyeron muchos mal vivientes en aquel tiempo, cá en ella habia muchos
malos, ladrones, matadores, rufianes, tahures, robadores, herejes, é tan arejados de tiempo, cá eran
conocidos por quien eran, y con favores de los señores se sostenian. De estos tales dispararon fuera
de estos reinos, por temor de la justicia de Sus Altezas que era muy espantosa á los malos: muchos
ovo que non pararon fasta tierra de moros, é allende de otros á Portugal.

CAPÍTULO XXX.

COMO EL REY É LA REINA, FUERON POR EL RIO Á LA CIUDAD DE XEREZ, É EL DUQUE DE MEDINA LES FIZO GRANDES FIESTAS EN SANLÚCAR, É EL MARQUÉS EN ROTA.

En el mes de octubre del dicho año de 1477
fueron el Rey y la Reina á se entrar en Xerez de la
Frontera, é fueron por el rio embarcados fasta Sanlúcar; é las guarniciones de la guarda real, los mas
de los cortesanos fueron por Utrera é por los Palacios: y en Sanlúcar el Duque de Medina, les fizo
gran recibimiento, é convites, é gastó mucho con
Sus Altezas en demasiada manera; é dende fueron
á Rota, donde el Marqués de Cádiz dió otros muchos abundantes convites, é de allí se partieron
con mucho placer, é fueron á la ciudad de Xerez,
donde les ficieron muy honrado recibimiento, é les
entregó el Marqués la ciudad é fortaleza, y alto y

bajo de ella, la cual habia tenido y recojido á su Tuvo el Marqués la ciudad de Xerez, desde agosto de 1471 que salió de Sevilla. cargo y gobernacion desde el mes de agosto del año de 1471, que salió de Sevilla: la cual fortaleza él fortaleció, y fabricó mucho segun que agora está; y Sus Altezas, se aposentaron en la fortaleza, é se apoderaron en lo alto é bajo de todo, é estuvieron Vienen á Utrera ende algunos dias, é dieron vuelta é vinieron á Utrera; é tomaron posada en casa de Pedro Matheos, que fué de Espera, que era Alcaide, un gran rico y muy honrado hombre. y aposentados, el Rey envió á decir al Alcaide de la fortaleza que se la No se les quiso entregar la fortaleza de Utrera diese; el cual, y los que con él estaban se la denegaron, que estaban puestos en mal propósito por mandado del Mariscal, con la intencion de la defender por armas, y estaban guarnecidos de muchas viandas y armas temiendo ser cercados. Y el Rey y la Reina les tornaron á requerir que se les diesen su fortaleza, y respondieron que no lo podian hacer sin mandado del Señor que allí los habia dejado; y desque el Rey y la Reina vieron su mal Ponenle cerco por noviembre de 1477. propósito, partiéronse para Sevilla y dejaron puesto cerco á Utrera. Esto fué en fin de noviembre del dicho año de 77, é fueron por Alcalá y entregósela el Marqués; y hé se vino invierno, y reposaron en Sevilla el Rey é la Reina é su córte.

CAPÍTULO XXXI.

COMO PUSIERON EL CERCO Á LA FORTALEZA DE UTRERA, É DE CUANTO DURÓ EL CERCO, É COMO LA TOMARON POR FUERZA DE ARMAS.

Pusieron el cerco á la fortaleza de Utrera en los postreros dias de noviembre de 1477 años. Habia dentro cuarenta ó cincuenta escuderos bien aderezados y escogidos para la defender, y otros hombres de pelea, é de servicio algunos. Habia un fijo del Mariscal, mozuelo de fasta catorce ó quince años,

Los que estaban dentro en la fortaleza. que les habia dejado en compañia como por prenda. Era el Alcaide de la fortaleza Alonso Tellez, un escudero que vivia con el Mariscal. Era Capitan un escudero llamado Juan de Guzman que tenia un ojo menos, el cual habia sido ya contra el Rey D. Fernando, é lo habian liciado en los cercos de Castilla é sacado por partido; é púsose á vivir con el Mariscal, solo para le defender aquella fortaleza, ansí como hombre que sabia de la guerra. Tenia grandes cavas, é baluartès é edificios la fortaleza, é palizadas; é muchas armas é viandas, é todo lo que

Los que la cercaron. era menester. Los cercadores que allí el Rey puso, fueron cuatro capitanes, Biedma, é Sancho del Águila, é Basco de Vivero, D. Gutierre de Cárdenas, cabo, con fasta seiscientas lanzas ó poco mas, é dos mil peones, pocos mas ó menos; é tuviéronla cercada cuatro meses, combatiéndola muchas veces, y tirándole con dos lombardas grandes é otros tiros medianos, fasta que le derribaron los adarves por el suelo, y horadaron la torre mayor en que le quebraron el escalera, que no'podian subir arriba; y hicieron muchas minas los de fuera, y estando así para dar combate, vino Juan de Robles Alcaide de Xerez, con la gente de Xerez é de Lebrija, y un dia comenzáronle á dar muy fuertes combates: duró gran pieza del dia, y en chico rato murieron mas de cincuenta hombres de los de una parte y de otra; empero los de adentro mataban cuantos querian de los de fuera, é diéronse á tal recaudo que no les pudieron entrar; cá echaban en las cavas sobre la leña que les habian puesto, é sobre los que entraban, aceite hirviendo; y viendo los que combatian que no aprovechaba, é que moria la gente, cesaron el combate, é Juan de Robles se volvió á Jerez, y túvose el cerco como primero. Y un dia fué una saeta de fuera y acertó al capitan Juan de Guzman por la cara, ó por la cabeza, de que murió; de lo cual los de dentro recibieron mucho disfavor, é proveyó el Mariscal alguna gente de refresco, en que en una noche entró un escudero de Sevilla llamado Esquivel por capitan, y defendiéronse hasta el dia de Cuasimodo del año de 1478, que vino el Marqués de Cádiz de Arcos por allí, y decian que la venia á combatir. Y estando comiendo, los capitanes del cerco no contentos de su venida mandaron por cada parte arremeter, y los de dentro con la venida del Marqués estaban un poco seguros, y estaba en atalaya un escudero llamado Morales, y como vido mover la gente, descubriose á los de afuera, y vino un serpentin, y llevole la cabeza, y no hubo quien apellidar; y súbitamente por todas partes les

Muerte del capitan de la fortaleza.

Socórrela el Mariscal con el capitan Esquivel, escudero de Sevilla, y se defendió hasta Domingo de Cuasimodo de 1478.

entraron, y aun los capitanes en la delantera, de
forma que antes que el Marqués acabase de comer
todo era hecho; y allí prendieron al Alcaide, é á todos, é tomáronles las armas é cuanto estaba en la
fortaleza. É por mandado del Rey, de ellos degollaron, y de ellos enforcaron, y á Esquivel y á otros
llevaron á Sevilla encarretados, é ficieron justicia
de ellos, é los ficieron cuartos; y el Marqués suplicó á Sus Altezas por algunos de ellos que no eran
tan culpados, que primeramente habian sido guia-
dos del Mariscal, y por su ruego escaparon once
hombres en que fueron de ellos el fijo del Mariscal
ya dicho, que se decia Pero Fernandez, y el Alcaide
Alonso Tellez, y Juan de Cebdad, que aunque vivia
con el Mariscal era vasallo del Marqués vecino de
los Palacios; y el Marqués los trujo consigo á este
lugar de los Palacios, é les dió de comer; y ansi estos se escaparon por ruegos del Marqués de Cádiz:
todos los otros murieron mala muerte, degollados y
enforcados.

El Mariscal en este tiempo estaba en Zahara,
y en Ronda que era de moros, y por allá pasaba su
vida; y sabiendo de él el Rey de Granada Muley
Bullihacen, enviolo á llamar, y él fué allá por tierra de moros con cinco de á caballo, y el Rey le fizo
honra, y fué á tiempo que el Rey facia alarde, é
vido el alarde el Mariscal, y díjole el Rey que se
hallaba á la sazon con siete mil de á caballo, é
ochenta mil ballesteros; y díjole al Mariscal que le
requiriese, y que él le mandaria ayudar en lo que
oviese menester; y despedido del Rey moro se vino
á Zahara. Y despues de tomada Utrera, ovo caba-

Castigo de los culpados, y líbranse otros.

lleros que rogaron por él, y entregó á Tarifa el Ma- Perdonan los Reyes al Mariscal.
riscal, y el Rey y la Reina lo perdonaron, é quedó
con Zahara. É los padres é maridos é fijos de aquellos que allí murieron, ansí en su favor como en
su contra, siempre le tuvieron ódio y mal quiesta,
y toda la villa de Utrera, segun los males y pérdi-
das é infames de mujeres, con la gente de la guarnicion se les recreció á causa de revelarse él al Rey,
que tuvo la villa de Utrera con aquella gran gente
de guarnicion en mucha fatiga con los posadores
que contínuamente tenian dentro en sus casas, y
habia contínuamente muchas veces sobre ello ruidos
y muertes de hombres, y por esto tenian muy mala
voluntad al Mariscal; y aun demandaban á Dios
peticiones sobre él; é quiso su ventura que dende á
pocos dias estando en el Jarafe, con su mujer, é
fijos é criados, en una torre casa fuerte suya, una Muerte del Mariscal y de su familia, las-timosamente.
noche la torre se derribó, y cayó sobre él y sobre
toda su casa, é mató catorce personas, é á él, é á
su mujer, é á todos, que no escapó uno; decian
que de un temblor de tierra habia quedado aquella
torre estremecida.

Quedó Zahara al Mariscal su hijo, la cual dende
á pocos dias la tomaron los moros hurtiblemente Pérdida de Zahara.
una noche, é la perdió; la cual despues el Marqués
de Cádiz la ganó á los moros, como diré en su lugar. Así la fortuna lastima á los que siguen la pura
aficcion, y no miran antes que comienze la cosa lo
que dende podrá redundar segun su calidad, y mas
en las cosas de la guerra, que de chica centella se
levanta gran fuego, y una muerte de un hombre
no se puede satisfacer con muchos dineros; y un

ánima que no puede ser comprada por oro ni plata, si vá á el infierno no se puede rescatar aunque den por ella todos los tesoros del mundo. Pues por tantos cuerpos y ánimas como allí perecieron en aquel cerco contra el Rey, ¿cómo se satisfarán? Satisfágalo Nuestro Señor: por su gloriosa pasion redimió á todos; que él quiera perdonar á los unos, y á los otros.

CAPÍTULO XXXII.

Del nacimiento é bautismo del Príncipe D. Juan.

Sevilla año de 1478.

En treinta dias del mes de junio del año susodicho de mil cuatro cientos setenta y ocho años, entre las diez é once horas del dia parió la Reina Doña Isabel un hijo Príncipe heredero, dentro en el Alcázar de Sevilla. Fueron presentes á su parto por mandado del Rey, ciertos oficiales de la ciudad, los cuales fueron estos: Garci Tellez, é Alonso Perez Melgarejo, é Ferrando de Abrego, é por servicio Juan de Pineda. Fué su partera con quien parió, una mujer de la ciudad que se decia la Herradera, vecina de la Feria. Dieron por ama al Príncipe á Doña María de Guzman, tia de Luis de Guzman Señor de la Algava, mujer de Pedro de Ayala vecino de Toledo. Ficieron muy grandes alegrias en la ciudad tres dias de dia y de noche, así los ciudadanos como los cortesanos.

Oficiales y Ministros.

La partera: su nombre.

En 9 de Julio el bautismo en la Iglesia mayor, y su adorno.

En jueves nueve dias de julio del dicho año, en Santa María la mayor en la pila suya, bautizaron

al Príncipe muy triunfalmente, cubierta la capilla
de la pila del bautismo de muchos paños de brocados, y toda la Iglesia y pilares de ella adornada de
muchos paños de raso: bautizolo el Cardenal de
España Arzobispo que era de la misma ciudad D.
Pero Gonzalez de Mendoza, al cual pusieron por
nombre Juan. Fueron padrinos el Legado del Santo
Padre Sixto IV, que se falló en la Córte en aquel
tiempo; é un embajador Nuncio Cónsul de Venécia,
é el Condestable D. Pedro de Velasco, é el Conde
de Benavente, é ovo una madrina, la cual fué la
Duquesa de Medina Sidonia D. Leonor de Mendoza, mujer del Duque D. Enrique. Fué fecha en la
ciudad y en la iglesia este dia una gran fiesta. Fué
traido el Príncipe á la iglesia, con una gran procesion con todas las cruces de las collaciones de la
ciudad, é con infinitos instrumentos de músicas de
diversas maneras de trompetas, é chirimias, é sacabuches: trújolo su ama en los brazos muy triunfalmente debajo de un rico paño de brocado, que
traian ciertos rejidores de la ciudad con sus cetros
en las manos, los cuales eran estos; Fernando de
Medina el de la Magdalena, é Juan Guillen, é el Licenciado Pedro de Santillan, é Ribadeneira sota
almirante, é Alonso de las Casas fiel ejecutor, é
Pedro Manuel Dolando é Monsalve, é Diego Ortiz
Contador; todos estos vestidos de ropas rozagantes
de terciopelo negro que les dió Sevilla. Traian el
plato con la candela, é capillo é ofrenda, D. Pedro
de Stúñiga fijo del Duque D. Álvaro Stúñiga, marido de Doña Teresa hermana del Duque de Medina,
el cual traia un paje ante sí pequeño que traia el

plato en la cabeza, y él teniéndolo con las manos.
La ofrenda era un excelente de oro de cincuenta
excelentes. Traian junto con él dos donceles de la
Señora Reina, ambos hermanos fijos de Martin
Alonso de Montemayor, un jarro dorado, una copa
dorada, é venian acompañando á la Señora Ama,
cuantos Grandes habia en la Córte, é otras muchas
gentes é caballeros. Venia la Duquesa de Medina
ya dicha á ser madrina, muy ricamente vestida y
adornada, y acompañada de los mayores de la Córte. Trújola á las ancas de su mula el Conde de Benavente por mas honra, la cual traia consigo nueve
doncellas vestidas todas de seda, cada una de su
color, de briales, é tabardos; é ella venia vestida
de un rico brial de brocado, é chapado con mucho
alfojar grueso y perlas, una muy rica cadena á el
cuello, é un tabardo de carmesí blanco ahorrado en
damasco, el cual ese dia, acabada la fiesta, dió á
un jodio aladan del Rey que llamaban Alegre.

CAPÍTULO XXXIII.

DE COMO SALIÓ LA REINA Á MISA, Á PRESENTAR AL PRÍNCIPE Á DIOS.

Domingo nueve dias de agosto salió la Reina á
misa á presentar al Príncipe al templo, é á lo ofrecer á Dios segun la costumbre de la Santa Madre
Iglesia, muy triunfalmente apostada en esta manera.
Iba el Rey delante de ella muy festivamente en una
hacanea rucia, vestido de un rozagante brocado é

chapado de oro, é un sombrero en la cabeza chapado de hilo de oro; é la guarnicion de la hacanea
era dorada de terciopelo negro. Iba la Reina cabalgando en un troton blanco en una muy rica silla
dorada, é una guarnicion larga muy rica de oro y
plata, é llevaba vestido un brial muy rico de brocado con muchas perlas y aljofar: iba con ella la
Duquesa de Villahermosa, mujer del Duque D.
Alonso hermano del Rey, y no otra dueña ni doncella; íbanles festivando muchos instrumentos de
trompetas é chirimias, é otras muchas cosas, é muy
acordadas músicas que iban delante de ellos: iban
allí muchos Regidores de la ciudad á pié, los mejores: íbanles acompañando cuantos Grandes habia
en la Córte que iban alrededor de ellos: iba el
Condestable á la mano derecha de la Reina, la mano puesta en las camas de la brida de la Reina; y
el Conde de Benavente á la mano siniestra, dé esta
misma forma de este. Otros iban á sus pies y estribo, el Adelantado del Andalucía, y Fonseca el Señor
de Alahejos. Iba el ama del Príncipe encima de
una mula en una albarda de terciopelo, é con un
repostero de brocado colorado llevaba al Príncipe
en sus brazos: iban alrededor de él muchos grandes de la Córte: junto con el ama iba el Almirante
de Castilla; y todos estos Grandes iban á pié. Este
dia dijéronle la misa en el altar mayor de la Iglesia mayor muy festivalmente.

Ofreció la Reina con el Príncipe dos excelentes
de oro de cada cincuenta excelentes cada uno: ovo
la Fábrica el uno, é los Capellanes de la Reina el
otro. Oida su misa, así ordenadamente como ha-

Se dijo la misa en la Iglesia mayor y en su Altar mayor.

Ofrenda y su distribucion.

bian venido se volvieron al Alcázar.

A este tiempo ya el Rey y la Reina tenian dos fijas; á Doña Isabel que era la mayor, é á Doña Juana; é despues ovieron Doña María, y despues á Doña Catalina, los cuales todos vieron casados; á Doña Isabel la mayor, con el Príncipe D. Juan de Portugal, fijo del Rey D. Juan, nieto del Rey D. Alonso que habia entrado en Castilla á reinar segun es dicho. Esta ovo muchas desventuras que muy presto fué de él viuda, que corriendo un dia en caballo en Portugal, por no trompicar un muchacho que pasaba, cayó el caballo con él y luego murió. Despues fué otra vez casada con el Rey D. Manuel de Portugal, y despues de haber parido de él un fijo en Zaragoza de Aragon, que llamaron D. Miguel, de la paricion murió; el Príncipe tambien é despues de haber traido su mujer de Flandes murió dende en pocos dias. Doña María casó con el Rey de Portugal D. Manuel: y la dicha Doña Catalina casó con el Príncipe de Inglaterra y fué viuda dél en poco tiempo, y casó despues con el segundo fijo del Rey de Inglaterra. De cada uno se dirá en su lugar alguna cosa.

CAPÍTULO XXXIV.

DEL ESPANTOSO ECLIPSE QUE EL SOL HIZO.

Año de 1478. El dicho año de mil é cuatrocientos y setenta y ocho, á veinte y nueve dias del mes de julio dia de Santa Marta á medio dia, fizo el sol un eclipse el

mas espantoso que nunca los que fasta allí eran
nacidos vieron, que se cubrió el sol de todo é se
paró negro, é parecian las estrellas en el cielo como de noche; el cual duró así cubierto muy gran
rato, fasta que poco á poco se fué descubriendo, é
fué gran temor en las gentes, y fuian á las iglesias,
y nunca de aquel ora tornó el sol en su color, ni
el dia esclareció como los dias de antes solia estar,
é así se puso muy calijinoso.

CAPÍTULO XXXV.

DE COMO EL REY D. FERNANDO ENVIÓ Á DEMANDAR SUS PARIAS AL REY MORO DE GRANADA, Y DE COMO ENVIÓ Á CONQUISTAR LA GRAN CANARIA.

En estos tiempos, despues de sojuzgada el Andalucía, envió el Rey D. Fernando Embajador á
Granada á demandar las parias del Rey moro Muley Hacen, que eran debidas segun que las solian
dar los Reyes moros antepasados á los Reyes de
Castilla, é que se las enviase; y el Rey de Granada estaba en aquel tiempo rico y muy poderoso, y
respondió que los que las daban ya eran muertos,
y los que las recibian tambien; que él allí estaba
para las non dar, salvo defenderlas en el campo
con su caballeria é gente; é de aquí se comenzaron
á facer algunos actos de guerra contra los moros
por estas fronteras, que de antes paces habia; y el
Rey D. Fernando mandó facer muchos tiros de
pólvora, é gruesas lombardas y pertrechos, y dende

á pocos dias mandó á pregonar guerra contra los moros en toda la frontera desde Lorca á Tarifa. É en este tiempo envió á conquistar la isla de la Gran Canaria desde Sevilla, á dos capitanes llamados Juan de Rejon, é Pedro del Algaba, entre los cuales ovo cisma é muertes, é no pudieron ganar sino muy poco de ella, fasta que fué por capitan Pedro de Vera, Alcaide de Arcos, que fué allá desterrado é por capitan, é con él Alonso de Lugo, é la ganaron. El dicho Pedro de Vera partió de Xerez en el mes de julio del año de 1480, é fué desterrado de Castilla por la muerte de Basurto el Alcaide de Medina Sidonia, que en tiempo de la guerra del Duque D. Enrique y el Marqués D. Rodrigo Ponce de Leon, hurtó á Medina y dióla al Marqués. Murió allí el Alcaide Basurto que se habia hallado fuera de la fortaleza una noche, y el Alcaide Pedro de Vera le tomó toda su hacienda; é dieron en penitencia que volviese lo que tomó, é fuese á conquistar aquella Isla, de la cual ovo victoria segun adelante se dirá.

Los que fueron á la conquista de Canaria, desde Sevilla.

CAPÍTULO XXXVI.

Como Sus Altezas partieron de Sevilla, é fueron visitando sus villas é ciudades de esta Andalucía, é trataron de ir á poner cerco sobre Mérida é Medellin.

En el mes de septiembre cerca de San Miguel, año dicho de 1478, partieron los Señores Rey y

Reina de Sevilla con el Príncipe y Córte, é fueron
á Carmona, y dende á Ézija, y dende á Córdoba
pacificando su Andalucía, é visitándola, é poniendo
toda la tierra de bajo de su obediencia. É dende
'fueron á Toledo, é Castilla, á negociar sus fechos
por donde mas les convenia, é todavia les estaban
reveladas y en contra las fortalezas é villas de Mérida, é Medellin, é Montanchez, las cuales estaban
por la Condesa de Medellin, fija bastarda del Maestre de Santiago é Marqués de Villena D. Juan Pacheco, que era una varonil mujer é de grande esfuerzo, y era de la parcialidad del Rey de Portugal.
Y estaba tambien en aquella parcialidad estonce
el Clavero D. Alonso de Monroy, Maestre que se
llamaba de Alcántara, al cual comunmente las gentes llamaban el Clavero, é tenia á Montanchez, é
Zagala, é Piedrabuena, é otras algunas fortalezas,
el cual mediante la terriblidad de los tiempos de la
guerra habia echado á perder al Maestre de Alcántara D. Gomez de Solís en tiempo del Rey D. Enrique, é tomádole el Maestradgo por fuerza de armas, é por hurtos é mañas, é con costa de muchos
robos é hurtos que él é los suyos hicieron á muchos
labradores, é criadores de ganados, é ciudadanos é
mercaderes; é con ciertos partidos; la casa de Stúñiga le ayudó á tomar la cabeza del Maestradgo
que es Alcántara, y otros muchos lugares. Y despues ovo division entre la casa de Stúñiga, muy
grande que seria prolijo de contar: y digo la casa
de Stúñiga, por que el Duque de Árevalo Conde de
Béjar, é Señor de Plasencia D. Álvaro Stúñiga era
muy viejo, é mandaban la casa su mujer é sus fijos,

é ayudábanle, con muchas condiciones que despues se otuvieron, al Clavero, é quedóseles Alcántara. Y cuando el Rey D. Fernando vino de Trujillo la primera vez, despues de despachado del cerco de Castronuño, vino allí el dicho Clavero, que aun fasta estonce nunca se habia mostrado por Portugal, é demandaba el Maestradgo; é tantas ovo de las quejas del dicho, robos y muertes fechas á causa suya, que el Rey no lo pudo comportar, é mandábalo prender secretamente, y él súpolo, y huyó, y pasose con el Rey de Portugal, é comenzó á favorecer á Mérida y Medellin. É ovo el Maestradgo D. Juan de Stúñiga, fijo del dicho Conde de Béjar que se habia intitulado ya, y el Rey y la Reina se lo confirmaron con ciertas condiciones, é fué Maestre de Alcántara; é ahí fué público contrario el Clavero del Rey D. Fernando, é favoreciendo el partido del Rey de Portugal favoreció á Mérida, é Medellin fasta que por cerco se tomaron; é la manera é forma de los cercos de Mérida é Medellin, fué de esta manera.

El Rey D. Fernando queriendo dar fin á su conquista, como aquella tierra le estaba en contra, vino á Trujillo en el mes de febrero del año de 1479 años, y estando allí el Conde de Medellin, siendo mancebo, andaba fuera de Medellin que la madre no le queria acojer, que no se confiaba dél, é estando en un lugar que dicen Meajadas camino de Trujillo, ovo un trato con ciertos vecinos de Medellin vasallos suyos, que le darian entrada en la villa una noche, y escribiólo al Rey y á toda la tierra que le socorriesen, y el Conde entró en Me-

Año de 1479.

dellin antes que los valedores le pudiesen socorrer,
y vino primero el Clavero desde Mérida en favor
de la Condesa su madre, y echaron al Conde fuera de Medellin á lanzadas é saetadas, é él se fué
fuyendo sin facer lo que queria.

É el Maestre de Santiago D. Alonso de Cárdenas, habia partido de Llerena á socorrer al Conde
conforme al llamamiento, y llegando cerca de Valverde envió adelante al Comendador Rodrigo de
Cárdenas é á otros capitanes con gente de á caballo,
los cuales entre Mérida y Valverde encontraron al
Clavero, Maestre de Alcántara que se decia D.
Alonso de Monroy, con ciento é cincuenta lanzas
poco mas, é pelearon con él é desbaratáronlo, é
prendiéronle algunos caballeros; é él é los otros escaparon huyendo é metiéronse en Mérida, é de aquí
supo el Maestre como el Conde iba desbaratado é
fuera de Medellin; é volvióse de allí el Maestre á
Valverde con su gente, é con algunos capitanes del
Rey, de los cuales eran D. Martin de Cabra é Tello de Aguilar. El Maestre tenia nueva que habia
de venir gente de Portugal á socorrer é favorecer
á Mérida é Medellin, y aguardó por allí fasta que
supo la nueva cierta que venia el Obispo de Évora
con una gruesa batalla de gente de á caballo, en
que le dijeron que traia ochocientos de á caballo ó
mas, é algunos peones, é que venia gente muy lucida é muy armada; é él tenia fasta ochocientos de
á caballo y quinientos peones.

Batalla con el Clavero D. Alonso de Monroy.

CAPÍTULO XXXVII.

DE LA BATALLA CAMPAL, QUE OVIERON EL MAESTRE
D. ALONSO DE CÁRDENAS CON SU GENTE É CAPITANES,
CON EL OBISPO DE ÉVORA É GENTE DEL REY
DE PORTUGAL.

Salió el Maestre D. Alonso de Cárdenas, Maestre de Santiago de Valverde cerca de Mérida con su gente, é tomó el camino del Albuera que es una legua de Mérida, é llegando á la dicha Albuera llegó al encuentro con los portugueses, en los cuales venia por Capitan mayor el Obispo de Évora D. García de Meneses con una gruesa batalla de gente muy lucida, y tanta que no se conocia cual fuese mas, ella ó la del Maestre, que toda parecia por un igual, y la diferencia era muy poca segun los que lo vieron dijeron; y de parte del Maestre, D. Martin llevaba la delantera con una bandera y una batalla de caballeros; y de parte de los portugueses, traia la delantera un D. Fernando hermano del Obispo de Évora con otra batalla gruesa, el cual vino á romper en la batalla de D. Martin de Cabra; y D. Martin é su batalla, fueron á romper en la batalla de D. Fernando de Meneses susodicho, de manera que se encontraron los unos á los otros é se mezclaron, é fué desbaratada la batalla de D. Martin, é fuyole la gente, é desque se vido así desbaratado, retrájose á un cerro con su bandera, é recogió allí toda la mas de la gente que fuia suya de la batalla. É como el Maestre vido que la gen-

te de D. Martin andaba á mal andar y fuia de la
batalla, recudió personalmente é fuese á encontrar
con su gruesa batalla con la gran batalla de los portugueses, donde venia el Obispo de Évora, é rompieron la una batalla en la otra, y pelearon un rato muy fuertemente, que no se conocia mejoria en
todas las batallas de los portugueses é las de los
castellanos, salvo la batalla de D. Martin que habia
ido desbaratada, y estaban en el cerro con la bandera. Y andando así peleando, muchos de los de
la batalla del Maestre fuian y se iban; y el Maestre
daba grandes voces esforzando sus gentes diciendo
que se esforzasen como buenos caballeros é procu-
rasen de vencer, que aquel era el dia de su crecida
honra; é peleaba él mesmo por sus manos é con
su persona dando ejemplo á los suyos; é sus criados le guardaban muy bien, y no facian menos los
suyos al Obispo de Évora, que le guardaban muy
bien, é peleaban ante él como buenos é esforzados
caballeros; y andando así peleando, é no se pudiendo conocer quien habria la victoria, volvió D. Martin de Cabra á la pelea con la gente que habia recojido en el cerro, y rompió por medio de todos,
é desbarató á todos, castellanos y portugueses, é
comenzaron de fuir de la batalla los unos y los
otros, así castellanos como portugueses; y el Maestre conoció la bandera y los que con él andaban,
y esforzose mucho diciendo: Castilla, Castilla: y pelearon todavia fasta que del todo los portugueses
fueron desbaratados, é el Maestre ovo la victoria
de esta batalla, é el Obispo de Évora é los portugueses fueron vencidos é desbaratados é fueron

muchos feridos é muertos, é presos, aunque como toda era gente de guerra é iba armada, pocos murieron; que lo que se pudo saber luego, allí no murieron sino treinta escuderos de los portugueses, é fueron presos mas de trescientos hombres: y de los del Maestre, en lo que se pudo saber, fueron muertos diez hombres ó pocos mas, é pocos feridos. Aquí no pelearon peones ningunos, sino de caballeros á caballeros lo ovieron, é como estaban muy armados, ovo pocos muertos para segun la pelea fué, que duró gran rato. En esta batalla fué preso el Obispo de Évora, é un escudero de la parte del Maestre de los de Úbeda por haber merced de él, que lo conoció, lo salvó é huyó con él á Mérida antes que fuese recojida la cabalgada, al cual diz que él fizo grandes mercedes. Despues ovieron aquel dia allí el Maestre de su parte gran cabalgada de prisioneros é caballeros, é armas é cémilas é ropas de oro é plata, é otras muchas co-

En 24 de febrero dia de ceniza fué la batalla, año de 1479

sas. Esta dicha batalla fué en miércoles 24 de febrero del año del nacimiento de Nuestro Redentor Jesuchristo de 1479 años primero dia de cuaresma, dia de la ceniza. Fueron allí presos aquel dia algunos fidalgos de Castilla de los que siguieron la parcialidad del Rey D. Alonso de Portugal, en-

Prisioneros castellanos en esta batalla que siguieron al Rey de Portugal

tre los cuales era uno Cristóbal Bermudez, Alcaide de Canales, que es cerca de Toledo, é otro Arellano, é Álvaro de Luna, é Francisco Anaya, é Diego Manuel; este murió estando preso de las feridas de la batalla. É despues que el campo fué recojido, el Maestre se vino con toda la presa á Lobon, é de allí fizo saber al Rey é á la Reina, la

victoria que Dios le habia dado á él y á aquellos
caballeros que con él fueron; é envioles á decir que
él creia que en la buena ventura, él habia vencido
aquella batalla; é el Rey é la Reina ovieron de
esto muy gran placer y alegria, y el Rey envió un
Rey de armas suyo á Lobon para que degollase
algunos fidalgos de aquellos prisioneros porque le
habian sido en contra, é degolló algunos en la plaza de Lobon; entre los cuales degolló á Cristóbal
Bermudez, y otros escaparon por ruego del Maestre, otros resgataron, é otros destrocaron por otros
que estaban en Portugal. Desde esta batalla en
adelante, poseyó el Maestre susodicho pacíficamente el Maestradgo de Santiago, é se lo confirmaron el Rey é la Reina, é lo amaron mucho, é
le saldaron ciertos cuentos de maravedís de pension
que de él habian para sus guerras ciertos tiempos
habia, de las rentas del Maestradgo.

Castigo de los prisione-ros castella-nos.

CAPÍTULO XXXVIII.

Del Maestre de Santiago D. Alonso de Cárde-nas, é de sus victorias y buenas venturas.

Antes que proceda de los cercos que el Rey
D. Fernando é la Reina Doña Isabel, mandaron
poner sobre la ciudad de Mérida, é sobre la villa é
fortaleza de Medellin, pues que agora viene á mano
cerca de esta su victoria ya dicha, quiero escribir
de este Maestre D. Alonso de Cárdenas, y de sus
victorias y buenas venturas, pues es fuerza de de-

cir de los cercos, y algo del Maestradgo, y no se puede decir sin tocar en él.

El dicho Maestre de Santiago D. Alonso de Cárdenas, fué fijo del Comendador mayor de Leon, D. García Lopez de Cárdenas, é sucedió á el dicho su padre en la Encomienda mayor de Leon, que es Fuentes, é Segura, é Valencia, é otros lugares del Maestradgo de Llerena, é fué Comendador mayor mas de veinte años, é fué Gobernador del Maestradgo de abajo mucho tiempo en vida del Rey D. Enrique estando el Maestradgo sin Maestre, despues de la muerte del Maestre D. Alvaro de Luna; é despues sucedió en el Maestradgo en tiempo del Rey D. Enrique D. Juan Pacheco Marqués de Villena, é fué Maestre pacífico, é casó su hijo D. Pedro Portocarrero, con Doña Juana fija de dicho Comendador mayor por haber su amistad, é porque estaba muy prosperado, é tenia muchas fortalezas del Maestradgo: é falleció de esta presente vida el dicho Maestre D. Juan Pacheco en el mes de agosto de 1474 teniendo cerco sobre la ciudad de Trujillo, de la cual el Rey D. Enrique le habia fecho merced, que fuese Duque de ella. Adoleció en un lugar que dicen Santa Cruz, tres leguas de Trujillo, é allí falleció cuatro meses antes que falleciese el Rey D. Enrique; é luego ovo gran division, é alborotos é guerras en el Maestradgo. Intituló de Maestre de Santiago D. Rodrigo Manrique, Comendador de Segura de la Sierra é Conde de Paredes, diciendo que lo habia de haber de justicia por cuanto el Comendador mayor de Castilla su tio D. Gabriel Manrique Conde de Osorno, le

habia renunciado la acción, y justicia que habia al
Maestradgo; y tomó luego todo lo que pudo del
Maestradgo de arriba, especialmente á Ocaña é
otras muchas villas é lugares, de ellas por guerras,
é de ellas que se le dieron. É tituló tambien el
Marqués de Villa, fijo del dicho Maestre, que tenia
gran parte del Maestradgo, en lugar de su padre
por Maestre de Santiago; é fuera Maestre si no se
lo impidiera despues la parcialidad del Rey de
Portugal, que sobrevino luego dende á cuatro meses como murió el Rey D. Enrique. E titulose eso
mesmo, Maestre de Santiago, el dicho Comendador
mayor D. Alonso de Cárdenas, é elijiéronlo para
ello la mayor parte de los trece electores de la Órden, é tituláronlo Maestre.

Esto el que era Comendador mayor uno de los
dos de quien segun la Órden mandaba que debian
elegir Maestres é que era antiguo en la Órden; é
que fuera de la Órden no podia de justicia ser ele-
gido Maestre. É de estos tres Maestres cada uno
defendia lo que tenia (1). En tiempo de estas divisiones falleció el Rey D. Enrique, é comenzaron de
reinar el Rey D. Fernando y la Reina Doña Isabel;
el Rey D. Alonso de Portugal se tituló Rey de Castilla por su mujer, é los dos Maestres D. Rodrigo
Manrique é D. Alonso de Cárdenas, alzaron pendones por el Rey D. Fernando, y por su mujer; y
el otro Maestre alzó pendones por el Rey D. Alonso y su mujer; y así el Marqués con la vuelta de
los Reyes, y por no ser Caballero de la Órden,

---

(1) Este principio del párrafo está defectuoso, pero no hemos
podido restablecerlo por ninguno de los códices consultados.

quedó sin el Maestradgo. Despues de muerto el
Rey D. Enrique, como muchos grandes caballeros
querian ser Maestres, é tomaban é ocupaban cuanto podian del Maestradgo; é viendo esto, estonce se
concertaron con el Conde D. Rodrigo, y el Comendador mayor D. Alonso de Cárdenas, que cada uno
defendiese lo que tenia fasta que oviese disposicion
de tiempo para ver por justicia quien debia haber
el Maestradgo. Estos y otros capítulos vino á facer D. Jorge fijo del dicho D. Rodrigo Manrique,
con el dicho Maestre D. Alonso de Cárdenas; el
cual D. Jorge Manrique murió en una pelea de las
mismas guerras de Castilla, despues de la muerte
del dicho su padre. É ansí confederados los dichos
dos Maestres, vivió obra de dos años el Maestre D.
Rodrigo Manrique, é murió, é quedó el Maestradgo
á D. Alonso de Cárdenas. Esto fecho así entre los
dos, cada uno defendia lo que era suyo.

Antes de esto el dicho Maestre siendo Comendador mayor, luego como falleció el Maestre de
Santiago en Trujillo, aunque tenia muchas fortalezas, temia mucho que viniese sobre él el Maestre
D. Juan Pacheco Marqués de Villena, fijo del
Maestre, ó otros grandes, y demandó favor al Duque de Medina D. Enrique que estaba en Sevilla,
enviándole á decir que le fuese valedor é amigo para haber el Maestradgo, y que le prometia cuando
él no lo pudiese ser, que él lo seria y otro Grande
nó, que él daria su voto á él; y el Duque con esta
embajada estaba en esperanza de haber el Maestradgo, é segun lo que pareció, pensó que el Comendador mayor nunca pudiera salir con tan gran-

de empresa. Ya este tiempo tenia el Comendador mayor estas fortalezas aseguradas de su Encomienda é del Maestradgo; á Xerez, é la villa de Llerena, é Réina, é Montemolin, é Hornachos, é Medina, é otras. É fasta la muerte del Rey D. Enrique, habia tenido por amigo al dicho Señor Duque de Medina, é tenia mucha confianza dél, puesto caso de que nunca lo llamó ni lo ovo menester. En este tiempo el Conde de Feria habia tambien cobdicia del Maestradgo, y era en contra al Comendador mayor, el cual era mucho amigo del dicho Duque de Medina que tenian casados sendos hermanos; é ovieron manera que llegó á ciertos Comendadores, y alzaron por Maestre de Santiago á D. Diego de Alvarado Comendador de Lobon, para que despues renunciase el hábito é dignidad en él, ó en el Duque de Medina, é fizo saber al Duque como el Comendador mayor se llamaba Maestre de Santiago, é de aquí propuesto facerle guerra el dicho Conde al dicho Comendador mayor, y el dicho Duque de Medina eso mesmo le propuso de le venir á tomar por fuerza el Maestradgo al dicho Comendador mayor, é siguióse guerra entre ellos segun se sigue.

CAPÍTULO XXXIX.

DE LA PELEA QUE OVO EL CONDE DE FERIA, É EL MAESTRE EN XEREZ, É DE COMO EL CONDE FUÉ VENCIDO.

El Conde D. Gomez Suarez de Figueroa Conde de Feria, tenia gran parte en la villa de Xerez de

parientes, é criados que vivian con él; así mesmo
los Malaveres, que querian mal al Maestre Comendador mayor, é otros; y el Maestre tenia la fortaleza, é tenian con él el Comendador Juan de Bazan, é sus valías é otras pocas valías. É la parcialidad del Conde metió al Conde en la villa, é tomaron la iglesia de S. Bartolomé por fortaleza, é
muchas casas fuertes, é barrearon bien la mayor
parte de la villa, é querian echar por fuerza de armas á los de la parte del Maestre, y tomar si pudieran la fortaleza. É el Maestre desque lo supo
partió para allá desde Segura con la mas gente que
pudo, é llegó salido el sol un dia, é con su vista
esforzáronse mucho los del bando; é desque reposó é comió, mandó pelear, é armose la pelea entre
el Maestre y el Conde, é duró desde las diez del
dia fasta vísperas, en que ovo de ambas partes muchos feridos é algunos muertos, y el Conde fué vencido, y él y los suyos salieron huyendo de la villa,
é al salir fueron de ellos muchos presos é despo-
jados, y el Maestre no quiso seguir el alcance, ni
lo dejó seguir á los suyos, porque si el alcance se
siguiera, no pudiera el Conde dejar de ser muerto
ó preso. Así quedó la villa de Xerez por el Maestre
tambien como la fortaleza; en la cual hizo poner tal
recaudo que nunca despues la perdió. Esta pelea fué
miércoles once dias del mes de Enero año de mil
cuatrocientos setenta y cinco. El Conde así desbaratado se fué á Zafra, é el Maestre se fué á Medina de
las Torres, é dende por los otros lugares del Maestradgo á Llerena, el cual fizo bastecer bien todos los
castillos así de viandas, como de armas é gente.

Año de 1475
miércoles 11
de enero fué
esta pelea.

CAPÍTULO XL.

DE COMO EL DUQUE DE MEDINA FUÉ DE SEVILLA PODEROSAMENTE, É ENTRÓ EN ÉL MAESTRADGO, É DE LOS ROBOS QUE LOS SUYOS FICIERON, É DE COMO FUERON ÉL Y LOS SUYOS VENCIDOS.

Partió de Sevilla el Duque de Medina D. Enrique, en 9 de enero del dicho año de 1475, con dos mil de á caballo gente muy lucida, é peones los que quiso llevar, á tomar el Maestradgo de Santiago. Iban con él la flor de la caballeria de Sevilla y su tierra, y por capitanes muchos de los mas nobles é generosos, entre los cuales iba D. Martin fijo del Conde de Cabra yerno del Conde de Arcos, y Martin Alonso de Montemayor nieto del Conde D. Pedro Ponce, y el Mariscal Fernan Darias de Saavedra, é otros muchos: la cual gente iban de guerra y de fiesta, que el dicho Sr. Duque llevaba muy gran capilla de cantores, con muchas trompetas é cheremías, é sacabuches, é músicas acordadas, é niños cantores de la iglesia mayor, é muchos arreos de vestimentos y ornamentos. É llegando á Aracena, supo la nueva del desbarato del Conde de Feria, é allí vino el Conde; é dende partieron con toda la hueste, é fueron á Xerez, é defendiósceles; é desque vieron que la villa é fortaleza estaban á tal recaudo, que con muchos tiros de pólvora, y saetas, é con mucha gente se defendia, fuéronse por Burguillos á Zafra, é dende entraron así poderosamente en el Maestradgo por los

Sevilla año de 1475 en 9 de enero, la salida con la gente de Sevilla.

Capitanes.

Santos; é dende á Rivera, é la fortaleza de Rivera, les dió el Alcaide de Tordesillas donde se detuvieron algunos dias, é recaudaron lo que pudieron de la resulta de la mesa maestral. É dende vinieron á Fuente de Cantos, donde eso mesmo el Duque cobró de las rentas lo mas que pudo, é se detuvo algunos dias, donde la villa de Fuente de Cantos, é las otras villas todas, é lugares de por allí recibieron muchos daños en sus personas é haciendas, Daños que hicieron. que les tomaron é robaron aquellas gentes de guerra muchos ganados, bueyes, y vacas, y obejas, y ovo hatos de ochocientas obejas é otros de menos, en que ni una no dejaron, que todas las comieron sin las pagar, é muchas bestias caballos, é asnos; é muchas alhajas de casas que les robaban, é ropas que muchos malos hombres de la hueste robaron é hurtaron, y enviaban á cargas á Sevilla, por los caminos atraviesas de los gollisos de zufre; lo cual fué visto, é manifiesto. De esto los Señores Duque y Conde no eran sabidores, ni les placia de ello; empero como la gente era mucha, desmandábanse, y los malos y ladrones habian lugar de emplear sus deseos. Despues de allí haber estado algunos dias toda la hueste, partióse el Conde para Medina á combatir las torres y el Duque fué á dar vista á Llerena, donde el Maestre estaba; é pasó por cerca de la villa su gente muy bien reglada é acaudallada; é no llevaba ya tanta como habia traido, que algunos se habian despedido viendo que no eran menester, é por los grandes gastos. El Maestre se asomó entre las almenas á mirar las batallas, é tuvo bien cerradas las puertas de la villa, que por

todo aquel dia no dejó á ninguno salir ni entrar, y
era aquel dia mártes de Carnestolendas á siete dias
de Febrero; é el Duque é su hueste se fueron aquella noche á aposentar en Guadalcanal, é no curaron de echar guarda al campo, sino muy seguros
como si en sus casas estuvieran; y el Maestre salió aquella noche de Llerena, con fasta trescientos
y cincuenta de caballos, é otros tantos peones; é
al cuarto del alba miércoles de la Ceniza, entró en
Guadalcanal, é comenzaron á decir todos á grandes
voces cuantos llevaba consigo, Cárdenas, Cárdenas, Entrada del
Maestre en
é tocando las trompetas; é la gente de á pié echa- Guadalcanal,
y desbarato
ban herrojos á las puertas, y los de la villa cono- de la gente
del Duque.
cieron que era el Maestre, é algunos guarecian á
sus huéspedes é otros los robaban, é otros se fueron á juntar con la gente del Maestre é le ayudaban.

E la gente del Duque desque vieron é conocie-
ron que el Maestre andaba por la villa con su gen- Salida del
te abriendo y cerrando las puertas, salian huyendo Duque de Me-
dina.
todos los demás ahorrados, por poner sus perso-
nas en salvo; é muchos salian cabalgando diciendo, Cárdenas, Cárdenas, é íbanse en salvo; é el
Maestre enderezó á la posada del Duque, é cuando
llegó ya el Duque salía, é sacolo su huésped, y gua-
reciolo como no lo conocieron, que como era de
noche, no pudo ser reconocido, é los que salian
de la posada con él decian Cárdenas, Cárdenas, é
Martin Suarez, nunca se partió del Duque; é guiándolos el huésped de la posada fueron á parar á
Alanís, é ansí escapó el Duque aquella noche.

É fué preso D. Alvaro su hermano, é otros muchos fidalgos; é los del Duque salieron todos huyendo de la villa, é unos tomaron camino de Alanís, é otros camino de Cazalla, y D. Martin de Cabra, é Martin Alonso de Montemayor é los suyos ovieron lugar de cabalgar, é desque fué de dia, ficieron rostro al Maestre é pelearon é aun fueron ambos feridos por guarecer algunos de la gente, é pusiéronse á vista á un cabo de la villa é un arroyo en medio donde recojieron doscientas cincuenta lanzas, é muchos peones que escapaban de la villa é fuer huian allí; é de allí se vinieron aquel dia á Alanís. El Maestre é los suyos, é los de la villa ovieron allí aquel dia, muy gran cabalgada é despojos, de caballos, é de acémilas y mulas, é de lo que pareció alcanzó fueron mas de cuatrocientas bestias, dejando lo hurtado. É ovo el Maestre la vajilla de plata, é arreos, é la capilla, é cantores é los instrumentos músicos; é esto guardó el Maestre, é despues se lo envió. É ovieron allí el Maestre y los suyos otras muchas vajillas de oro é plata, é cama é ropas, é respuestos, é arcas, é reposteros é armas, é otras muchas cosas; con la cual presa y cabalgada se vinieron á Llerena aquel dia, é repartió bien la cabalgada con los que lo siguieron, é guardó las cosas de la iglesia é la vajilla del Duque fasta que fueron amigos que se la dió, é ansí volvió el Duque á Sevilla por sus pecados é por los pecados de muchos malos é ladrones que consigo llevó, que habian robado en este viaje á muchos labradores é trabajadores, que no debian cosa alguna ni merecian mal, é les habian comido sus vacas é ovejas, é ganados, segun dicho es; é no quiso

Perdió el Duque la vajilla, y otros arreos y la capilla, y el Maestre la guardó y se la envió.

Volvió el Duque á Sevilla

Dios que aquello pasase sin pena muchos dias; apareció evidente que oyó los gemidos é peticiones de aquellos labradores é de sus mugeres é fijos, que viéndose robados y perdidos clamaban á Dios.

El Conde supo esta nueva estando en Medina, que quería combatir las Torres, é luego á la hora se fué á Zafra, y aun por se ir á prisa quedaron algunos pertrechos é tiros de pólvora perdidos, que cobraron los de las Torres.

Desde este dia comenzó el Maestre á ser grande é poderoso, é fizo muchos de caballo, é entró muchas veces á Portugal por facer servicio al Rey D. Fernando, é facer guerra al Rey D Alonso, é siempre en sus entradas é salidas ganó honra, é siempre en sus cosas era vencedor y no vencido. É el año siguiente de 1476 en el Agosto, cuando el Rey D. Fernando tenia el cerco sobre Toro, falleció de su muerte natural el Maestre D. Rodrigo Manrique en la villa de Ocaña, é ansí no tuvo contraditor el Maestre D. Alonso de Cárdenas á el Maestradgo, é salió con él. Ovo su Encomienda mayor su pariente D. Gutierre de Cádenas, Contador mayor de Castilla.

Año de 1476 murió el Maestre D. Rodrigo Manrique.

CAPÍTULO XLI.

DE LOS CERCOS DE MÉRIDA Y MEDELLIN, É MONTANCHEZ.

Agora volviendo á decir de los cercos de Mérida, é Medellin é Montanchez, sabed que se pusie-

Año de 1479.

ron en el verano del año de 1479, cinco meses poco mas ó menos tiempo despues de la batalla de Mérida que el Maestre ovo con los portugueses. Era caudillo mayor de estos cercos el dicho Maestre de Santiago D. Alfonso de Cárdenas; é pusiéronse ambos aun tiempo; é el Maestre se puso sobre Medellin, el mas del tiempo en un lugar que llaman Menga-abril, é tenian gente en Don Benito, é tenian repartidos muchos capitanes por el campo en las comarcas de Medellin, donde convenia, de manera que estaban las guarniciones á una legua é media de Medellin, y de allí la corrian cada dia; é habia en la guarnicion de este cerco muchos capitanes de el Rey: estaba D. Martin de Cabra, é Luis Puerto Carrero, y el mesmo Conde de Medellin á quien la Condesa su madre tenia por fuerza la villa, é fortaleza; é otros con gentes de diversas partes é lugares de Castilla.

El cerco de Mérida estaba de otra manera, que los cercadores tenian la villa, é los cercados la fortaleza donde recibieron muchos combates de tiros de pólvora, é cuártagos é injénios; donde recibieron muchos daños los unos de los otros; é habia en este cerco por capitanes D. Pedro Puerto Carrero, Señor de Moguer, yerno del Maestre, é Juan Nuñez de Prado, natural de Medellin, é Juan de Vera, Alcaide de la mesma ciudad de Mérida é capitan Mayor, é Sancho del Águila, é otros capitanes del Rey con muy aderezada gente. É al tiempo de estos cercos siempre la Condesa, y el Obispo de Evora estuvieron en Medellin, é esperaban socorro, é nunca les vino. Estuviéronse tres meses poco mas ó menos, é diéronse á partido cerca de San Miguel, é dióse primero la Condesa en Medellin, é entregó la fortaleza en la cual entró Luis Puertocarrero, Señor de Palma, en nombre del Rey. É dende á ciertos dias, salieron los portugueses de Mérida, y entregaron la fortaleza al Maestre; é andando en los tratos de esto, se comenzaron al tratar las paces de entre Portugal y Castilla, y antes que los portugueses cercados se fuesen á Portugal, destrocaron los prisioneros todos que se tenian desde el comienzo de las guerras los unos por los otros que allí estaban y trajeron los que estaban en Portugal, é llevaron á Portugal los que estaban en Castilla, é todo esto fué en los partidos de Mérida, é Medellin, é luego concertaron y apregonaron paces, Tiempo que duró la guerra de Castilla y Portugal entre Castilla y Portugal en el dicho año de 1479 años. Duró la dicha guerra cuatro años é nueve meses. Montanchez que es una gran fortaleza cerca de Mérida é muy fuerte del Maestradgo de Santiago que estaba por el Clavero D. Alfonso Monroy, Maestre de Alcántara que llamaban, quedó de esta vez por ganar, aunque siempre en los dichos cercos habia estado bien cercado de gente del Rey y del Maestre que la tuvieron siempre puesta guarnicion en Valdefuentes. Sobre éste quedaron guarniciones como se estaban, y fasta que dende cinco ó seis meses entregó la fortaleza D. Francisco fijo del dicho Clavero Maestre de Alcántara, que se decía, al Maestre de Santiago por partido, sin concierto de su padre, é se vino á vivir con el Maestre é lo casó con una parienta suya hermana de Francisco de Cárdenas, Alcaide que fué de Reina, é ansí ovo el Maestre la fortaleza de Montanchez que es una de las fuertes de Castilla.

CAPÍTULO XLII.

DE COMO EL REY D. FERNANDO FUÉ Á ARAGON Á LA MUERTE DE SU PADRE, QUE FALLECIÓ EN ESTE TIEMPO.

Año de 1479, muerte del Rey de Aragon.

En el sobredicho año de mil cuatrocientos setenta y nueve en el tiempo de los cercos de Mérida é Medellin, murió el Rey de Aragon, padre de el Rey D. Fernando; fué allá é fizo hacer las honras é obsequias como convenia á tan generoso é tan honrado Rey; é recibió los reinos de Aragon, Valencia, é el Condado de Cataluña con todas las islas á ello anexas, é volvió presto para dar asiento en las cosas de entre Castilla é Portugal, así en las paces de la tierra, como por mar, porque habia gran division entre castellanos é portugueses, sobre la mina de oro que los portugueses habian hallado que iban los castellanos á resgatar; é por facer Córtes; é ficieron Córtes en todo lo del Rey D. Fernando é la Reina Doña Isabel, teniendo ya todos sus reinos pacíficos; donde invoca á todos los grandes de Castilla, así caballeros, como prelados, é los procuradores de todas las villas é ciu-

Córtes.

dades de estos reinos, é fueron órdenadas muchas buenas cosas; é comentadas, é declaradas muchas Leyes antiguas, y de ellas acrecentadas, é de ellas

evacuadas; é fechas muchas pragmáticas provecho-
sas al pró comun, y á todos segun en el Libro que
mandaron facer sus Altezas, al Doctor Alfonso Diaz
de Montalvo que hoy dia parece, el cual Libro
mandaron tener en todas las ciudades, Villas é Lugares, é llaman el Libro de Montalvo; é por él
mandaron determinar todas las cosas de Justicia
para cortar los pleitos. É mediante el tiempo de
estas Córtes anduvieron muchas veces los embajadores de Castilla é Portugal de unos reinos á otros
fasta que plugo á Nuestro Señor que los Reyes vinieron en concordia é afirmaron bien las paces, é
para cumplir algunas cosas necesarias, ordenaron
que entre ellos algun tiempo oviese rehenes, é fué
llevada la Infanta mayor Doña Isabel á Portugal,
la cual el Maestre de Santiago D. Alonso de Cárdenas llevó encargo para la dar de rehenes en Portugal; é yendo de via tuvieron la Páscua de Navidad
fin del año de 1480 é comienzo del año de 1481 en
Fregenal; é pasada la Páscua se partieron para
Mora, é llegando cerca de Mora en Portugal, el
Maestre entregó la Infanta Doña Isabel, y recibió
al Duque de Viseo D. Diego fijo del Infante D. Fernando, defunto hermano que era del Rey D. Alonso; este dicho Duque de Viseo era hermano de la
princesa de Portugal, é fijo de la Infanta Doña Phelipa, hermana del Rey D. Duarte, y de la Reina de
Castilla segunda mujer del Rey D. Juan, madre de
la Reina Doña Isabel. En poder de la dicha Doña
Phelipa quedó en Mora la dicha Infanta; é fué traido allí á Mora el Príncipe de Portugal, niño chi-
quillo fijo del Rey D. Juan, é nieto del Rey Don

Libro de Montalvo.

Paces con Portugal, y entrega de la Infanta Doña Isabel.

Alonso, é puesto en poder de la dicha Infanta Doña
Phelipa su abuela. Fué allí fecho un muy gran recibimiento é muy solemne é muy rico por los grandes de Portugal á la Infanta de Castilla, é vino allí
á la recibir la Duquesa de Braganza, hermana de
la Reina de Portugal, é muchas condesas é gran-

Recibimien- des señoras é damas. Desque el Maestre ovo en-
to de la In-
fanta. tregado la Princesa é recibido al Duque volvióse en
Castilla. È la Infanta estuvo desta vez dos años en
Mora é cuatro meses; en manera que salió en el
mes de mayo de 1483, é vino á tener las Páscuas
del Espíritu Santo en Plasencia, que fué aquel año
á 18 dias de mayo; podia ser la Infanta entónces de
hasta doce ó trece años.

CAPÍTULO XLIII.

Del comienzo de la heregía é del comienzo de la Inquisicion é de cuando ovo su impinacion la mosáica pravidad, y castigo de las ceremonias judaicas.

La herética pravidad mosáica, reinó gran tiempo escondida y andando por los rincones, no se
osando manifestar, y fué disimulada y dado lugar
que por mengua de los Prelados, é Arzobispos, é
Obispos de España que nunca la acusaron, ni denunciaron á los Reyes, ni á los Papas segun debian, y eran obligados. Ovo su comienzo esta heregía mosáica en el año de Nuestro Redemptor de

1390 años en el comienzo del reinado de Castilla del Rey D. Enrique tercero de este nombre, que fué el robo de la judería por la predicacion de fray Vicente, un santo cathólico varon docto de la órden de Santo Domingo, que quisiera en aquel tiempo por predicaciones é pruebas de la Santa Ley é Escriptura convertir todos los judíos de España, é dar cabo á la inveterada é hedionda sinagoga. Predicóles mucho á los judíos, él é otros predicadores en las sinagogas, é en las iglesias, é en los campos; y los rabíes de ellos por la Escriptura de la Santa Ley, profecías y esperiencias de ella, todos eran vencidos é no sabian qué responder. Empero embocados, é englosas con aquella glosa del Talmud que ficieron los dos rabíes Ravate, é Ravina, despues del Nacimiento de Nuestro Redemptor, cuatro cientos años, la cual tenia en escritura tanto como diez veces la Biblia, é la enviaron por todo el mundo donde quier que habia judíos para los esforzar, porque vian de todo caer la sinagoga. É en la dicha glosa habia muy grandes mentiras, é intrincados argumentos. É así como Moisés en su tiempo hacia, aquellos dos rabíes firmaron aquel grande y descomulgado libro del Talmuld; y pusieron so pena de muerte espiritual que ningun judío sábio, ni simple, fuese osado contra aquellos preceptos, ir ni venir, ni diesen otra predicacion ni otra doctrina, lo cual fué la perpétua damnacion de esta genaracion; niegan la verdad, é están ignorantes de ella; y por eso para con ellos es dicho *contra negantes veritatem nulla est disputatio.* Así no pudo fray Vicente convertir sino muy pocos de

Empezó en el año de 1390 en el reinado de Enrique III.

ellos; y las gentes con despecho, metiéronlos en
Castilla á espada, y mataron muchos, é fué un concierto que fué en toda Castilla, todo un dia mártes.
Entonce veníanse á las iglesias ellos mismos á baptizar, é ansí fueron baptizados y tornados christianos en toda Castilla muy muchos de ellos; y despues de baptizados se iban algunos á Portugal é á
otros reinos á ser judíos; y otros pasado algun tiempo se volvian á ser judíos donde no los conocian,
é quedaron todavía muchos judíos en Castilla, y
muchas sinagogas, é los guarecieron los señores,

Principio del nombre converso.
é los Reyes siempre por los grandes provechos que
de ellos habian; é quedaron los que se baptizaron
christianos y llamáronlos conversos; é de aquí, ovo
comienzo este nombre converso por convertidos á
la Santa Fé, la cual ellos guardaron muy mal, que
de aquellos, y de los que de ellos vinieron por la
mayor parte fueron y eran judíos secretos, y no eran
ni judios ni christianos, pues eran baptizados, mas

Lo que se habia aumentado y crecido, y en qué personas.
eran herejes, y sin ley, y esta heregía ovo de allí su
nacimiento como habeis oido; é ovo su impinacion
é lozanía de muy gran riqueza y vanagloria de muchos sábios é doctos, é obispos, é canónigos, é frailes, é abades, é sábios, é contadores, é secretarios,
é factores de Reyes, é de grandes señores. En los
primeros años del reinado de los muy católicos é
christianísimos Rey D. Fernando y Reina Doña
Isabel su muger, tanto empinada estaba esta heregía, que los letrados estaban en punto de la predicar
la ley de Moysen, é los simples no lo podian encu-
brir ser judíos; y estando el Rey y la Reina en Sevilla, la primera vez que á ella vinieron y el Arzo-

bispo de Sevilla, D. Pedro Gonzalez de Mendoza, Cardenal de España, habia en Sevilla un santo y católico hombre, fraile de Santo Domingo en San Pablo, llamado fray Alonso, que siempre predicaba y punaba en Sevilla contra esta heregía; éste y otros religiosos y católicos hombres, ficieron saber á el Rey y á la Renia el gran mal, y heregía que habia en Sevilla; sometieron el caso al Arzobispo que lo castigase, y ficiese enmendar, y él fizo ciertas ordenanzas sobre ello, é proveyó de ellas en la ciudad y en todo el Arzobispado. Puso sobre ello en la ciudad diputados de ellos mismos, y con esto pasaron obra de dos años é no valió nada, que cada uno hacia lo acostumbrado; é mudar de costumbre es apartar de muerte.

Sevilla. A instancia de un religioso de S. Pablo de Sevilla, habiendo dado cuenta al Rey y Reina, hizo D. Pedro Gonzalez de Mendoza, Arzobispo de dicha ciudad, constituciones para el remedio. Este religioso se llamó fray Alonso de Ojeda.

¡O fera pésima formes pecati, nutrimentum facinoris pabulum mortis! ¡O bestia fiera, malvada, disforme pecado nudrimento de traicion, hallamiento de muerte, perdimento de vida!

Podeis saber que segun lo vimos en cualquier tiempo, que esta fiera pésima, es la heregía, y como en aquel tiempo los hereges y judíos malaventurados huian de la doctrina eclesiástica, ansí huian de las costumbres de los christianos. Los que podian escusarse de no baptizar sus fijos, no los baptizaban, é los que los baptizaban, labábanlos en casa desque los traian; y desto se halló infinita culpa en el reconciliar de infinitos viejos que no eran baptizados; é los inquisidores los ficieron é facian despues baptizar. Habeis de saber, que las costumbres de la gente comun de ellos ante la Inquisicion, ni mas ni menos que era de los propios hediondos

Modo de vivir de los judíos, sus costumbres y ceremonias que guardaban de secreto.

judíos, y esto causaba la contínua conversacion que
con ellos tenian; ansí eran tragones y comilones,
que nunca perdieron el comer á costumbre judái-
ca de manjarejos, é olletas de afinas, manjarejos
de cebollas é ajos, é fritos con aceite, y la carne
guisaban con aceite, é lo echaban en lugar de tocino é de grosura por escusar el tocino; y el aceite
con la carne es cosa que hace muy mal oler el re-
suello; y ansí sus casas y puertas hedian muy mal
á aquellos manjarejos; y ellos ese mesmo tenian el
olor de los judíos por causa de los manjares y de
no ser baptizados. Y puesto caso que algunos fueron baptizados, mortificado el carácter del baptismo en ellos por la credulidad, é por judaizar, hedian como judíos; no comian puerco si nó fuese en
lugar forzoso; comian carne en las cuaresmas y
vigilias é cuatro témporas de secreto; guardaban las
pascuas y sábados como mejor podian; enviaban
aceite á las sinagogas para las lámparas; tenian judíos que les predicaban en sus casas en secreto,
especialmente á las mugeres muy de secreto; tenian
judíos rabíes que les degollaban las reses é aves
para sus negocios; comian pan cenceño al tiempo
de los judíos, carnes tajeles, hacian todas las ceremonias judáicas, de secreto en cuanto podian; así
los hombres como las mugeres siempre se escusa-
ban de recibir los sacramentos de la Santa Iglesia
de su grado, salvo por fuerza de las constituciones
de la Iglesia. Nunca confesaban la verdad; y acae-

Sucesoá un confesor con uno de este linaje. ció á confesor con persona de esta generacion cor-
tarle un poquito de la ropa, diciendo: pues nunca
pecaste, quiero que me quede vuesta ropa por re-

liquia para sanar los enfermos. En Sevilla fué un Lo que se mandó en Sevilla por causa de los confesos.
tiempo que se mandó que no se pesase carne el
sábado, porque la comian todos los confesos el sábado en la noche, é mandáronla pesar los domin-
gos de mañana. No sin causa les llamó nuestro
Redentor *generatio prava et adúltera*. No creian
dar Dios galardon por virginidad y castidad. Todo
su hecho era crecer é multiplicar. É en tiempo de
la empinacion de esta herética pravedad, de los
gentiles-hombres de ellos, é de los mercaderes, muchos monasterios eran violados, é muchas monjas
profesas adulteradas y escarnecidas; de ellas por
dádivas; de ellas por engaños de alcahuetas, no
creyendo, ni temiendo la descomunion; mas antes
lo hacian por injuriar á Jesuchristo, y á la Iglesia.
Y comunmente por la mayor parte eran gentes lo-
greras, é de muchas artes y engaños, porque todos
vivian de oficios holgados, y en comprar y vender
no tenian conciencia para con los crhistianos. Nunca quisieron tomar oficios de arar ni cavar, ni andar por los campos criando ganados, ni lo enseña-
ron á sus fijos salvo oficios de poblados, y de estar
asentados ganando de comer con poco trabajo.

Muchos de ellos en estos reinos en pocos tiempos allegaron muy grandes caudales é haciendas,
porque de logros é usuras no hacian conciencia,
diciendo que lo ganaban con sus enemigos, atán-
dose al dicho que Dios mandó en la salida del Riquezas de estos confesos, y lo que ocasionaban.
pueblo de Israel, robrar á Egipto, por arte y enga-
ño demandándoles prestados sus vasos é tazas de
oro é de plata; é así tenian presuncion de soberbia,
que en el mundo no habia mejor gente, ni mas dis-

creta, ni mas aguda, ni mas honrada que ellos por ser del linaje de las tribus é medio de Israel. En cuanto podian adquirir honra, oficios reales, favores de Reyes, é señores, algunos se mezclaron con fijos é fijas de caballeros cristianos viejos con sobras de riquezas que se hallaron bien aventurados por ello por los casamientos y matrimonios que ansi ficieron, que quedaron en la Inquisicion por buenos christianos é con mucha honra. De todo lo sobre dicho fueron certificados el Rey y la Reina estando en Sevilla; partiéndose dende quedó el cargo del castigo é de mirar por ello al provisor de Sevilla, obispo de Cádiz, D. Pedro Fernandez de Solís, y el Asistente que entonces quedó en Sevilla que era Diego de Merlo, para tolerar tan grande mal, y quedó fray Alonso, segundo fray Vicente, para ver sobre ello, y otros clérigos y frailes; y visto que en ninguna manera se podian tolerar, ni enmendar sino se facia inquisicion sobre ello, denunciaron el caso por estenso á sus Altezas, é faciéndoles saber cómo y quién y dónde se hacian las judáicas ceremonias, y como cabian en personas poderosas y en muy gran parte de la ciudad de Sevilla; y junto con esto fueron certificados que en toda su Castilla habia esta disforme dolencia; y ovieron Bulla del Papa Sixto IV, para proceder con justicia contra la dicha heregía por via del fuego. Concedióse la Bula y ordenóse la Inquisicion el año de 1480.

Yéndose los Reyes de Sevilla, quedó el cargo del castigo á el Asistente y Provisor de Sevilla.

Sixto IV concede la Bulla para la Inquisicion año de 1480.

CAPÍTULO XLIV.

DE COMO COMENZARON EN SEVILLA Á PRENDER Y QUEMAR Y RECONCILIAR LOS HEREGES JUDÁICOS, É DE LA GRAN PESTILENCIA DEL AÑO DE OCHENTA Y UNO.

Habida la Bulla para la Inquisicion por sus Altezas del Papa Sixto concedida, estando por Asistente de Sevilla Diego de Merlo, que era un honrado christianísimo caballero, muy discreto, y celoso de la fé de Jesuchristo y de la justicia, vinieron los primeros Inquisidores á Sevilla dos frailes de Santo Domingo, un provincial é un vicario, el uno llamado fray Miguel, y el otro fray Juan; é con ellos el Dr. de Medina, clérigo de San Pedro, los cuales todos tres así como uno, con gran diligencia comenzaron su Inquisicion en comienzo del año de mil cuatrocientos ochenta y uno. En muy pocos dias por diversos modos y maneras, supieron toda la verdad de la herética pravedad malvada, é comenzaron de prender hombres é mugeres de los más culpados, é metíanlos en San Pablo; é prendieron luego algunos de los más honrados é de los más ricos, veinticuatros y Jurados, é bachilleres é letrados, é hombres de mucho favor; á estos prendia el Asistente; é des que esto vieron fuyeron de Sevilla muchos hombres y mugeres; y viendo que era menester demandaron los Inquisidores el Castillo de Triana, donde se pasaron, é pasaron los

Primeros Inquisidores en Sevilla. Comenzaron al principio del año de 1481 su oficio.

Empiezan á prender, y las primeras cárceles en S. Pablo de Sevilla, donde asistian.

Prenden diferentes personas, y sus puestos y calidades, y quién los prendía, con lo cual muchos huyeron.

TOMO I.   9

Piden el castillo de Triana, y allí forman Audiencia para las causas.

presos; é allí ficieron su Audiencia; é tenian su Fiscal, é Alguacil é Escribanos, é cuanto era necesario, é facian proceso segun la culpa de cada uno, é llamaban Letrados de la cuidad seglares, é á el Provisor al ver de los procesos é ordenar de las sentencias, porque viesen como se hacia la justicia, é no otra cosa; é comenzaron de sentenciar para quemar en fuego; é sacaron á quemar la primera vez á Tablada seis hombres é mugeres que

Los primeros que quemaron

quemaron; é predicó Fr. Alonso de S. Pablo, celoso de la fé de Jesuchristo el que mas procuró en Sevilla esta Inquisicion; é él no vido mas de esta

Predica Fr. Alonso de Ojeda, y de allí á poco muere en Sevilla de pestilencia.

quema, que luego dende á pocos dias murió de pestilencia que estonce en la ciudad comenzaba de andar. Y dende á pocos dias quemaron tres de los principales de la ciudad y de los mas ricos, los cua-

Quema de otros y quién fueron.

les eran Diego de Susan, que decian que valía lo suyo diez cuentos; y eran gran rabí, y segun pareció murió como christiano; é el otro era Manuel Sauli, é el otro Bartholomé de Torralba; é prendieron á Pedro Fernandez Venedeva, que era mayordomo de la Iglesia, de los señores Dean y Cabildo, que era de los mas principales de ellos, é tenia en su casa armas para armar cien hombres; y á Juan Fernandez Albolasia, que habia sido muchos tiempos Alcalde de la Justicia, é era gran Letrado, é á otros muchos, é muy principales, é muy ricos, á los cuales tambien quemaron, é nunca les valieron los favores, ni las riquezas; é con esto todos los confesos fueron muy espantados é habian muy gran miedo, é fuian de la ciudad é del Arzobispado; é pusiéronles en Sevilla pena que no fuyesen so

pena de muerte, é pusieron guardas á las puertas
de la ciudad; é prendieron tantos que no habia
donde los tuviesen; é muchos huyeron á las tierras
de los señores, é á Portugal, é á tierra de moros.
Este año de 1481, no fué propicio á natura humana en esta Andalucía, mas muy contrario é de gran
pestilencia é muy general, que en todas las ciudades villas, y lugares de esta Andalucía, murieron
en demasiada manera, que en Sevilla murieron mas
de quince mil personas; é otras tantas en Córdoba,
é en Xerez, é en Ézija mas de cada ocho ó nueve
mil personas, y ansí en todas las otras villas é lugares; é despues en el Agosto alzóse la pestilencia,
y con todo eso por mas de ocho años duró, que poco ó mucho acudia ora en una parte, ora en otra de
esta Andalucía, y el año de 1488 murieron en Córdoba otra vez, generalmente decian, que aun mas
cantidad del año de ochenta y uno ya dicho. Así que
tornando al propósito, la Inquisicion comenzada en
el dicho año de ochenta y uno, como vieron que se
encendia la pestilencia, y huyan los christianos viejos
de Sevilla, demandaron licencia al Asistente los confesos para se ir fuera de Sevilla por guarecer de la
pestilencia, el cual se la dió, con condicion que llevasen cédulas para las guardas de las puertas, é que
no llevasen las haciendas, salvo cosas livianas de que
se sirviesen; y de esta manera salieron muchas gentes de la Ciudad de ellos, expecialmente de la tierra del Marqués de Cádiz que era su enemigo desde
las guerras del Duque. Vinieron mas de ocho mil
almas á Mairena, y Marchena, y los Palacios, é los
mandó acoger é facer mucha honra, é á la tierra

Recójense en diferentes lugares, y muchos se van fuera del Reino

del Duque de Medina é de otros Señores ansí por semejante; y de estos fueron muchos á parar á tierra de Moros allende, é aquende, á ser Judíos como lo eran; é otros se fueron á Portugal, é otros á Roma; é muchos se tornaron á Sevilla á los Padres Inquisidores, diciendo é manifestando sus pecados, é su heregía é demandando misericordia; é los padres los recibieron, é se libraron bien é reconciliáronlos, é hicieron públicas penitencias ciertos viérnes diciplinándose por las calles de Sevilla en procesion. É en aquel año de ochenta y uno desque los Inquisidores vieron que crecian las pestilencias en Sevilla, fuéronse huyendo á Aracena, donde fallaron que hacer é prendieron é quemaron veinte y tres personas hombres y mujeres, herejes mal andantes, é ficieron quemar muchos guesos de algunos que fallaron que habian morido en la herética Mosáica, llamándose christianos, y eran judíos, y ansí como judíos habian morido. Y aquel año desque cesó la pestilencia volviéronse los Inquisidores á Sevilla é prosiguieron su Inquisicion fasta todo el año de ochenta y ocho que fueron ocho años, quemaron mas de setecientas personas, y reconciliaron mas de cinco mil y echaron en cárceles perpétuas, que ovo tales y estuvieron en ellas cuatro ó cinco años ó mas y sacáronles y echáronles cruces é unos San Benitillos colorados atrás, y adelante, y ansí anduvieron mucho tiempo, é despues se los quitaron por que no creciese el disfame en la tierra viendo aquello. Entre los que he dicho quemaron en Sevilla en torno de aquellos dichos ocho años, quemaron á tres clérigos de missa, é tres ó cuatro

Recójense en diferentes lugares, y muchos que se reconciliaron fueron penitenciados y en qué forma.

Vanse á Aracena los Inquisidores por la pestilencia, y quemaron 23 y muchos huesos de confesos.

Vuelven á Sevilla luego que cesa la pestilencia.

Hasta el año de 1488 quemaron 700 personas, y reconciliaron 5,000 y pusieron San Benito.

Frailes todos de este linaje de los confesos, é quemaron un Dotor fraile de la Trinidad que llamaban Savariego, que era un gran predicador, y gran falsario, hereje engañador que le conteció venir el Viérnes Santo á predicar la Pasion y hartarse de carne. Quemaron infinitos guesos de los Corrales de la Trinidad y San Agustin é San Bernardo, de los confesos que allí se habian enterrado cada uno sobre sí al uso judáico, é apregonaron é quemaron en estátua á muchos que hallaron dañados de los judíos huídos.

Otros que quemaron en este tiempo Frailes y clerigos, e guesos, y en que partes estaban, y estátuas de los huídos.

Aquellos primeros Inquisidores ficieron facer aquel quemadero en Tablada, con aquellos cuatro Profetas de yeso, en que los quemaban y fasta que haya heregía los quemarán. Muy hazañosa cosa fué el reconciliar de esta gente, por donde se supo por sus confesiones, como todos eran judíos; y súpose en Sevilla de los judíos de Córdoba, Toledo, Búrgos, Valencia y Segovia, y toda España; como todos eran judios, y estaban so aquella esperanza que el pueblo de Israel estuvo en Egipto; que aunque habian de los Egiptianos muchos majamientos esperaban que Dios los habia de sacar de entre ellos como despues los sacó, con mano fuerte, é brazo estendido; y así ellos tenian que los christianos eran los egipcianos, ó peores, é creian que Dios milagrosamente los sostenia é los defendía; é tenian que por mano de Dios habian de ser acaudillados, visitados, é sacados de entre los christianos, y llevados en la santa tierra de promision: só estas locas esperanzas estaban y vivian entre los christianos, como por ellos fué manifestado é confesado,

Hácese el quemadero en Tablada.

de manera que todo el linage quedó infamado é tocado de esta enfermedad. Ovo reconciliacion en Sevilla que salian en la procesion de éstas disciplinas de los viérnes más de quinientas personas, hombres é mugeres, con las caras descubiertas por las calles.

Procesion de Peniten- ciados en Se- villa en que salieron mas de 5oo per- sonas

Esta Santa Inquisicion ovo su comienzo en Sevilla, é despues fué en Córdoba, donde habia otra tan grande sinagoga de malos christianos como en Sevilla; é despues fueron puestos inquisidores por toda Castilla, é Aragon, é son infinitos quemados, y condenados y reconciliados, encarcelados en todos los Arzobispados é Obispados de Castilla é Aragon; é muchos de los reconciliados tornaron á judaizar, que son quemados por el mesmo caso en Sevilla, y en las otras partes de Castilla. Agora no quiero escribir mas de esto que no es posible poderse escribir las maldades de esta herética pravedad; salvo digo, que, pues el fuego está encendido, que quemará hasta que halle cabo al seco de la leña, que será necesario arder hasta que sean desgastados y muertos todos los que judaizaron, que no quede ninguno; y aun sus hijos los que eran de veinte años arriba menos que fueran tocados de la mesma lepra.

Dióse prin- cipio al Santo oficio de la Inquisicion en Sevilla.

Fué este año de 1481 al comienzo desde Navidad en adelante de muy muchas aguas y avenidas, de manera que Guadalquivir, llevó é hechó á perder el Copero, que habia en él ochenta vecinos, y otros muchos Lugares de su Rivera, é subió la creciente por el Almenil de Sevilla é por la Barranca de Coria en lo mas alto que nunca subió, é es-

Inundacion del Rio de Se- villa año de 1481, y pér- dida del Co- pero y otros Lugares de la Rivera.

tuvo tres dias que no decendió; é estuvo la Ciudad
en mucho temor de se perder por agua.

CAPÍTULO XLV.

DE COMO EL GRAN TURCO VINO SOBRE RODAS É LA
TUVO CERCADA CON GRANDE HUESTE É SOBRE ELLA
EMBISTIÓ É FUÉ DESVARATADO; É DE COMO LOS TURCOS
TOMARON Á OTRANTO, É DE COMO EL DUQUE DE CA-
LABRIA LA RECOBRÓ, É DE OTRAS MUCHAS COSAS.

En el año de 1480 en el Verano, vinieron sobre Año 1480.
Rodas una muy grande armada de turcos, enviada
por el gran Turco Mahometo Otomano que envió
desde Constantinopla, é tuviéronla cercada dos meses, en el cual tiempo la mayor parte de los muros
la derribaron, con gran número de lombardas que
le asestaron, é pusieron á los christianos en mucho
estrecho; é los christianos hicieron muy hondas
cavas por de dentro de la Ciudad, las cuales si fechas no fueran, la Ciudad se perdiera; y estando un
dia los de la ciudad un poco seguros, arremetieron
los Turcos de las estacadas y dieron un gran combate, en que muchos de ellos entraron por cima de
los muros derribados é pasaron las cabas, é entraron en la Ciudad; é no plugo á nuestro Señor que
la tomasen; é los christianos que eran en la Ciudad
se esforzaron mucho con su Maestre é Capitanes
dando grandes voces diciendo Jesuchristo, y Santa

María, y San Juan, y á ellos, y pelearon esforzadamente dentro en la Ciudad con ellos, en que de en-
trambas partes murieron muchos, y el Maestre, y
los christianos con la ayuda de Dios se esforzaron,
y pelearon de tal manera que vencieron á los Turcos, é los Turcos volvieron las espaldas á fuir, é
fueron de ellos allí muchos muertos, é quedaron las
cavas llenas de ellos donde fueron ahogados infinitos de ellos, é otros muchos fueron despeñados de
los muros á bajo de manera, que la Ciudad quedó
deliberada y los christianos vencedores, é siguieron
el alcanze, donde ovieron infinitos despojos, é riquezas de artilleria, é armas, é ropas, é otras cosas
de prisioneros que allí tomaron. É los turcos ansí
vencidos, metiéronse en las Fustas é Navios fuyendo, é dejaron las estacas é todo lo que en ellas tenian en el cerco, y confesaban algunos turcos que
vieron en aquella pelea, un Caballero muy temeroso armado de blanco el cual los destruia, é decian

Rodas de la
órden de S.
Juan Bautis-
ta era el tiem-
po que la tu-
vieron los
christianos
que era San Juan, glorioso Apóstol de cuya órden
es aquella Ciudad, que la vino á defender, porque
aquel dia milagrosamente fué defendida, pues tanta
muchedumbre de turcos la entraron. É desque los
turcos vieron aquel desbarato, alzaron velas, é fuéronse por la mar. Quedó el Maestre de Rodas, herido de tres heridas de las cuales escapó. El armada de ellos no volvió en Constantinopla, mas antes
un Bajá Capitan mayor de ella con despecho del
desbarato de Rodas, vino en las partes de Calabria
que es en el Reino de Nápoles, que se llama la
gran Sicilia, y destruyó muchos lugares, y hizo
muchos daños y males en aquella tierra, y cercó á

Otranto que es Ciudad del Duque de Calabria, é combatiólo noches y dias donde los de la Ciudad por se defender mataron muchos turcos, é los turcos la entraron por fuerza de armas, é metieron á espada la mayor parte de los christianos que en ella habia; é despues de apoderado en la Ciudad é fortaleza mató á todos los clérigos que halló, é fizo aserrar por medio al Obispo de Otranto, é fizo matar mil y cuatrocientos hombres atados con sogas, é robaron la Ciudad, é enviaron la presa á Constantinopla donde del gran Turco habian sido enviados, é aquel Bajá, é los otros ordenaron de dejar gente para defender la Ciudad, é dejaron en ella cinco mil turcos y hombres de pelea con todas las cosas que eran menester, é con mucha artillería é fuéronse en Constantinopla, y ansi Otranto quedó con los turcos por suya.

Crueldad de los turcos con el Obispo, clérigos y demás vecinos de Otranto.

Horrible plaga fué el perdimiento de Otranto, que cuando los perros de los turcos entraron en aquella Provincia sabian que no habia gente de socorro, y por eso se pusieron en cerco de Otranto por que el Duque de Calabria, Señor de aquella tierra estaba de ahí ciento y cincuenta leguas en Toscana, é el Rey de Nápoles su padre, tenian guerra con Florencia que eran Padre é fijo, é el Duque estaba en Sena con la gente de ambos que eran valedores de los Seneses; é el Rey de Nápoles estaba en Nápoles que son ciento de Otranto, é no tenia gente de armas con que socorrer; é así ovieron lugar de facer el estrago que ficieron. Despues de esto el Duque de Calabria vino con gran gente de guerra, é puso cerco sobre Otranto, y

estando en el cerco invocó ayuda del Rey D. Fernando de Castilla su primo, y del Rey de Portugal temiendo que habrian los cercados, socorros de
turcos, y fueron de Castilla veinte y dos Naos de
gente de socorro, y D. Francisco Enriquez, hermano
del Adelantado, por Capitan, é el Obispo de Évora
D. García de Meneses, y no llegaron sino hasta Nápoles, que ya él habia tomado á Otranto. El Duque
de Calabria desque puso el cerco, dióle muchos combates, é mucha priesa, é viendo que no se podian tener, é temiendo el perdimiento, un Capitan de los
cercados llamado Damasquino, habiendo ya seis meses que estaban cercados, fizo un partido que lo sal-
vasen á él y á doscientos hombres de su capitanía, é
que daria á todos los otros cautivos á merced del Duque; el Duque concedió el partido, é salvó al capitan é los doscientos hombres é tomó todos los
otros cautivos, en que tomó dos mil y quinientos
hombres ó poco más ó ménos, que todos los otros
eran muertos de pestilencia que les habia dado, é
de los combates del cerco; é el Duque de Calabria tomó la ciudad, é la fortaleza, é vendió todos
aquellos, é ovo allí todo el despojo de los turcos,
é oro, é plata, é joyas, é caballos, é armas, é de
aquellos cautivos muchos echó en las galeras, é
dió de ellos á sus vasallos, é dejó para sí doscientos y cuarenta hombres turcos, que eran de rescate, que llevó á la iglesia de Isca, que es diez y
ocho millas de Nápoles; y así el Duque de Calabria
el Gracho cobró á Otranto, é fizo coger y enterrar
los guesos de los christianos que los fieros turcos
habian devorado en el campo, é fízolos sepultar en

Recupera-
cion de
Otranto.

el monasterio de S. Francisco que los turcos habian derribado. Ovo allí el Duque de Calabria tal artillería que los turcos habian dejado pensando poseer é tener á Otranto, la cual mediante este tiempo el gran Turco no muriera, socorriera, é porfiaban á tener que le daban los turcos por ella ducientos mil ducados; la cual el Duque fizo llevar á una ciudad que se llama Leche.

Despues de esto en el mes de Mayo el tercero dia del dicho mes, dia de Santa Cruz año de 1841 murió é descindió al infierno el gran Turco Emperador de Constantinopla, llamado Mahometo Otomano, que mas de treinta años habia hecho la guerra muy cruelmente á los christianos de Grecia y sus comarcas, y ganó de ellos muchas tierras é ciudades, é villas, é lugares, é ganó la ciudad de Constantinopla, é dió muerte á el Emperador, en el año del Señor de 1455 años. Este era el Emperador de Grecia; y de aquí desfalleció el imperio de Grecia, é no ovo mas Emperador fasta ahora salvo el Turco lo es.

Año de 1481 murió Mahometo, gran Turco.

En aquel propio año que murió el Turco viejo Mahometo Otomano, grande escándalo se levantó en Constantinopla con dos fijos que dejó; el pueblo queria por su Emperador y Señor al mayor llamado Bayaceto, fijo mayor del gran Turco; é los varones, é caballeros de la casa del gran Turco, querian al mas chico que nació despues del otro por su Emperador y Señor llamado Sizimo, y sobre esto pelearon y venció la parcialidad del mayor al menor, y el mayor fué levantado por Emperador en el sexto calendas de Julio del dicho año, y Sizi-

Sucédele Bayaceto y Sizino su hermano viene á Roma.

mo como se viese vencido fuese en Siria, cuidando
tomar por allá el Imperio y la tierra que su padre
dejó, y tomó á Prusa, y su hermano fué contra él
con grande hueste, y corriólo de allá y hechólo de
la tierra, y tomó y señoreó todo el Imperio de su
padre, y el vencido Sizimo se vino á Rodas, y
dende en Roma donde fué detenido fasta que murió.

CAPÍTULO XLVI.

COMO EL REY Y LA REINA FUERON Á VISITAR SUS REINOS DE ARAGON, Y DEL PRESENTE QUE LES DIERON LOS JUDIOS DE ZARAGOZA.

Año de 1481. En el dicho año de 1481 fueron el Rey D. Fernando é la Reina Doña Isabel con toda su córte á
Aragon, Cataluña y Valencia, á ser recibidos por
Reyes é Señores de la tierra, é á tomar posesion
de aquellos Reinos é Condado de Barcelona, é apo-
deráronse de todo; donde les hicieron muy solemnes recibimientos, é dieron muy grandes presentes
é dádivas, así los Consejos de las ciudades, como
los caballeros é mercaderes, é los judíos, é los moros sus vasallos lo cual no es necesario escribir que
seria muy prolijo, empero quiero decir del presente de los judíos de Zaragoza por que fué muy gran
concierto é en número de doce.

En Zaragoza les presentaron los judíos é Cabildo de ellos en número de doce por muy singular

órden, lo cual fué doce terneras, doce carneros, todos emparamentados, y en pos de esto una singular vajilla de plata que llevaban doce judíos por sus piezas de platos, escudillas; é uno de ellos llevaba encima de el plato una rica copa llena de castellanos; é otro llevaba encima de otro plato un jarro de plata; el Rey é la Reina, puestos donde lo vieron todo lo mandaron recibir é recibieron, é se lo tuvieron en muy gran servicio, é les dieron por ello muchas gracias é se lo agradecieron mucho. Visitaron primero el Reino de Aragon, y dende fueron á Barcelona, y visitaron el Condado de Cataluña; y á la postre vinieron á Valencia, donde en todas estas partes les hicieron muy grandes y solemnes recibimientos, y les dieron muy grandes dones y presentes.

CAPÍTULO XLVII.

Como casó el Delfin de Francia con Margarita, fija de Maximiniano Duque de Austria. Rey de Romanos siendo vivos.

En el dicho año de 1481 fueron concertados el Rey Luis de Francia é Maximiniano Duque de Austria Rey de los Romanos, fijo del Emperador Federicus, tercio nieto del Rey Duarte de Portugal, yerno del Gran Duque Cárlos de Borgoña Conde de Flandes, y por evitar algunos escándalos é guerras que entre ellos se esperaban por algunas causas

de sus Reinos é Provincias, casaron al Delfin de
Francia Cárlos, fijo del dicho Rey Luis, con Margarita, fija del dicho Maximiniano é Doña María, su
mujer, difunta, fija del dicho Cárlos Duque de Borgoña é Conde de Flandes, difunto, siendo él de poca
edad, de nueve años, y especialmente Margarita
de cuatro años. É fecho el concierto é casamiento
é desposorio, el Rey de Francia mandó á su fijo
so pena de su maldicion, que otra mujer no tomase, é dió la en guarda é cargo al Parlamento é
Consejo de París, para que la criasen. Cá luego
que fué hecho el concierto se la entregó su Padre,
y fué llamada mientras el Rey Luis vivió Princesa ó Delfina, de Francia; é esto hecho dende á
cuatro meses, cerca de San Juan de Junio, murió el
Rey Luis de Francia; y el Parlamento ovo cuidado,
é los Caballeros de Francia de criar los jóvenes des-
posados; llamaban á la Margarita Reina de Francia, tambien como al desposado, que como murió
el Padre le titularon Rey de Francia. Estuvo el
Reino de Francia en tutela del Parlamento é caballeros gran tiempo esperando la edad del Rey fasta
que fuese para lo regir, el cual no salió dispuesto
cuanto fuera menester, y no le osaron dar la gobernacion del Reino fasta que pasaron aun mas
tiempo de lo que el derecho permitia; é desque le
dieron la gobernacion, comenzó á favorecer desconciertos, y no quiso estar por el casamiento de
la Margarita, que su padre habia fecho é le habia
mandado á firmar y hacer desque fuese de edad, y
todas las cosas se le hicieron mal, y vivió poco, como adelante se dirá

CAPÍTULO XLVIII.

DE COMO SE COMENZÓ LA GUERRA ENTRE LOS CHRISTIANOS É LOS MOROS.

En este año de 1481 en el de Octubre, comen- Año de 1481 el Marqués de
zó el Marqués de Cádiz á facer públicamente la Cádiz fué el
guerra á los Moros, é sacó su hueste, é amaneció que dió prin- cipio á la
una mañana sobre Villaluenga, é quemóla, é corrió guerra.
los lugares de la Sierra, é corrió á Ronda, é durmió sobre ella, é derribóles la torre del Mercadillo,
é fízoles muchos daños, é volvióse con su honra é
cabalgada, é dende en adelante fizo otras muchas
entradas, é se siguió la guerra entre Christianos é
Moros en toda la frontera.

CAPÍTULO XLIX.

DE COMO FALLECIÓ EL REY D. ALONSO DE PORTUGAL.

En el dicho año de 1481 falleció el muy noble Año de 1481.
Rey D. Alonso de Portugal, en un lugar que llaman Santarein, y su cuerpo fué llevado á enterrar,
á Santa María de la Batalla al enterramiento de sus
antecesores que ende está, donde fué sepultado con

las honras y obsequias segun á su Real estado convenia. Falleció siendo de cincuenta años; nació el año de 1432 á 15 dias del mes de Enero; é falleció en dicho año en el mes de Agosto. Fué muy Edad, costumbres y victorias del Rey D. Alonso. amado y querido en su reino de Portugal, por sus muchas virtudes, y bondades que en él habia, era muy devoto, é christianísimo, é sábio, é cuerdo, é franco, é halló la mina de oro. Él ganó á los moros á Tanjer é Arcila, con que se acompañaron Alcazar y Ceuta, que él tenia allende. Fué luego despues de la publicacion de su muerte, fama pública en todo Portugal, que el Rey D. Alonso no era muerto, por cuanto no fué enseñado despues de difunto, como si fuera ó debiera ser enseñado; nin ovo persona que diese fé, que lo vido morir; Fama que hubo sobre su muerte, é por qué causa. nin ovo persona que adornase su cuerpo para la sepultura, nin se pudo saber quién lo adornó, como suelen facer á los Reyes cuando mueren; é toda su fin fué tan secreta, que lo que fué no lo supo sino el Príncipe y Rey D. Juan su fijo; é muy pocos de su secreto, é por eso dijeron, é fué pública fama que como él habia sido muy buen Rey y temeroso de Dios é de su conciencia, é caritativo, é devoto, é de virtud, que aun se hablaba de él que ádonde ponia sus manos en el nombre de Jesuchristo sanar los enfermos especialmente los Lamparones, é iban á él desde muy lejas tierras, é que temiendo su conciencia, consideró é pensó en los muy grandes daños é muertes de gentes, é robos, é hurtos, é despojos, é traiciones, é disfames de mujeres, é perdimientos de gentes é pueblos que por su causa habian sucedido, é se habian fecho é recrecido por haber entrado en Castilla á reinar. E eso mismo consideró la necesidad grande en que habia puesto su reino de Portugal. Ca habia echado y cojido en el tiempo de la guerra á sus vasallos todos muy grandes pechos, é derramas é prestidos que habia tomado la plata y oro de las iglesias y monasterios de sus reinos prestada, y aun estaba por pagar mucho de ello; é de como lo habia todo gastado muy mal gastado en la demanda de Castilla sin facer cosa alguna en lo que pensó; y así mesmo consideró las siniestras desdichas y afrentas que habia recibido en la dicha demanda, ansí en los suyos como en su persona; é queriendo dello facer penitencia le pesó mucho de todo lo pasado, é que atribuyó todo el pecado é cargo á sí mesmo é no á otro, é consideró que todo le habia venido así por su pecado é que todo cargaba sobre su ánima, é vido ser imposible salvarse sin hacer gran penitencia, é por esto despues de ordenar su ánima se fué pelegrinando á Jerusalen. Otras dijeron que se metió fraile, é se fué á visitar los Lugares Santos de Santiago é Roma. Esta fué la comun opinion, é tanto se publicó que mandaron pregonar y defenderlo, y que el que tal dijese que muriese por ello; como quiera que sea, Dios le quiera perdonar por su gran misericordia, y á nosotros tambien. Este noble Rey aunque casó con su sobrina ya dicha, hija de la Reina Doña Juana, mujer del Rey D. Enrique de Castilla, fué fama pública que no quiso hacer aceso á ella, antes la guardó mucho é como asentó las paces con Castilla la fizo meter en un monasterió de monjas en

Lo que fizo con su mujer la Reina doña Juana, y lo que hizo el Rey D. Manuel el año de 1500

Santaren, con cierta renta para su mantenimiento é provision, é con mucha guarda, la cual estuvo allí hasta comienzo del año de 1506, que el Rey D. Manuel la mandó sacar y llevar á Lisboa, é siempre la llamaron en Portugal la *excelente Señora*.

CAPÍTULO L.

Como reinó su fijo el Rey D. Juan de Portugal.

El Rey D. Juan de Portugal, comenzó de reinar en el Portugal año de 1481, despues de la muerte del Rey D. Alonso su padre en el mes de Agosto del dicho año, é reinó catorce años. En el comienzo de su reinado ovo diferencias é turbaciones entre él é algunos Grandes de Portugal el año de 1483 despues de las entregas desfechas é venida en Castilla la Infanta, é el Duque de Viseo á Portugal, y el Príncipe de Portugal llevado é Évora, estando seguro el Duque de Braganza, que era casado con hermana de la Reina, en la Ciudad de Ébora, el Rey lo mandó prender, el cual fué preso Jueves dia del Córpus Christi á 29 dias del mes de Mayo, é fizo proceso contra él é fué degollado por su mandado desde á quince dias Viernes, é de ésta fué grande espanto en los caballeros de Portugal; y el Condestable su hermano del dicho Duque huyó en Castilla, é otros algunos; el Rey tomó é fiscó toda la hacienda del Duque para sí é disimuló el Rey

Prenden al Duque de Braganza y degüéllanio año de 1483.

por estonce. En el año de 1484 en el mes de Agosto en Setubal, estando el Rey en su Palacio entraron á él seguros una noche, el Duque de Viseo, su primo, hermano de la Reina D. Diego, é el Obispo de Ébora; y el Rey tenia ya concertado de los matar, é así como entraron dió de puñaladas al Duque y matólo, é fízolo hechar por una ventana abajo sobre un tejado que era en lo alto de la sala, é prendió á el Obispo é fízolo echar en una cisterna donde estuvo fasta que murió. É ésto fecho fuyeron con temor muchos caballeros de Portugal é vinieron en Castilla, especialmente el Conde de Faro, é Fernando de Silbeyra; é D. Álvaro hermano del Duque de Braganza ya estaba en Castilla ca dis que como oyó, ó entre oyó que hacian los caballeros monipodios contra el Rey, él por no entender en ello luego se vino á Castilla antes de la muerte del Duque su hermano; y el Rey tomó todas sus haciendas á los ausentados, é las fiscó para sí. É despues prendió é degolló á D. Fernando de Meneses hermano del Obispo de Ébora, dos fijos del susodicho, y descuartizaron á él uno; é fizo degollar á Pedro de Alburquerque, é á otros. É ésto diz que fizo al Rey porque falló que los dichos caballeros le ordenaban traicion, é tenian concertado de matar á él, é á su fijo, é alzar por Rey de Portugal al dicho D. Diego Duque de Viseo, hermano de la Reina, fijo del Infante D. Fernando hermano del Rey D. Alfonso. Este Rey D. Juan era hombre discreto, esforzado, feróz, é agudo, sospechoso, deseoso de saber cosas nuevas; traia comunmente, muchas carabelas á descubrir por el mundo; las pri-

Año de 1484 mata el Rey al Duque de Viseo y prende al Obispo de Ébora.

Caballeros que huyeron á Castilla.

Castigo y muerte de otros Caballeros.

Natural y costumbres del Rey.

meras carabelas que fueron é descubrieron la espe-
ceria Calecud en Indias al Levante, él las envió,
é despues de su muerte vinieron en Portugal rey-
nando el Rey D. Manuel. Este Rey D. Juan desde
que por sus manos mató á su cuñado como hé dicho nunca mas se aseguró ni tuvo segura la vida,
porque era hermano de su muger y de su sangre
Real; y era viva su madre D.ª Phelipa suegra del
Rey, á la cual dió mal trago. Dió luego á D. Manuel á Viseo, é todo lo que su hermano tenia, é
rezóle que tuviese manera de serle leal.

CAPÍTULO LI.

COMO TOMARON LOS MOROS Á ZAHARA, É LA TUVIERON.

En el segundo dia de Navidad en fin del dicho
año de 1481 escalaron los Moros á Zahara, é tomaron la Fortaleza é la Villa con toda la gente, é
cuanto en ella habia; é se perdieron entre muertas
é cautivas, chicas é grandes que ovieron los Moros
ciento é sesenta personas christianas, que no se salvaron salvo algunos hombres que saltaron por los
adarbes; é la Villa así tomada, tuviéronla é defen-
dieronla cerca de dos años, fasta que se la tomó
é ganó el Marqués de Cádiz; é de muchas veces
que por allí entraron mientras la tuvieron á correr
tierra de christianos siempre les fué mal á los Moros, é volvieron vencidos é desbaratados. Perdióse
por mal recaudo de los que la rejian, por no estar
apercibidos de guerra los vecinos de ella que la te-

nian por el Mariscal mozo fijo del Mariscal Fernan Darias de Saavedra, defunto suso dicho.

CAPÍTULO LII.

COMO TOMÓ EL MARQUÉS DE CÁDIZ Á ALHAMA DE LOS MOROS É COMO QUIEN FUÉ CON ÉL Y EN QUE TIEMPO.

En jueves postrero dia del mes de Febrero año Año de 1482 del nacimiento de Nuestro Redemptor Jesuchristo de 1482 años, tomó la villa el famoso y muy esforzado caballero D. Rodrigo Ponce de Leon, Marqués de Cádiz, Conde de Arcos Señor de la villa de Marchena á los moros con la gente del Andalucía, é fué de esta manera. Habia un sagaz hombre escalador que llamaban Ortega de Prado y de noche andaba escuchando donde se velaban bien ó mal los moros; y supo tanto de Alhama, que con ayuda de Dios se atrevió de escalar, é fízolo saber al Rey D. Fernando, estando el Rey en Castilla la Vieja, é el Rey cometió el caso con gran secreto de ello al Marqués susodicho, confiando de su notable esfuerzo é liberalidad; el cual tomó la empresa á su cargo, é sacó su hueste, é llevó consigo á Diego de Merlo Asistente de Sevilla con la gente de Sevilla, é á Juan de Robles, Corregidor de Jerez, y al Adelantado del Andalucía D. Fadrique; é llevó consigo todos los Alcaydes de su tierra, é otros Alcaydes de esta frontera, en que allegó dos mil y quinientos de á caballo é tres mil peones. Y el Con-

Sevilla. Vá el Asistente con la gente de Sevilla, y vá Xerez, y el Adelantado D. Fadrique.

de de Miranda que se halló entonces negociando
en esta tierra ahorrado, se fué con ellos; é no sabia
ninguno donde iba sinó el Marqués, é Diego de
Merlo, é el Adelantado; é dejaron apercebida toda
la tierra, é partieron de Marchena á la via de Antequera, é desque allegaron al Rio de las Yeguas dejaron ende el fardaje, é fueron sobre Alhama miércoles noche, é dos horas antes que amaneciese otro
dia jueves, el Marqués llegó cerca de Alhama; é
envió delante á Martin Galindo, Comendador de
Reyna, Alcayde que era estonce de Marchena, é
con él otros Alcaydes y escuderos de los mas esforzados de quien él confiaba que por la honra habian de osar morir, antes que recibir mengua; é
fueron con el escalador Ortega de Prado, número
de fasta de treinta hombres; é echaron las escalas

Escala la
Villa Ortega
de Prado, y
éntrala.
por la fortaleza por donde mandó el Escalador, é
plugo á nuestro Señor que no fueron sentidos, é el
primer hombre que subió en pos del escalador fué
Martin Galindo, é el segundo Juan de Toledo su
criado, é el tercero tambien su criado Estremera; é
luego el Alcaide de Archidona, é luego los otros

Los prime-
ros que subie-
ron por las
escalas.
Alcaides, los cuales montaron, é mataron las velas, é
Alcaides, é tomaron la fortaleza; é ficiéronlo saber
al Marqués que estaba ahí cerca en la celada con
la gente, el cual como lo supo fizo tocar las trompetas é Atabales é la gente dieron grita y allegaron
cerca de la villa é descansaron, é dieron cebada, é
almorzaron; é los moros trabaron pelea con los
christianos que habian escalado la fortaleza; é algunos de aquellos que habian escalado descendieron dentro á lo llano, por echar de allí á unos mo-

ros que les tiraban saetas, é trabaron pelea. Murieron allí dos Alcaides honrados, los cuales eran Muere el Alcaide de Car-
mona y el de
Arcos.
Nicolás de Rojas, Alcaide de Arcos, é Sancho de
Ávila, Alcaide de Carmona. É desque la gente fué
descansada el Marqués fizo apregonar combate escala franca, y luego oradaron el muro por un cabo,
é diéronle combate por muchas partes é éntranles
por fuerza; é desque entraron pelearon dentro en
la villa con los moros por las calles, que se les tenian muy fuertemente, é ficieron en ellos muy grande estrago á espada todos los varones, é tomaron
la villa é todas las personas que ende habia hombres é mujeres chicos é grandes que no escapó ninguno, salvo algunos hombres que fueron huyendo
á la vuelta por la mina ó por otras partes, é allí se
tuvieron ciertos moros con sus mujeres é jente menuda en una Alhima, que no les pudieron entrar
fasta tercero dia que se dieron. É en lo que se
pudo saber murieron allí ochocientos moros varones dejando algunas moras que murieron tambien Muertos y
cautivos de
los Moros.
á las vueltas. Fueron presos cautivos tres mil ánimas poco mas ó menos entre chicos y grandes; la
villa era de seiscientos vecinos. Ansí fué tomada la
villa de Alhama, era la mas rica pieza de su tamaño que habia en tierra de moros. Ovieron en ella
el Marqués, é todos los que con él fueron infinitas
riquezas de oro y plata y aljofar é sedas é ropas de
seda de Zarzaham é tafetan, é alhajas de muchas
maneras, é caballos é acémilas, é infinito trigo é cebada, é aceite, é miel, é almendras, é muchas ropas
de finos paños, é de arreos de casas. Deliberaron Cautivos
cristianos que
se libraron.
ende todos los christianos que habia en ella cau-

tivos, que hallaron en una mazmorra, é hicieron justicia de un tornadizo que allí tomaron. Este traidor renegado que habia hecho muchos males

Castigo de un tornadizo renegado. entrando á tierra de christianos, como sabia la tierra de cuando él era christiano. La villa tomada pusieron sus guardas é todo á buen recaudo; é estubieron allí holgando Viérnes, é Sabado, é Domingo é Lúnes, é fasta que el Mártes que vino sobre

Viene el Rey moro de Granada á cercar la villa. ellos el Rey Muley Hacen de Granada, con cinco mil y quinientos de á caballo, y ochenta mil peones á cercallos, é aún el fardaje del Marqués no era llegado, que habia estado detenido en el camino esperando jente de á caballo para entrar, é en tanto vino el señor D. Alonso de Aguilar con su jente de á pié é de á caballo é tomó el fardaje para llevarlo é meterlo en Alhama. É visto por el Marqués, el dicho Martes de mañana, como los moros les venian á poner cerco, é sabia que ese dia habia de llegar D. Alonso con el fardaje é repuesto, enviole á decir á uña de caballo que se volviese presto que ya no era tiempo que en Alhama pudiese en-

Escápase el fardaje del Marqués y cómo. trar, porque el Rey de Granada era venido á los cercar, el cual viendo el mensajero dió vuelta con el fardaje, é anduvieron toda aquella noche hácia Antequera; y el Rey de Granada supo la nueva de aquella gente é fardaje como iban, é como daban la vuelta, é abajó miércoles de mañana con todo su Real en pos de ellos y no los pudieron alcanzar á causa que no curaron mucho de los seguir é volviéronse los moros é asentaron su Real é D. Alonso de Aguilar se vino con el fardaje fasta Antequera, y dende cada uno se fué para su tierra.

CAPÍTULO LIII.

Como el Rey de Granada combatió al Marqués
é á el Adelantado, é á el Asistente de Sevilla é á
todos los christianos que estaban en Alhama.

É como el Rey moro volvió sobre Alhama dejando de seguir los que se volvieron con el fardaje,
mandole dar combate por todas partes, é llegaron
los moros con las escalas hasta los muros, é combatian muy bravamente osando morir: é el Sr. Marqués y los otros Señores capitanes cada uno por su
cabo esforzaron su gente, y diéronse á tal recaudo
que mataron é ficieron de los moros muy muchos,
y defendieron bien sus vidas y la villa en tal manera que los moros se enojaron é dejaron el com-
bate desque vieron que tanto daño les facian. El *Combates de los moros*
Domingo siguiente dieron otro muy gran combate,
é minaron el muro, é vieron é vinieron á lo dar
muy armados é pertrechados y dando muy grandes alaridos é gritos el cual duró por muy grande
espacio en que al fin fueron mas de dos mil moros *Quitan el agua á los cercados.*
muertos é heridos. É dende este dia, no osaron dar
mas combate Real salvo en el agua que quitaron
muchas veces á los de la villa, é hacian mucho daño que echaban el arroyo por otra parte, é salian
los de la villa por la Mina é volviánla á echar por
do solia ir; y sobre esta agua recibieron azás daño

los chrıstianos que de algunos que murieron los mas fueron sobre el agua, porque no tenian sino un pozo en la villa, é padecieron los cercados muy grandes penas de sed á causa que los moros les quitaban así el rio. Estuvieron cercados el Marqués é aquellos señores é gente que la tomaron veinte y cinco dias, tanto se estuvo el Rey de Granada sobre ellos El Rey D Fernando supo en breve tiempo la nueva de lo que estaba fecho aunque estaba léjos en Castilla, é envió á mandar á todos los caballeros del Andalucía, é comunidades que fuesen en socorro del Marqués á descercar á Alhama, y luego se juntaron con el Sr. Duque de Medina D. Enrique, Conde de Niebla, grandes gentes de Sevilla y su tierra é sus comarcas, é juntáronse el Conde de Cabra é D. Alonso de Aguilar, é Martin Alonso de Montemayor, é el Maestre de Calatrava D. Rodrigo Jiron, é el Adelantado de Cazorla, é el Marqués de Villena, con muchas gentes de sus tierras é de el Andalucía, de manera que se hizo una muy grande y muy hermosa hueste de muy gran caballería, y peonaje, y juntáronse todos cerca de Antequera, y el Rey Moro de Granada desque supo que iban sobre él alzó su Real y fuese huyendo á Granada. É alzó el Real un viérnes de mañana á 29 dias de Marzo. É la gran gente de los christianos del socorro llegaron á Alhama el domingo siguiente de mañana donde fueron recibidos con mucha alegria de los que dentro estaban; é allí salió el Sr. Marqués de Cádiz, y el Adelantado de Andalucia con muchos caballeros á recibir el socorro y á los señores sobredichos, los cuales todos abrazaron

Socorro del Duque de Medina Sidonia con la gente de Sevilla y otros señores del Andalucia.

Alza el Rey Moro el cerco

Amistades que en este dia se hicieron, y la del Marqués é el Duque de Medina Sidonia y besaron, al Marqués primero, y despues á el Adelantado del Andalucía: allí se ficieron aquel dia muchas amistades entre dichos señores de algunos enojos y diferencias, que en algunos tiempos habian pasado. Fornecieron la villa de viandas é armas, é de gente de refresco con algunos de los que dentro estaban, y dejáronla por el Rey y Reina de Castilla, é por Capitan é Alcaide de ella al dicho Diego de Merlo, Asistente de Sevilla, con ochocientos hombres de pelea, en los cuales dejó el Maestre cinco Alcaides suyos con la gente de su tierra que ende quedó. É volviéronse todos por Antequera como uno en sus tierras, é supieron como el Rey D. Fernando estaba en Lucena que venia al socorro. é dende dió vuelta á Córdoba, que supo lo que era fecho y que la gente se volvia.

Quedó por Alcaide Diego Merlo, Asistente de Sevilla.

CAPÍTULO LIV.

COMO TORNÓ EL REY MORO Á CERCAR Á ALHAMA Y ENTRARON EN ELLA POR COMBATE CIERTOS MOROS.

Tornó el Rey Muley Hacen, moro Rey de Granada dende á pocos dias sobre Alhama é púsole cerco etúvola cercada cinco dias, en los cuales la combatió muy fuertemente é fizo tirar con una gruesa Lombarda tres tiros; é entraron los moros por una escala que de ante noche habian puesto en un lugar pequeño de unas peñas é vuelta del Adarbe en la villa al tiempo del combate, é estaban ya dentro secretamente cuarenta moros sobidos en el Adarbe, en un compás secreto que no los veia nadie é por subir mas quebróseles el escala é no pudieron subir mas. En esto los christianos ovieron vista de moros, é desque ellos vieron que los habian visto salieron peleando é dando grita, é muchos christianos se alteraron é dieron á huir diciendo que sin remedio la villa era tomada, é los moros mataron dos christianos, é otros christianos que estaban cerca de allí se esforzaron, y arremetieron donde sintieron que estaba el escala é vieron que se les habia quebrado, é atajaron los moros entrados, é mataron de ellos doce, é prendieron veinte y ocho, é murieron muchos moros en aquel combate, é fueron muchos heridos. É desque el Rey moro esto vido alzó el Real, é volvióse á Granada. É así ovieron allí el Asistente con todos los otros capitanes, con todos los demás que ende estaban la victoria aquel dia é mucha honra. É entre los moros que tomaron ovo ocho moros de buen rescate, é repartieron la presa entre todos.

CAPÍTULO LV.

DE COMO EL REY D. FERNANDO FUÉ Á VER Á ALHAMA.

Año de 1482. A catorce dias del mes de Mayo del dicho año de mil cuatrocientos ochenta y dos, fué el Rey D.

Fernando á ver á Alhama con muy grande hueste
de gente é entró en ella, é ovo ende mucho placer,
é mandola mucho adobar é fortalecer, é mudó la
gente, é sacó á el Asistente, y á todos los que en- Deja el Asistente la Alcaldía, y pone el Rey otros Alcaides.
de habian quedado é puso gente de refresco, é pu-
so por Capitan y Alcaide al Sr. Luis Puertocarrero, Señor de Palma, del cual estuvo su domada; y
despues lo mandaron, é pusieron al Comendador
Juan de Vera Alcaide que fué de Jaen. É otro sí
de esta vez que el Rey D. Fernando fué á ver á
Alhama, vido á Loja, é otros lugares de los moros.

CAPÍTULO LVI.

DE COMO EN GRANADA ALZARON OTRO REY, É DEJARON AL REY VIEJO.

Despues que el Rey moro Muley Hacen volvió
de Alhama en Granada sin la tomar, luego fué gran
division entre los moros, é alzaron por Rey á Muley Baudili su fijo en Granada los grandes de la
ciudad. Y alzóse tambien su hermano Muley Bu-
lahaigue; é fuese de Granada é tomó contra su Padre á Almeria, é el otro quedó Rey en Granada;
y desque esto vido el Rey viejo Muley Hacen fuese á Málaga é con toda su casa é tesoros; é la mayor parte de este daño le vino al Rey viejo por envidia que habian los caballeros de Granada, por
la gran pribanza que con él tenia el Ibocacim Va-

negas Alguacil de Guarda, que mandaba á Granada é todo el Reino mucho mejor que el Rey. Este Alguacil, era de linaje de christianos de los Vene-
gas de Córdoba, é su padre é abuelos fueron christianos é él nació en tierra de moros, é era muy gran
servidor del Rey.

CAPÍTULO LVII.

De la batalla del Lomo del Judío que vencieron los christianos de Utrera.

Año de 1482 Viérnes primero dia del mes de Marzo año susodicho de 1482 que fué un dia despues de la toma
de Alhama, acaeció que los caballeros de Utrera
que quedaron en guarda de la tierra, los cuales fueron cuarenta y ocho, todos los mas ancianos, mas
viejos que mozos, los cuales sabida la nueva que
entraban los moros, que como tenian á Zahara, no
eran sentidos muchas veces fasta que corrian; é
por esto fuéronse á Bornos, llevando por Capitan
al Alcaide de Utrera, Gomez Mendez de Sotomayor, é juntáronse con algunos caballeros muy pocos que ahí estaban é con algunos peones, é estando en Bornos el dicho viérnes de mañana, amane-
cieron los dichos moros de Ronda é de su tierra
sobre ellos, los cuales eran doscientos y sesenta
de á caballo los que allí vinieron, é algunos peones,
é el peonaje dejáronlo en la Sierra, é corrieron el

campo de Bornos é de Espera, é de Sevilla, é recojieron cuanto ganado hallaron, é los pastores que
pudieron haber, en que llevaban once mil cabezas
poco mas ó menos, íbanse poco á poco con ellas
que como no habia gente que eran idos á Alhama
no habia quien se lo contradijese. É desque esto
vieron los christianos que estaban en Bornos los
cuarenta y ocho de Utrera é diez de á caballo del
mismo lugar, é de Arcos seis de á caballo, de Espera otro de á caballo, que fueron todos setenta
y dos de á caballo con los Alcaides de Utrera
Sotomayor, é Matheo Sanchez Alcaide de Bornos,
todos los mas hombres viejos canos, salieron á trecho de los moros con obra de treinta peones y fuéronse en pos de ellos fasta el cerro que dicen el
Lomo del Judio á dos leguas de Bornos; é allí los
moros desque vieron tan poca gente, habido su consejo, diciendo que tambien los podrian llevar como
la Cabalgada, volvieron sobre ellos pensando que
les fuirian; é los christianos desque los vieron venir, ficiéronse un cuño y apretáronse, é pusieron
los peones á un cabo, y esforzáronse los unos con
los otros, diciendo unos á otros que todos ficiesen
como buenos que Dios, é la Vírgen Santa María é
el Apóstol Santiago les ayudarian; y los Alcaides
ambos eran hombres esforzados, y esforzaron mucho la gente é pusiéronla en órden, y apretáronse
mucho todos, puestas sus lanzas de encuentro; y
los moros viniéronse para ellos, y queriendo en-
contrarse soltaron los moros tres espingardas á caballo facia los christianos, é non les ficieron daño;
arremetieron los unos con los otros diciendo los

christianos Santiago, é rompieron los unos en los
otros; los peones se estuvieron quedos fecho adarbe
con las puntas de sus lanzas que les non pudieron
entrar; é volvióse la pelea; mas los christianos horadaron luego la batalla de los moros andando muy
apretados, é acaudillados, é dieron vuelta otra vez
sobre ellos, derribando é matando muchos. Los
peones desque vieron derribados muchos moros,
comenzaron de matar é ayudar á los suyos. Los
moros como vieron tantos caidos de ellos é los
christianos en su vigor, comenzaron de huir vencidos, é muertos, é desbaratados; los christianos siguieron el alcance gran rato, é fueron muertos mas
de cien moros y cautivos no mas de tres, é murieron cuatro christianos, tres de Utrera, y uno de
Arcos; y volvieron todo el ganado que llevaban los
moros, é cojieron el campo en que ovieron noventa
caballos é muchas armas, é volvieron toda la presa
que los moros llevaban, é tornaron con mucha honra á sus casas, é repartieron la presa por todos los
que allí se hallaron y pelearon. Este año fué Juan
de Vera, fijo del Comendador Diego de Vera enviado á Granada por Embajador, é estando en la
Alhambra ovieron unos moros disputa de cosas de
la fé, é un moro Venzerraje, dijo que nuestra Señora la Vírgen María, no quedó Vírgen despues
que parió á Nuestro Señor Jesuchristo, y Juan de
Vera dijo que mentia, y lo hirió con la espada en
la cabeza, é el Rey D. Fernando se lo agradeció
mucho é le dió mercedes.

Hecho sin-
gular de Juan
de Vera sien-
do Embaja-
dor en Gra-
nada Acto de
cathólico y ca-
ballero chris-
tiano.

CAPÍTULO LVIII.

DE COMO EL REY FUÉ PRIMERA VEZ SOBRE LOJA,
Y NO FIZO LO QUE QUISIERA.

En el dicho año de 1482 despues de S. Juan
de Junio, sacó el Rey D. Fernando su hueste con
muchos de los Grandes de Castilla, é fué sobre
Loja con asaz artillería, é púsole cerco del un cabo
é túvola cercada cuatro ó cinco dias, é los moros
salian á pelear muchas veces por donde mas á mano hallaban las estancias, é cada dia les entraban
moros de refresco en la villa, que el real no lo
podia defender, que estaba entre la villa y el real
é estancias, el rio Guadajenil. É un dia salieron los
moros de la villa á pelear por la estancia donde
estaba el Maestre de Calatrava D. Rodrigo Giron,
é él salió á pelear con ellos, é diéronle una saetada
de que murió luego, é acudió gente del real é ficieron huir los moros. É viendo esto el Rey é los Caballeros, é visto como tenian poca gente, é estaban
cerca de Granada donde muy presto se podian re-
crecer, é socorrer á aquella villa mucha gente, ordenaron de alzar el real, porque no se fallaron
mas de cuatro mil de á caballo é doce mil peones,
é segun la calidad de la tierra eran menester para
aquel cerco aquellos, y otros tantos; é como los
moros de la villa vieron que el real se alzaba sa-

Muerte del Maestre de Calatrava D. Rodrigo de Giron.

lieron á pelear ya que la mayor parte era alzado, é ficieron muy grande alboroto en el real, é muchos caballeros é peones dieron á fuir al Rey mesmo; é como vido aquello acudió por aquel lugar con algunos pocos de caballeros diciendo á voces tener caballeros, tener caballeros, é peleó allí él mesmo con los moros é desbarató una batalla, y atajó otra de cincuenta moros que no pudieron tomar el paso, é no tuvieron otro remedio si no echáronse los mas de ellos en el rio donde se ahogaron, é los otros murieron á lanzadas y en esto el real tuvo algun tanto de lugar lo que no era alzado, dese alzar y poner en cobro. É como el Rey en esto andaba peleando con los moros recreciánse mas moros; é vídolo el Marqués de Cá-

Socorre el Marqués de Cádiz al Rey y quítale del peligro.

diz é socorriolo con sesenta lanzas dejando el cabo donde estaba, é vino allí é fizo quitar al Rey de aquel peligro é púsose él allí, é salieron otra vez los moros por allí, é fizo el Marqués tres ó cuatro vueltas sobre ellos muy esforzadamente con los que con él estaban, é echó una lanza á un moro é atravesolo, é quedó sin lanza, é firiéronle el caballo de una sateada, é con estas vueltas que fizo escusó que no se perdió parte del real. Con todo eso se perdió mucha harina, vino, é algunos tiros de pólvora, en los cuales fueron cuatro ó cinco robadoquines. É esto fecho el Rey fizo bastecer á Alhama de aquellos bastimentos que habian ido al real, é vínose sin facer lo que queria, é fué escuela al

De este suceso tomó el Rey motivo para la guerra de Granada.

Rey este cerco primero de Loja en que tomó licion, y deprendió ciencia con que despues fizo la guerra, é con ayuda de Dios ganó la tierra segun adelante será dicho. É desde esta vez le creció contra los moros muy gran omezillos, é fizo facer sobre la que tenia muy gran artilleria de tiros de pólvora en Huezna, é muchos robadores, é guarneciose mucho de todas las cosas necesarias para la guerra: é fizo facer sobre la que tenia muy gran artilleria y muchas gruesas lombardas, é labrar en esta Andalucía muchas piedras para ella, é en la sierra de Constantina muy mucha madera para la dicha artilleria.

CAPÍTULO LIX.

Como el Rey Muley Hacem, corrió el campo de Tarifa.

En el dicho año de 1482 mientras el Rey estaba sobre Loja, corrió el Rey Muley Hacem el viejo el campo de Tarifa en que llevó mucho ganado bacuno, como no habia caballeros que se lo resistiesen que estaban en el cerco de Loja; é á la salida cerca de Castellar, dieron en la delantera de los moros Pedro de Vera Alcaide de Gibraltar, é Christóbal de Mesa, Alcaide de Castellar con fasta sesenta de á caballo, é desbarataron ciento y cincuenta de á caballo moros muertos é heridos, é con aquel alboroto se volvieron mas de dos mil bacas de las que llevaban los moros é con todo eso llevaron todavia mas de tres mil bacas, é ansí el Rey

Año de 1482.

moro se volvió á Málaga, donde estonce reinaba, despues que Granada lo despidió tomando por Rey á su hijo Muley Boabdelin.

CAPÍTULO LX.

Del desbarato que los moros ficieron en los christianos en el Ajarquia de Málaga.

Año de 1483. En el mes de Marzo de 1483, años entraron á correr tierra de moros por Antequera el Maestre de Santiago D. Alfonso de Cárdenas, é el Marqués de Cádiz, é D. Alonso de Aguilar, é Juan de Vera

Los caballe-ros, é cabos que fueron á correr tierra de moros, y el Conde de Ci-fuentes Asis-tente de Se-villa.

é el Adelantado del Andalucía, é el Conde de Ci-fuentes Asistente de Sevilla que sucedió despues de la muerte del virtuoso Señor Diego de Merlo, é Juan de Robles, Corregidor é Alcaide de Jerez, é recojieron la gente en Antequera, é falláronse con mas de tres mil de á caballo é con pocos peones, segun fueron menester para la tierra donde iban. El consejo del Marqués era de combatir á Almojía,

Diferentes pareceres es del Maestre de Santiago y el del Mar-qués de Cádiz sobre esta en-trada.

é el Maestre no quiso sino que fuesen á destruir los lugares del Ajarquía, para lo cual habian sido muni-dos é allegados, é para dar vista á Málaga, é ovieron division en el concierto de la entrada á causa que el Maestre tenia adalides que habian sido moros, é decíanle de una manera, faciéndole muy llana y sin peligro la entrada. El Marqués tenia tambien sus adalides tornadizos, entre los cuales uno era Luis

Amar uno de los que le dieron á Montecorto, é facia la entrada por allí muy peligrosa; y en fin siguieron todos la voluntad del Maestre, é dejaron el fardaje en Antequera, é todos los que tenian flacos caballos. Partieron de Antequera los dichos señores con pocos menos de tres mil de á caballo, y obra de mil peones; é entraron en la Ajarquía de Málaga comenzando de correr, é quemar lugares, é matar é robar, un jueves de mañana víspera de S. Benito á veinte dias de Marzo, fasta la tarde que se apellidó toda la tierra de los moros sobre ellos; la tierra era muy fragosa y áspera de muchos collizos é lomas, é barrancos, é dieron los moros en la batalla de la rezaga é ficieron mucho daño á saetadas desde arriba de aquellos barrancos como los caballeros no podian dar vuelta sobre ellos, y así mataban é desbarataban mucha gente á cada paso, de manera que se erró en los christianos; é ovo tan mal acuerdo é tan gran desmán, que no tenian valor para pelear los mas de ellos temiendo la grita de los moros, é las infinitas saetas que cada uno les echaban. El Marqués por guarecer la gente de la rezaga, quedó atajado aquella noche que no pudo llegar ni pasar á la gran batalla del Maestre y de los otros señores, y allí por amparar la rezaga le mataron el caballo, é quedó con fasta cincuenta de á caballo atajado, é habia muchos moros entre él é la otra gente, é estuvo gran parte de la noche allí, é los tornadizos le amonestaron é aconsejaron que saliese por una parte por dó lo guiarian, pues no podia juntarse con los demás sin peligro de su persona; é que si allí aguardaba á la mañana amane-

Entrada en 20 de Marzo.

Vese en gran peligro el Marqués de Cádiz, y vase á Antequera á uña de caballo.

cerian sobre aquellos moros que lo tenian cercado, otros en gran suma, é que estonce no se podria quizá poner en cobro; é de tal manera se vido afrentado aquella noche, que ovo de tomar el consejo de los tornadizos, é no pudo facer sino escapar su vida á uña de caballo por donde lo guiaron los adalides suyos tornadizos y Luis Amar, y al fin salió á Antequera

El Maestre é los otros señores con toda la otra gente estuvieron toda esta noche cercados de los moros, con diez mil candelas de fuego ardiendo alrededor que no habia por donde saliese uno, ni entrase otro, recibiendo de cada parte muchas saetadas que le tiraban á monton, en que se recibian muchos daños de feridos é muertos. Los moros nunca cesaron aquella noche de velar toda la hueste al derredor, dando gritos é faciendo tantas algazaras fasta otro dia viérnes de S. Benito, de manera que se movió la hueste de los christianos para se

Mueve el Maestre el campo para irse, y recibe gran daño. venir puesta su retaguardia á la zaga, é comenzaron de pasar cuestas é barrancos, y los moros con ellos á cada paso revueltos por unas lomas y pasos muy inustos, é echaban muchas piedras á rodar é con las manos muchas saetas, é salian á las delanteras por donde no podian subir los christianos, é así mataban é herian; y los christianos como iban ahilados, la tierra era tal que no podian facer vuelta, ni se podian valer unos á otros; y desque vieron que la gente se ponia en huida, é segun la aspereza y hacenamiento de la tierra la gente de á caballo no podia pelear, dijeron al Maestre y á los señores que iban con él en las delanteras los ada-

lides que si querian escapar que anduviesen presto, antes que los moros les tomaran un puesto grande que adelante estaba, de manera que el Maestre
é los otros señores comenzaron de meter espuelas é
andar cuanto podian, é como esto vieron los de la
hueste é de la rezaga, toda la gente se puso en
huida, cada uno cuanto mas podia; é dejaron la
via por donde iba el Maestre muchos caballeros, é
tomaron la via de Alora, é los moros siguieron el
alcance, é mataron é cautivaron mil é ochocientos
hombres christianos ó pocos menos, en que fueron
muertos dos hermanos del Marqués de Cádiz, D.
Lope é D. Beltran, é Pedro Vazquez hermano
del Mariscal, é Gomez Mendez de Sotomayor Alcaide de Utrera, é Alonso de las Casas, é otros muchos caballeros de Sevilla y de Jerez y de toda el
Andalucía, fueron muertos é cautivos, é fué preso
el Conde de Cifuentes Asistente de Sevilla, y D.
Diego Ponce de Leon, hermano del Marqués, é su
sobrino Juan de Pineda, nieto del Conde D. Juan,
y otros muchos criados y parientes del dicho Sr.
Marqués. É fueron muertos é presos muchos Comendadores de la órden de Santiago, entre los cuales fué muerto Juan de Bazan, Comendador del Al-
mendralejo, que fué un muy esforzado y honrado
caballero. É fueron presos D. Lorenzo Ponce de
Leon, Señor de Villagarcia que era Paje del Maestre, é Juan Zapata sobrino del Maestre, fijo de Pedro Zapata Comendador de Hornachos. Afirmába-
se entre muchos muertos y cautivos mas de treinta Comendadores faltaban; é fueron presos é cautivos otros muchos caballeros, criados é parientes

El Maestre y
los suyos se
retiran á todo
andar para es-
capar.

Muertos y
cautivos 1800
christianos,
entre ellos
muy princi-
pales caballe-
ros del Anda-
lucía y Sevi-
lla con el
Asistente de
ella.

de los señores Adelantados é señores D. Alonso de
Aguilar, é Alcaides desta Andalucía, entre los cuales fueron presos Juan de Robles, Corregidor, é Alcaide é Capitan de la gente de Jerez, D. Juan hermano del Duque de Medina Sidonia, D. Manuel sobrino del Marqués fijo de D. Pedro de Guzman el
Vayo, Monsalve, Juan Gutierrez Tello, Diego de
Fuentes, é Pedro Esquivel, veinte y cuatro de Sevilla, é Gomez de Figueroa, é Gonzalo de Saavedra, Alcalde mayor é veinte y cuatro de Córdoba,
é otros semejantes fidalgos é ricos hombres.

Así que el desbarato fecho, los moros cojieron
el campo é juntaron la cabalgada en Málaga en que
juntaron ochocientos veinte y cinco hombres, en
que habia en ellos doscientos cincuenta hombres
principales caballeros, é Alcaides, é Comendadores,
é generosos é fidalgos de grandes rescates, á los cuales apartaron luego é llevaron á la Alcazaba, é pu-
siéronlos aparte, é quedaron allí en el corral quinientos setenta y cinco, estos fueron sin algunos que
los mas hurtaron los moros, y sin algunos que despues fallaron.

Recojen los moros el campo en Málaga y apartan 250 caballeros principales de rescate.

Este desbarato hicieron muy pocos moros maravillosamente, é pareció que nuestro Señor lo consintió, porque es cierto que la mayor parte de la
gente iba con intencion de robar é mercadear, mas
que no de servir á Dios, como fué probado é confesado por muchos de ellos mesmos que no llevaban la intencion que los buenos christianos han de
llevar á la pelea ó batalla de los infieles, que han
de ir confesados, é comulgados ó fecho testamento,
é con intencion de pelear é vencer á los enemigos

en favor de la Santa fé cathólica, é ovo muy pocos
que la tal intencion llevasen; mas por la mayor parte iban todos puestos en cobdicia de haber por robo
cosas é alhajas como las de Alhama, diciendo que
muchos fueron ricos de Alhama; y otros muchos
llevaron muchos dineros y encomiendas de sus amigos para comprar de las cabalgadas que habian de
hacer, esclavos y esclavas, y ropas de seda como
si hecho lo tuvieran, y pensaban sin dar é temer á
nuestro Señor Dios el mal propósito que para esto
llevaban, quiso por castigar los malos que recibiesen pena los buenos; que dijeron los christianos que
fueron presos, que puesto caso que habia muchos
moros en los cerros y de cada cabo, que todos los
moros que ficieron el destrozo é daño que no fueron sino fasta quinientos peones é cincuenta de á
caballo, é que todos los otros no llegaron fasta que
estaba fecho el desbarato.

Intencion y calidades de los buenos christianos, cuando van á pelear con los moros

Los moros que hicieron este destrozo fueron 5oo peones y 5o de caballo.

Los señores Marqués, é el Maestre, é Adelantado D. Alonso de Aguilar, é todos los que escaparon
vinieron á Antequera, é muchos fueron á parar á
Alhama é otras partes, é muchos estuvieron por los
montes ocho dias comiendo yerbas é bebiendo agua,
y despues salian andando de noche, é de dia escondidos; é acaeció que venian fuyendo é venian á parar á Herbar que es un Castillo que tenian los moros, donde estaban tres ó cuatro moros, que estaba
á cuatro leguas de Antequera, é como vieron aquellos moros venir por allí dos ó tres christianos, pre-
sumieron lo que era que venian desbaratados, é salieron é cautiváronlos; é despues vieron venir mas,
é dejaron en la fortaleza dos moros con los pre-

Recójese el Marqués é el Maestre en Antequera, y los demás christianos aquí y en otros lugares

sos, é soltóse uno de los christianos, é mató á el un moro y firió el otro, é alzóse con la fortaleza, é tuvieron él é los otros dos que él desató fasta que le vinieron á poner cobro los señores. É aquellos que escaparon juntos en Antequera, esperaron todos los que venian, é recojido cada uno los suyos, é visto los que le faltaban con mucho enojo, dolor y angustia, se fué cada uno en su tierra donde ya se os entiende con que placer podrian recibirlos. Y fué llamada por mal de los christianos, y es hoy dia la de la Ajarquía, otros le llaman la de las Lomas, é de aquí creció mas la enemiga entre christianos y moros.

Toma del Castillo de Herbar por unos christianos.

Llamóse esta batalla, la de la Ajarquía, ó de las Lomas.

CAPÍTULO LXI.

DE COMO FUÉ PRESO EL REY MORO MULEY BAUDILI CERCA DE LUCENA.

La fortuna que nunca para, ni deja en un ser mucho tiempo permanecer las glorias mundanas, ni á los malos disimula sus maldades y yerros luengamente para que siempre hayan de perseguir á los buenos, mas por divina ordenacion vemos que los malos, aunque en algun tiempo prevalecen, presto son consumidos, y los buenos, aunque algunas veces perseguidos por que no conozcan á Dios, siempre Dios los socorre y consuela; y así estando esta Andalucía en muy gran tristeza y no limpios los

ojos de llorar en ella é en gran parte de Castilla
donde tocó el dolor; los moros muy enlocanados
por la victoria, y no contentos con lo pasado que
se habia fecho en las Lomas, ordenaron entrar á
correr Loja tierra de christianos, pensando que por
temor del estrago fecho no habria quien les ficiese
resistencia; y fué de esta manera, que el Rey moro
Muley Baudili que reinaba en Granada, desque su-
po el desbarato que se habia fecho en los christia- Entrada del Rey moro con 9000 peones y 700 de á caballo
nos aderezó su gente, é sacó su hueste desde Gra-
nada, en que habia nueve mil peones y setecientos
de á caballo, y entró á correr el campo de Aguilar
é de Lucena, é desque fueron vistos por los christianos, apellidóse la tierra é salió el Alcaide de los
donceles con fasta setenta de á caballo, é unos pocos de peones, é asomó por un cabo é lado de los
moros; é asomó el Conde de Cabra por el otro cabo é lado de los moros, con fasta doscientos de á
caballo é cuatrocientos peones. E los moros en el
campo volvian ya de vuelta, é el Alcaide de los
donceles fizo tocar una trompeta cerca de la delantera de los moros, é el Conde de Cabra fizo to-
car sus trompetas, y los unos christianos con los Salen al en- cuentro el Conde de Ca- bra y el Alcai- de de los don- celes con muy corto número de gente, é ar- did de los christianos.
otros esforzáronse, puesto caso que eran muy pocos
en comparacion de tantos moros, se esforzaron unos
con otros. Y el Rey de Granada y su hueste estaban en un llano, y como los christianos asomaron
por los cabezos, no podian bien juzgar si eran pocos ó muchos, é comenzaron á desmayar por el sonido de las trompetas de cada parte, y el Conde por
su cabo con su gente bien cogida rompió por medio de los moros, y no menos hizo el Alcaide, aun-

que tenia muy poca gente, por la otra parte; é desque los moros se vieron cometidos por dos partes,
pensaron que toda Castilla estaba allí, é comenzaron á fuir como cobardes é cortados, no mirando
la honra de su Rey toda la peonaje; y de la gente
de á caballo algunos, é otros, recibieron ferozmente
los primeros encuentros en que los christianos derribaron muchos de ellos, como ellos usan cabalgar
corto, ficieron por cada parte entrada é salida en
ellos, é desbaratáronlos, é estonce comenzaron todos á fuir, y los christianos á los seguir, é derribando, é matando en ellos hasta el rio de Guadajenil,
el cual iba estonce crecido, é no lo podian pasar
salvo por ciertos vados; é de los que allí llegaron
muchos se metieron á el agua é fueron ahogados;
así que orilla del rio fueron muchos muertos á lanzadas, é muchos ahogados en el rio, en tal manera

Escaparon muy pocos moros de los que vinieron.
que de todos los moros así de á caballo como de
á pié, escaparon muy pocos en esta batalla y alcance á lo que se pudo ver; es á saber: fueron muertos é presos todos los setecientos de á caballo que
no escaparon, salvo algunos pocos que ovieron lugar de pasar el rio, é otros escondidos; é fueron
muertos é presos siete mil peones poco mas ó menos. Así que se estragó y pereció casi toda la hueste de los moros que habian entrado, entre los cua-

Fué preso el Rey moro, y el Alcaide de Lora fué muerto
les el Rey moro fué preso; y el Alatar viejo Alcaide
de Lora, que era un esforzado y nombrado moro,
fué muerto y ahogado en el rio que nunca jamás
pareció ni entre los muertos pudo ser conocido; era
hombre de mas de sesenta años, el cual habia fecho
desde su mocedad guerra á los christianos. É habida.

la victoria, los christianos cojieron el campo, donde ovieron muy gran cabalgada é riquezas; primeramente, el Rey moro cautivo con otros caballeros moros, muchos y de grande rescate, é otros muchos cautivos de mediano rescate, é otros muchos de comun rescate y valores, y muchas acémilas, é fueron tantas, que se maravillaron los christianos donde habia tantas acémilas, y los moros cautivos les dijeron que cada peon traia una acémila, ó al menos entre dos peones una acémila, por amor del trabajo de las tres marchadas, é por las vituallas del comer, é aun por parecer mas gente de á caballo; é ovieron muchas armas é ropas, é oro, é plata, é caballos; é ansí volvieron el Conde de Cabra, é el Alcaide de los donceles, con la cabalgada é muy honrados.

Recojen el campo los christianos, y los despojos de mucho valor.

É D. Alonso de Aguilar, en este medio tiempo estando en Antequera, supo el desbarato de los moros, é salió al campo á la delantera de los que haban escapado, é ovo mas de ochenta moros que tomaron él y los suyos. El primer moro de los de á caballo que entró solo en Loja, fué uno que se llamaba, Cidi Caleb, sobrino del Alfaquí mayor del Albaicin de Granada, é como lo vieron ansí solo, fué muy grande alboroto por un poco en la villa, y dijéronle ¿caballero, dó el Rey y la gente? y él respondió: allá quedan, que el Cielo cayó sobre ellos, é todos son perdidos é muertos. Estonce comenzaron en Loja muy gran llanto, é muy gran lloro y tristeza, é este moro mesmo llevó la nueva á Granada, donde la gente de ella fué muy triste y cuitada, é fué muy llorada por los moros la pérdida del Rey: é sabed que

D. Alonso de Aguilar salió al encuentro de los moros, y los que prendió.

los que con él se perdieron, eran todos los mas caballeros de los mejores é mas principales de Granada,
é de Loja, é de toda la frontera. El Conde de Cabra,
é el Alcaide de los donceles, desque conocieron al

Presentan el
Rey moro al
Rey D. Fer-
nando. Rey moro entre los presos, guardáronle é ficiéronle
mucha honra, é presentáronlo al Rey D. Fernando
desque vino á Córdoba, el cual no tardó de venir
de Castilla desque supo la victoria habida por los
christianos, al cual el Rey lo tuvo preso algun tiempo, é despues lo soltó sobre rehenes, é volvió en

Fué llamada
esta batalla la
de Lucena, ó
del Rey moro. tierra de moros, é algunos de los caballeros moros
no le obedecieron, en algunos lugares lo recibieron,
é en algunos no. Fué llamada esta batalla por mal
de los moros, la de Lucena, otros le llamaron la del
Rey moro, por que fué allí cautivo.

CAPÍTULO LXII.

DE CÓMO LOS MOROS TORNARON Á TOMAR POR REY AL REY VIEJO.

Año de 1483. En el dicho año de 1483, luego como los moros
de Granada vieron perdido á el Rey, é vieron que
era tanta gente con él estragada é perdida, enviaron por el viejo á Málaga que volviese á reinar,
é vino luego é apoderose en Granada como antes
estaba, y tuvo la ciudad fasta S. Juan del año de
1485 que fueron tres años, en su honra y prosperidad; y en aquel tiempo todo, tenia la ciudad de

Almería contra él, su fijo Muley Baudili Agije el
Infante, por su hermano el que se habia perdido
cerca de Lucena, é en este tiempo el Rey cautivo
se deliberó por rehenes é ciertos partidos secretos,
de poder del Rey D. Fernando, é fué á Granada,
é no le quisieron recibir, é fuese á Guadix, é allí lo
recibieron, é allí estuvo algun tiempo fasta que salió de allí para ir á Vera, é desque salió de Guadix, nunca mas lo quisieron acojer en ella, é
estuvo en Vera fasta que mataron á su hermano el
Infante en Almería, é estonce huyó él é vínose á
Castilla, é estuvo acá algunos dias, é despues volvióse á Vera, é estuvo allá fasta que se tomó Loja, que
se vino á Granada, é lo acojieron en el Albaicin, é
en todo este tiempo habia division entre los moros
como adelante se dirá.

CAPÍTULO LXIII.

COMO EL REY D. FERNANDO TOMÓ Á ZAHARA
Á LOS MOROS.

En el mes de Junio año susodicho de 1483, fué Año de 1483.
el Rey D. Fernando á meter la recua á Alhama
poderosamente, é combatió á Zahara, é tomóla por
fuerza de armas, é tomó los moros cautivos que
fueron ciento, ó poco mas ó menos, que guardaban
la fortaleza ó villa que la gente menuda no osó toda aguardar, é fizo talar la Vega de Granada, é

Deja de scr Alcaide de Alhama Luís Puertocarrero, y eslo el Conde de Tendilla.

tuvo allá el S. Juan; é en Zahara hubo mucho trigo, é cebada é gran presa, de lo cual fizo bastecer á Alhama, é sacó de ella á Luís Puertocarrero, é dejó al Conde de Tendilla por Capitan é Alcaide; é de esta vez quedaron los moros de Granada muy atemorizados de el Rey D. Fernando de ver tanta y tan noble caballeria y gente como llevaba, entró y salió esta vez en Alhama dando vista á Granada.

CAPÍTULO LXIV.

DE LAS SIETE ISLAS DE CANARIAS.

Las islas de Canarias son siete situadas dentro en el mar Occéano, mas vecinas y cercanas de tierra de África que de otra tierra; yendo de Cádiz á ellas queda la tierra á la mano siniestra; son vecinas á la tierra de la mas pequeña algunas quince leguas, é algunas treinta leguas, é algunas cincuenta leguas, poco mas ó menos. La mas pequeña linda con la tierra de Tagaos é Mesa; es la primera isla

Lanzarote, y frutos de esta isla.

como van de Castilla, Lanzarote que es tierra de mucho pan y ganado, especialmente cabras; es tierra para plantar viñas é árboles, salvo que no las ponen por el mucho ganado que los comen é destruyen; no tienen aguas dulces, beben los hombres y ganados aguas llovedizas que cojen en cisternas que llaman maretas, es tierra de muchos conejos é palomas, pocos vecinos, é moradores me-

nos de ciento, tienen buenos pescados, hay desde
Cádiz allá doscientas leguas.

Es luego Fuerte Ventura, llámase la poblacion
el Valle de Santa María, es tierra de muchas aguas
dulces de rios, hay muchas cabras, pocas vacas,
parras de uvas, huertas, é almendras y otros árboles: está tres leguas mas allá de Lanzarote.

Gran Canaria es luego, que es grande isla, muy Gran Canaria y sus fru-
tos.
virtuosa, de muchas aguas é rios dulces, é muchos
cañaverales de azúcar, é tierra de mucho pan, trigo, é cebada, é vino, é higuerales, é muchas palmas de dátiles, é es tierra para muchas plantas, tiene buenas viñas y muchos conejos, está diez y ocho
leguas adelante de Fuerte Ventura.

Tenerife es luego que es tierra muy virtuosa de Tenerife, y
sus frutos y
sierras.
pan y ganados, y de aguas dulces, donde hay una
sierra de las mas altas del mundo, que ven encima
de ella algunas veces arder llamas de fuego como
hace en Monjebel en Cecilia: es grande isla, habia
en ella nueve Reyes é nueve parcialidades que so-
juzgaban toda la otra gente, es tierra de mucho pan
como dicho es, é muy aparejada para plantar viñas é huertas, é todas las otras cosas necesarias
á la vida de los hombres; está doce leguas adelante
de la Gran Canaria.

La Gomera es luego seis leguas de Tenerife, es La Gomera
y sus frutos.
muy virtuosa tierra de pan, é de ganados, é de azú-
cares, é aparejada para plantar viñas é árboles de
todas plantas.

La Palma es luego, é es tierra de mucho pan y La Palma y
sus frutos.
azúcar, é aguas dulces de la calidad de la Gomera,
hay en ella pastel hay todas en todas estas islas. Ar-

chila está cuatro leguas adelante de la Gomera, y no hay pastel sino en ella.

El Fierro es la cabeza de todas, é mas léjos es tierra áspera, á lugares: tiene muchos puercos, y de todos ganados hay en ella: no tiene ningunas aguas dulces salvo de cisternas é maretas; del agua lluvia beben los ganados.

El Yerro y su calidad

En esta isla hay una gran maravilla de las del mundo, que el pueblo bebe del agua que un árbol suda por las hojas. Hay un árbol de manera de un álamo, y es verde todavia que nunca pierde la hoja, y su fruto que dá es unas bellotillas que amargan como hiel, é si las comen son medicinales, y no hacen daño al cuerpo, y es de altura de una lanza mediana; tiene grandes ramas é copa; es de gordor cuanto pueden abrazar dos hombres; el pié de él suda maravillosamente gotas de agua contínuamente, que caen en una alberca cuesta abajo de él, de tal manera que una gota de agua no se puede perder. De allí han abasto de agua toda la que pueden beber todos los de la isla, que solia haber ochenta vecinos, é todos é sus casas son hartos, y abastados de aquel árbol; son las hojas y color como de laurel, sino que son un poco mayores. No hay en todas siete islas árbol de aquella natura, ni en toda España; ni hay hombre que otro tal haya visto en parte ninguna; y por esto parece bien que es misterio de Dios, y que quiso dar allí aquel agua de tal manera por dar consolacion á las gentes que en otro tiempo allí fueron echadas, donde otro pozo ni fuente dulce se falló jamás, ni falla.

Arbol singular en esta isla.

Estas siete islas tenian siete lenguajes, en cada una el suyo, que no se entendian ni parecian unos á otros, los cuales ahora los de la nacion de ellas, se retienen entre ellos. Antes de ser ganadas de christianos, en todas andaban desnudos como nacieron, ellos é ellas, salvo en la Gran Canaria traian unas bragas de palmas como por gala, ellos y ellas; empero no cubrian bien los lugares inhonestos, porque no eran cerrados por abajo, salvo una cuerda ceñida por las caderas, y de allí colgaban unas flocaduras de palmas ripiadas.

En todas estas siete islas tenian mucho ganado de que parecia que Dios les proveyó, en especial cabras de que comian carne, y leche, é manteca, é queso, é hacian mantas de los pellejos con su pelo muy sobados é adobados, en que se echaban, é tamarcos, que se cobijaban algunas veces por el sol, y por el aire, que traian en los hombros, é en las espaldas. Criaban los niños desque nacian, envueltos en pellejos de cabritos chiquitos; é de los matrimonios de las mujeres, cada uno tenia su mujer ó mujeres, empero por muy livianas cosas se partia el matrimonio, é ellas, é ellos, se comunicaban con quien querian; eran idólatras sin ley. En la Gran Canaria, tenian una casa de oracion llamaban allí Toriña, é tenian allí una imájen de palo tan luenga como media lanza, entallada, con todos sus niervos, de mujer desnuda, con sus miembros de fuera, y delante de ella una cabra de un madero entallada, con sus figuras de hembra que queria concebir, y tras de ella un cabron entallado de otro madero, puesto como que queria sobir á enjendrar sobre la cabra. Allí derramaban leche y manteca, parece que en ofrenda, ó diezmo ó primicia, é olia aquello allí mal á la leche ó manteca. No tenian hierro de que se servir, salvo de algunos desbaratos que hacian en los christianos que les facian guerra, algunas armas é cuchillos se servian.

Forma de arar la tierra. Sembraban el trigo y cebada con cuernos de cabra metidos en varas, especialmente en Gran Canaria en lugar de arados, é así volvian la tierra y cubrian el grano, é cojian en gran multiplicacion de una medida cincuenta é mas; no hacian pan, salvo gofio envuelto el grano majado con la leche é con la manteca. Fué preguntado á los mas ancianos de Gran Canaria, que si tenian alguna memoria de su *Tradicion de los antiguos de la isla.* nacimiento, ó de quien los dejó allí, é respondian: nuestros antepasados nos dijeron que Dios nos puso y dejó aquí, é olvidonos, é dijeronnos, que por la via de tal parte se nos abriria é mostraria un ojo ó luz por donde viésemos, y señalaban hácia España, que por allí habian de ver, é se les habia de abrir el ojo por donde habian de ver. Son en todas estas islas hombres de buen esfuerzo, y de grandes fuerzas, y grandes braceros, y hombres livianos y lijeros, y mas los de la Gran Canaria. Son en todas las islas hombres razonables de buenos entendimientos, y de agudo injenio, por ser silvestres é pastores ellos y ellas, y son gente fiel, y caritativa, y de verdad, y buenos christianos.

CAPÍTULO LXV.

Como fueron conquistadas primero estas islas.

Fueron conquistadas estas islas la primera vez por un capitan francés que andaba de armada por la mar, llamado Monsen de Bethenchohurt, en el año de 1400 ó muy poco antes ó despues, segun parece por razon de los tiempos, creo que sería en tiempo del Rey D. Enrique III, en aquellos diez años que reinó, ó en el comienzo de la tutela del Rey D. Juan II su fijo, que comenzó á reinar de veinte meses en el año de 1407 años. É ovo victoria aquel capitan de las cuatro islas, de ellas de las mas pequeñas, é menos poderosas, conviene á saber: Lanzarote, Fuerte-ventura, La Gomera, El Hierro. Estas ganó, é tomó é sojuzgó, é con las otras no pudo, é quedaron por ganar en su vigor. Este capitan Monsen de Bethenchohurt, no contento con ellas buscó quien se las comprase en Sevilla, é compróselas el Conde de Niebla D. Juan Alonso, padre del primer Duque de Medina, que fué el Duque viejo D. Enrique, y el dicho Conde no contento con ellas las vendió é trocó por ciertos lugares á Fernan Peraza caballero de Sevilla que vivía con él, é Fernan Peraza las tuvo, é señoreó é poseyó cuanto vivió, y aun fizo guerra á las otras tres, donde en la conquista de la Palma le mataron los palmeses un hijo llamado Guillen Peraza, soltero,

Año de 1400. Monsen de Bethenchohurt gana las islas. Los primeros conquistadores de las Canarias fueron dos primos hermanos. Sebastian y Joan de Bethenchohurt.

Véndelas y cómpralas el Conde de Niebla, y el Conde las trueca y dá á Fernan Peraza de Sevilla.

que no tenia otro varon, é por eso quedó su fija doña Inés Peraza por heredera y señora de las islas, é el dicho Fernan Peraza nunca pudo ganar ni señorear las tres islas. Conviene saber: Gran Canaria, Tenerife y la Palma; empero por alhagos, ó como quier que fué, los regimientos de todas tres le besaron la mano por su Rey y Señor, y llamábanle las gentes Rey de Canaria. No sé yo si él se intituló de ello. Murió Fernan Peraza, señor de las dichas islas, en buena fama de muy buen caballero que fué, é dejó casada á su fija doña Inés Peraza con Diego de Herrera, caballero de Castilla, hermano del mariscal de Ampudia, é quedaron ella y su marido señor de las dichas islas, é llamábanlos Rey é Reina de Canaria, y durante su matrimonio ovieron tres fijos é dos fijas, á Pedro Garcia de Herrera, é Fernan Peraza, é Sancho de Herrera, é á doña María de Ayala, que casó en Portugal con el conde de Porto-alegre D. Diego de Silva, é á doña Fulana que casó con Pedro Fernandez de Saavedra, fijo del mariscal de Zahara, é señorearon las cuatro islas suyas, empero nunca pudieron sojuzgar las tres. É luego como el Rey D. Fernando

y la Reina doña Isabel vinieron á Sevilla á la primera vez, sabiendo la ferocidad de aquella gente de aquellas tres islas, y la fertilidad de la tierra, propusieron conquistarlas, y enviaron á la Gran Canaria á Juan de Rejon, é Pedro del Algaba, dos capitanes con quinientos hombres, y ficieron la torre donde es ahora la poblacion, é ovieron discordia entre ambos capitanes é envidias, é siendo compadres é mucho amigos, mató Juan de Rejon á Pe-

dro del Algaba; é despues fizo matar Fernan Peraza, fijo de Diego de Herrera, á Juan Rejon: ansí
el malo feneció mal.

No contentos de esta conquista Diego de Herrera y doña Inés Peraza, pusiéronse á justicia con el
Rey y la Reina, diciendo que era la conquista suya.
Hallóse por justicia, que pues eran vasallos, no se
podian llamar Reyes, y que á ellos seria imposible
sojuzgar ni ganar aquellas tres islas, que perdiesen
la accion que á ellas tenian, y recibiesen cinco
cuentos de maravedís, é tanto les dieron. Y así quedó la conquista de aquellas tres islas al Rey y Reina de Castilla, é la obediencia de todas; é vista la
discordia de aquellos dos capitanes, enviaron el
Rey y Reina allá á Pedro de Vera por capitan mayor como dicho es, é quedaron señores de sus cuatro islas Diego de Herrera y doña Inés Peraza,
é falleció él de esta presente vida dende á pocos
dias despues de hecho el partido, é vivió ella despues mas de veinte años viuda, é gobernose muy
bien como muy noble, é muy varonil é virtuosa
dueña, y falleció en Sevilla en buena vejez de edad
de mas de ochenta años.

Ponen demanda á los Reyes sobre la conquista, y danles cinco cuentos por la accion, y prosiguen en ella los Reyes.

Muere en Sevilla la Señora de las Islas.

CAPÍTULO LXVI.

DE LA ISLA DE LA GRAN CANARIA, É QUIEN É COMO LAS GANÓ, Y DE SUS COSAS.

En la Gran Canaria habia dos Guardatemes,

Forma que
tuvo Pedro de
Vera para la
conquista.
é dos Fagzames, los Guardatemes eran reyes en lo seglar, é en todo mayores, los Fagzames eran así como en lo espiritual como obispos; el uno era rey, é el otro obispo de Galda, é el otro rey de Telde, é el otro Obispo de Telde, que eran dos parcialidades é dos reinos en toda la isla; y era mayor el rey de Telde de mas gente que el otro, é el rey de Galda se fizo amigo de los christianos é aseguróse é fízose vasallo del Rey de Castilla, é enviólo Pedro de Vera á Castilla, donde el Rey y la Reyna le ficieron mucha honra, é lo vistieron, é fizo con ellos su amistad é prometió de serles siempre leal, é volvió en Gran Canaria, é ayudó mucho á hacer la guerra al Rey, y hubieron un dia una batalla en el invierno del año de 1483 en una sierra, fortaleza de peñas é puertos que llaman Ventangay é tenian la fortaleza del risco los

Año de 1483
Batalla entre
los christia-
nos é isleños,
en que se per-
dió mucha
gente.
de Telde, é los christianos é Pedro de Vera, su capitan mayor, é un vizcaino que llamaban Michel, que era capitan debajo de Pedro de Vera; el rey de Galda con sus canarios tenian la cuesta abajo, y llevaron de vencida al rey de Telde, é retrájose con su gente á Ventangay, y volvieron sobre los christianos á pedradas, é mataron muchos de los delanteros, y entre ellos al capitan Michel que se habia metido mucho en ellos, y los christianos desmayaron, é volvieron á huir, é los canarios de la parcialidad se pusieron á la frente, é el mismo rey de Galda, é defendieron á los christianos, que si así el rey de Galda no lo ficiera, no escaparan aquel dia sino á uña de á caballo. É vista la flaqueza de los christianos, la hueste de Telde al Guardateme de Galda dijo: «Conoce este dia y quítate de enmedio, y

mataremos todos esos christianos, y quedaremos libres vosotros, y nosotros, é nunca nos podrán sojuzgar:» y dijo el Guardateme, no quiero que no faré traicion por cierto, que así lo tengo prometido: é aquel dia se volvieron los christianos vencidos poco á poco dejando muertos mas de doscientos hombres con Michel, é murieron de los canarios contrarios mas de cien hombres, é dende á quince dias tomaron los christianos de noche á Ventangay; é los de Telde viendo que no se podian amparar ni defender, diéronse á partido á Pedro de Vera, con su Guardateme, diciendo, que querian ser christianos é los dejasen libres, é ansí los recibieron, é bautizolos el Obispo de Canarias D. Juan de Frias; é Pedro de Vera, diciendo que fuesen con él en las carabelas á facer cabalgada é correr á Tenerife para ganar para los vestir, con este engaño debajo de tilla en las Carabelas los envió á España, é los trajeron á Cádiz, é á el Puerto, é dende á Sevilla el año de 1483 años, cerca de San Juan de Junio. Fué Alonso de Lugo en esta conquista capitan, al cual los canarios querian mucho, porque con mucho amor los trataba é conquistaba; era medianero muchas veces entre ellos é Pedro de Vera, en las paces, é treguas é conciertos. Y si de la manera susodicha Pedro de Vera, no sacara los isleños de aquella isla con aquel engaño, fuera gran maravilla poderlos sojuzgar, que habia entre ellos seiscientos hombres de pelea, grandes é muy lijeros, y braceros y esforzados, é muy feroces, é tenian en lugares muy fuertes, tierra é pasos para se poder defender. Quedaron estonce en Canarias las muje-

Lealtad del Príncipe de los isleños.

Toma de Ventangay y bautismo de los isleños.

Vienen á Sevilla año de 1483.

res todas é la gente menuda, las cuales despues las

Vienen las mujeres y otras gentes despues á Sevilla, y se avecindan en la puerta de Mihojar, que es ahora la que llaman de la Carne.

enviaron en Castilla, y les dieron casa en Sevilla, y toda la parcialidad del rey de Telde vino á Sevilla, y fueron allí vecinos á la puerta de Mihojar; é muchos se mudaron donde quisieron libremente, y muchos se finaron que los probó la tierra, y despues los volvieron por su grado en las islas en la misma Gran Canaria, desque estaba poblada de gente de Castilla, los que quedaron; y muchos llevaron á la conquista de Tenerife, donde murieron azás de ellos. É así el Rey D. Fernando é la Reina Doña Isabel conquistaron é ganaron la Gran Canaria, é habia en ella los lugares é aldeas siguientes poblados.

Telde, de donde se intitulaban el Rey y un Obispo. Galda, de donde se intitulaban el otro Rey y el otro Obispo. Araguacad.--Arajines.--Themensay. —Atrahanaca.—Atairia.—Atagad.—Adfatagad.— Furic.—Artenaran.—Afaganige.—Areaganigui.— Arecacasumaga.—Atasarti.—Aeragraca.—Arbenugania.—Arerehuy.—Atirma.--Aracuzem.--Artubrirgains.—Atamaraseid.—Artagude.—Aregayeda.— Aregaldan.--Areagraxa.--Areagamasten.--Areachu. —Afurgad.—Arehucas.—Aterura.--Atenoya.—Araremigada.—Ateribiti.—Arautiagata.

Leyes y costumbres de los isleños.

Todos estos lugares tenian poblados al tiempo que la conquista se comenzó. Habia entre estos canarios hombres fidalgos y caballeros, á quien los otros tenian acatamiento: habia entre ellos y ellas, diversas leyes y costumbres. Cuando habian de casar alguna doncella, poniánla despues de concertado el matrimonio ciertos dias en vicio á engordar, y salia de allí y desposábanlos, y venian los

caballeros é fidalgos del pueblo ante ella, é habia
de dormir con ella uno de ellos primero que el desposado, cual ella quisiese, y si quedaba preñada de
aquel caballero, el hijo que nacia era caballero, y
si no los fijos de su marido eran comunes, y para
ver si quedaba preñada, el esposo no llegaba á ella
fasta saberlo por cierto, por via de la purgacion.
Esta y otras costumbres gentílicas y como de ali-
mañas, tenian, y ansí como bestias no habian empacho de sus vergüenzas, ellas y ellos. Eran grandes criadores de cabras y ovejas, é las mujeres
ejercitaban tanto el trabajo como los hombres, é
aun mas, para los mantenimientos de sus casas. No
tenian viñas, ni cañas de azúcar, ni habia en la isla
la riqueza y fertilidad que hoy, salvo figueras muchas; y desque fueron los christianos, pusieron parras é viñas, é cañaverales de azúcar, é llevaron ganados, que ellos no tenian sino muchas cabras, é
trigo, é cevada; no tenian caza de conejos; é de un
conejo, é una coneja que los christianos llevaron,
se hicieron tantos en tan poco tiempo, que toda la
isla era llena de ellos, é les comian las cañas de
azúcar, é plantas, é cuanto tenian que no sabian
que remedio poner; é llevaron muchos perros, é
dieron por mucha manera á los destruir y apocar,
y cercaron las heredades que pudieron, y así se re-
mediaron, y tienen de ellos cuanta caza quisieren é
los toman con poco trabajo.

CAPÍTULO LXVII.

DE LA BATALLA QUE COMUNMENTE SE DICE LA DE LA LOPERA.

Año de 1483. En el mes de septiembre á diez y siete, miércoles, año susodicho de 1483, despues que el Rey moro viejo fué recibido en Granada por Rey á causa del cautiverio de su fijo, vinieron de su licencia y mandado mil y doscientos de á caballo, ó pocos mas, escojidos, á correr tierra de christianos, en los cuales vinieron muchos Alcaides y hombres principales, é recojiéronse en Ronda, é entraron por Zahara, y trujeron consigo gran peonaje el cual dejaron en la sierra, é todos los caballeros entraron por Lopera á correr el campo de Utrera, é el Coronil, é los Molares; é echaron trescientos de á caballo á correr la via de Utrera, los cuales llegaron á dos leguas de él, y ciento y cincuenta al Coronil, que llegaron cerca del lugar, y quedaron los otros en la celada; y los que fueron al Coronil corrieron el campo y recogieron el ganado, que fué una gran boyada é vacas, é todo lo que hallaron; é al rebato salieron de Utrera sesenta de á caballo é algunos peones, é dieron en la zaga de los corredores moros, no acobardando de pelear con ellos; é en chico espacio por una tierra mas áspera que llana, derribaron fasta treinta moros, de los cuales algunos mataron del todo; y desque los moros vieron á los christianos salidos de lo áspero á un llano, ya estaban todos cerca de la celada, é volvieron gran parte de los trescientos corredores sobre los christianos, y los christianos huyeron á meterse en un monte que estaba allí cerca; é en aquella vuelta mataron los moros siete ó ocho christianos, é en esto vínoles á los moros nueva que fuesen presto que tenian en la celada la batalla aparejada, y los christianos al rostro, que no curasen de la cabalgada. En esto vino otra nueva que la celada era desbaratada, y que los christianos venian ya sobre los mismos corredores, é parecian ya muchos christianos en el campo. Estonce los moros corredores se fueron huyendo, de ellos al monte donde los christianos de Utrera se habian metido, de ellos por otras partes; é en aquel monte acaeció, donde estaban los christianos meterse los moros en las mismas matas á esconder, dejados los unos y los otros los caballos desamparados, é desque los christianos conocieron que los moros huian, salíeron é tomaron sus caballos é otros, é cautivaron de aquellos moros los que pudieron fallar, é de ellos siguiéron el alcance.

É la pelea de la celada fué de esta manera: que de la entrada de estos moros habian avisado las guardias de la frontera al Alcaide de Moron Figueredo que era un esforzado caballero, é él lo fizo saber luego é muy aprisa en toda la comarca, é juntáronse cerca del Coronil, el Alcaide de Moron, é Martin Galindo, é el Señor de Palma de Micergilio Luis de Puertocarrero, é otros capitanes, con la gente de Écija, y Moron, é Osuna, é Anton Rodriguez Alcaide que despues fué de Zahara, con la gente de Marchena, é tenia señas é trompetas, é asomaron sobre la celada, despues de haber comido é bebido, é aderezado cada uno su caballo é armas como convenia para el tan cierto ejercicio que habian de haber de batalla, é asomaron sobre los moros que estaban quedos é mal aparejados en un llano, y los christianos se apretaron é estuvieron un poco parados, y los moros se apercibieron muy bien, y los christianos mandaron tocar una trompeta é se fueron á los moros, é los moros se vinieron á ellos esforzadamente, é rompieron los unos con los otros, é volvióse la pelea, é á los primeros encuentros fueron derribados é muertos muchos moros, é hecho muy gran destrozo en ellos, y comenzaron á huir é los christianos á los seguir, é en torno de media legua, con los que murieron en la batalla, quedaron muertos mas de cuatrocientos moros; é no murieron christianos ningunos en esta batalla, que sabido fuese. Cá, Nuestro Señor y Santiago, cuyo apellido invocaron, los guardó, y los christianos siguieron el alcance cuanto vieron que convenia, y mataron en la dicha batalla y alcance los caballeros susodichos, en los que pudieron ser contados, seiscientos moros en trecho de una legua; é fué esta batalla en la Fuente de la Higuera cerca de Lopera, é los christianos cogieron el campo donde ovieron moros cautivos é muertos, é caballos é armas, é ropas, é volvieron con mucha honra á sus casas.

El Marqués de Cádiz estaba en Jerez al tiempo

Los moros que en esta batalla murieron.

Fué esta batalla en la Fuente de la Higuera, y los christianos cogieron el campo.

que le avisaron de la entrada de estos moros, é ví- El Marqués de Cádiz y los caballeros de Jerez, siguen el alcance.
nose á Arcos, é dende al rio de Guadalete del cabo
de Zahara, é cuando llegó allí ya los moros que
habian escapado iban fuyendo pasado el rio, y si-
guióles, é ovo noventa moros é cien caballos que
llevó á Arcos, y los caballeros de Jerez llevaron
cerca de otros tantos que les dió, que les tocaron
de sus partes, que se hallaron con él, é envió el
Marqués empresentados de aquellos caballos al Rey, Escapan los Alcaides de Ronda y Setenil.
ocho caballos; é el Alcaide de Ronda, é el de Sete-
nil escaparon desta manera. Eran ellos los que llevaban la boyada de la campiña de Utrera, é desque vieron que la celada era desbaratada, tomaron
con fasta treinta de á caballo, é metiéronse en tierra de christianos la via de Lebrija, guiándolos un
Elche que sabia la lengua é tierra, é anduvieron
aquel dia fuera de camino fasta la noche, que fue-
ron á pasar á Guadalete por cerca de Arcos, guián- Caballeros é Alcaides moros que fueron muertos é cautivos.
dolos el dicho Elche, que era un traidor que habia
sido christiano y era moro, el cual sabia bien la
tierra, é llamábanlo el Panero, y oí decir que era
de Arcos. Allí fueron aquel dia muertos é cautivos
muchos caballeros y Alcaides moros ricos, é de
grandes resgates; entre los cuales fueron cautivos
el Alcaide de Málaga, é el de Alora, é el Alcaide
de Marbella, é el del Búrgo, é el de Comares, é el
de Coin, y el de Velez Málaga. Y de los peones moros no peligraron, salvo algunos mancebos que entraron entre los caballeros á las espuelas, é otros
que se atrevieron á su lijereza, porque todo el peonaje quedó en la sierra. Fué esta batalla miércoles
diez y siete de septiembre, dia de las cuatro tém-

Turbacion
en el reino de
Granada, y
recóbranse
muchas ar-
mas de las
perdidas en la
Ajarquía.

poras de Santa Cruz, año susodicho de mil cuatrocientos ochenta y tres Quedó de esta vez muy turbado el reino de Granada, en especial Málaga y Ronda, é sus comarcas, que perdieron la mas de la caballeria; é en el despojo de la batalla se ovieron muchas ricas corazas, é capacetes é baberas, de las que se habian perdido en el Ajarquía, é otras muchas armas, é algunas fueron conocidas de sus dueños que las habian dejado por huir; é otras fueron conocidas que eran muy señaladas de hombres principales que habian quedado muertos ó cautivos; é fueron tomados muchos de los mismos caballos con sus ricas sillas, de los que quedaron en la Ajarquía, é fueron conocidos cuyos eran. Ansí en pago de la de la Ajarquía, esta la segunda, en que por la misma forma que los moros ofendieron fueron ofendidos, y aquellos que lo ficieron, aquellos lo vinieron apagar por mal de los moros. Fué esta llamada la de Lopera, que de mil é doscientos de á caballo que entraron, no se salvaron los doscientos,

Número de
los moros que
perecieron y
se captivaron.

y de estos los mas sin caballo, apeados y escondidos por los montes. No se hallaron otros christianos muertos en toda esta batalla, salvo los siete ú ocho hombres que mataron los corredores moros, de los de Utrera. En esta se cautivó el Alcaide de Búrgo que era un grande escalador, el cual habia escalado á Montecorto, cuando lo tenia el Marqués de Cádiz, que lo habia tambien habido por otro escalador. Esto ovo el Marqués, é nunca fué rescatado é acá pereció é murió.

CAPÍTULO LXVIII.

DE CÓMO EL MARQUÉS TOMÓ Á ZAHARA.

Tenia por costumbre el Marqués de Cádiz de tener los hombres especiales é adalides que osasen de noche andar en tierra de moros, é saber cuales fortalezas se velaban bien, é cuales estaban á mal recaudo, é así tomó á Cadela en tiempo que tenia la guerra con el Duque de Medina, é tomó á Montecorto é tomara á Setenil si no fuera por la cobardia de los escuderos, que lo envió á escalar; é facia mercedes á los dichos adalides, é sabia de que manera se velaban los castillos de la Frontera. É así fué informado para tomar á Zahara, é la escaló, é tomó por sí mismo, é fué en esta manera. Dia de los gloriosos Apóstoles S. Simon y S. Judas á veinte y ocho dias de octubre, juéves año susodicho de mil cuatrocientos ochenta y tres, púsose con su gente antes que amaneciese en la celada cerca de ella, é envió treinta escuderos con sus escalas á meter cave el muro de la villa en fondon de una peña, é puso una atalaya á vista de la celada de los escaladores, en manera que los de la villa la non pudiesen ver. É esto que fué fecho amaneció, é estuvieron así fasta cerca de medio dia, é los moros estuvieron seguros de que no vieron nadie por el campo, y descendiéronse los moros á la villa, é hizo el atalaya que lo veia señas á los

Año de 1483 en 28 de octubre se tomó la villa, y en que forma.

escaladores que escalasen, é á la celada que saliese
é fuese á dar combate por la puerta de la villa, porque los escaladores, escalaban por la otra parte; é
los escaladores echaron la escala, y la mayor parte
de la celada á rienda suelta fueron á hacer rebato
á las puertas de Zahara, y el Marqués arremetió
fuertemente con su caballo al lugar por donde escalaban, y llegó y apeose, y entró por las escalas
en pos de quince hombres que habian entrado; y
como los moros se habian socorrido á la puerta
con el alboroto de los de la celada que á cerca de
ella habian llegado, ovieron lugar los escaladores y
el Marqués de entrar por la otra parte, é tomar la
villa; é como los moros los vieron, huyeron y metiéronse todos en la fortaleza, donde el Marqués los
tuvo aquel dia cercados y se le dieron luego con
temor á partido que los dejase ir libres sus personas con lo que pudiesen llevar de lo suyo dejando
las armas, y así los dejó. No habia allí mujeres ni
muchachos, salvo hombres de pelea: así Nuestro
Señor se lo aderezó todo bien al Marqués, é tomó
á Zahara sin peligro ni muerte de su gente. Fallaron dentro un captivo no mas, llamado Frutos, natural de FUENTES DONDE YO NACÍ, fijo de Juan Alonso, hombre bueno. Fizo el Marqués bastecer muy
bien la fortaleza de viandas y armas y gente, y eso
mesmo la villa, y estuvo ende fasta que lo dejó todo
á buen recaudo, y volvióse á Marchena con mucha
honra. É sabida por el Rey é por la Reina, la buena andanza y ventura que el Marqués ovo en tomar á Zahara en tal manera, ovieron por bien dele
hacer merced de ella para siempre, é mandáronle

Hubo un captivo natural de Fuentes, donde dice el autor que nació.

intitular Duque de Cádiz é Marqués de Zahara dende en adelante, y él en cuantas cartas firmaba, nunca dejó este nombre de Marqués, é primero ponia Marqués que no Duque, en esta manera: Marqués Duque de Cádiz.

En qué forma y qué títulos firmaba el Marqués.

CAPÍTULO LXIX.

DE COMO COBRÓ EL REY MORO MULEY HACEN Á ALMERÍA, É FUÉ DEGOLLADO SU FIJO BENAHAJITE, É DE LA GRAN TALA QUE FICIERON LOS CHRISTIANOS EN TIERRA DE MOROS.

En el año del nacimiento de Nuestro Redemptor, en el mes de febrero de mil cuatrocientos ochenta y cuatro, recobró el Rey Moro Muley Hacen la ciudad de Almeria, que se la tenia contra su voluntad el segundo hijo suyo Muley Benahajite, é diósela por traicion un Alfaquí, é envió á la tomar á su hermano el Infante Muley Baudili Azagal, que reinó despues de él; el cual desque la tomó, degolló al Infante Benahajite su sobrino, y á un caballero de valia de los Abenzerrajes, é á otro caballero Benalhagzar, é á otros muchos de los que con el Infante falló, é tomóles las mujeres é fijos, é cuanto tenian, y puso Alcaides y justicias por el Rey viejo su hermano, el cual despues tomó el Reino.

Año de 1484.

CAPÍTULO LXX.

DE LA GRAN TALA.

Año de 1484 Fueron á hacer una gran tala en tierra de moros por mandado del Rey D. Fernando en el mes de marzo del año de mil cuatrocientos ochenta y cuatro, el Maestre de Santiago, é el Marqués Duque de Cádiz, é D. Alonso de Aguilar, é el Adelantado del Andalu-

Señores y caballeros que fueron á la tala. cía, é Luís Puertocarrero, Señor de Palma, y ciertos capitanes del Rey, con los caballeros y gente de las guarniciones con mas de tres mil de á caballo, é fasta quince mil peones; é entraron por Alora é el Val de Cartama é bajo, é taláronlo todo; é fueron sobre Málaga, é taláronle todas sus comarcas, panes y viñas, huertas y olivares, é almendrales, é talaron todos los lugares del Ajarquía, donde se habian perdido

Lugares talados. los christianos el año antes, é otros muchos lugares. Ficieron muchos daños en toda aquella tierra de moros, fasta que por la mar les llevaron bas-

Envian el socorro de Sevilla. timentos de Sevilla, y aun les fizo el tiempo contrario á los navios con los vientos, é padeció la gente mucha hambre. Tuvieron en esta tala muchas escaramuzas, especialmente una que ovo Bernal Francés capitan del Rey, en que murieron ochenta moros, los mas de ellos de los de Coin, é ellos nos mataron mas de veinte caballos de los escuderos del dicho capitan. É desque la tala fué fecha muy largamente, viniéronse los dichos Señores é gente con su honra.

CAPÍTULO LXXI.

De cómo el Rey tomó á Alora.

En el mes de junio año susodicho, fué el Rey Año de 1484
D. Fernando sobre Alora con gran hueste é con
muchos de los grandes de Castilla que iban con él,
en especial el Maestre de Santiago, é el Marqués
Duque de Cádiz, y el Adelantado, y D. Alonso de
Aguilar, é otros muchos, é con mucha artilleria; é Caballeros que fueron con el Rey.
púsole cerco y tomóla en dentro de ocho dias por
la fuerza de las lombardas, que á los primeros tiros
derribaron gran parte de la villa é fortaleza, é luego los moros se dieron á partido y los dejaron ir.
Estando el real sobre Alora, fueron dél gentes á ta-
lar á Casarabonela, y mataron los moros al Conde Muere el Conde de Be-nalcázar de una saetada.
de Benalcázar de una saetada; é era muy gentil
hombre y muy dispuesto, é llamábanle en la Córte
el Conde Lozano, é á Rodrigo de Vera. El Rey fizo
adobar los muros de Alora y bastecióla de gente é Talas que se hicieron.
de municiones, é fué menester bastimento á Alha-
ma; y vínose por la vega de Granada, é talola, é
quemó los panes y fízoles muchos daños, é volvióse con mucha honra á Castilla.

CAPÍTULO LXXII.

De lo que hallaron los marmoleros.

En el año susodicho de mil cuatrocientos ochen- Año de 1484

Muerte del Pontífice Sixto IV, y le sucede Inocencio. VIII.

ta y cuatro murió el Papa Sixto IV, habiendo imperado y reinado en Roma trece años; y fué elejido por Papa Inocencio VIII genovés, el cual imperó en Roma ocho años. En su tiempo acaeció que andando cabando en Roma unos hombres marmoleros, allende de Roma cerca de S. Sebastian, hallaron una sepultura entrada en un mármol blanco, de hechura de una grande arca con su tapa de mármol blanco encima muy justa, é dentro una doncella

Sepultura y cuerpo de una doncella en Roma.

de fasta veinte años sepultada, cubierta de un bálsamo muy precioso en manera que toda la bañaba y conservaba, y estaba abierta por el hijar, y no tenia consigo las tripas, ni lo de dentro del cuerpo entraño que son los livianos; y por allí entraba el bálsamo dentro del cuerpo. Estaba desnuda, é tan fresca, é tan hermosa como si estuviera viva, y casi se le doblaban é mandaban todos sus miembros é coyunturas; la cual trojeron por cosa maravillosa á Roma, y la pusieron en el Capitólio sobre una estera con mucha juncia é arraijan donde todos la vieron, é no parecia sino que en aquel punto habia acabado de espirar; decian todos que los que la hallaron, le quitaron muchas manillas de oro é anillos, é mucha riqueza que tenia consigo; é allí no tenia sino una albadena de seda tocada con franja de oro. Todo el bálsamo cojieron, é guardaron por cosa de gran valor. É la doncella estuvo allí tres dias que la guardaron á ver que seria, é en cabo

Certificacion de lo susodicho, y quien fuese la mujer.

de tres dias se corrompió é olió mal como si fuera recien muerta, é quemáronla. De esto me certifiqué de muchas personas dignas de fé que vinieron de Roma, y de la fama pública que de ello fué; des-

pues me certificó un fraile romano de Señor S. Francisco, que en el letrel de la sepultura aun han fallado que era una doncella fija de Q. Curcio philósopho que fué en tiempo del Gran Alexandro, trescientos años, y mas antes del nacimiento de Nuestro Redemptor; el cual disputó con Alexandro reputándole su cobdicia, así como dice el Especulo natural.

CAPÍTULO LXXIII.

DEL TÍTULO JESUS NAZARENO.

En el tiempo de dicho Papa Inocencio VIII, acaeció que andando labrando la Iglesia de Santa Cruz en Roma, los maestros fallaron en una oquedad de una pared una caja de plata, y dentro el título que fué puesto en la Cruz de nuestro Señor Jesuchristo cuando fué crucificado, con las letras en tres lenguajes que decian: *Jesus Nazarenus etc.* El Papa fué allá, y con gran reverencia lo adoró y mostró al pueblo como estaba, é estaban con él tres anillos de oro, é tres torzales de seda colorada, en que estaba metido cada anillo en un torzal, é decian que esto pusiera allí la Reina Santa Elena, madre del Emperador Constantino, é el Papa lo tomó todo é puso en muy honrado lugar.

CAPÍTULO LXXIV.

Como el Rey tomó á Setenil á los moros.

En el mes de septiembre del dicho año de mil cuatrocientos ochenta y cuatro, sacó el Rey D. Fernando su hueste y fué sobre Setenil, é envió delante al Marqués Duque de Cádiz por cercador, el cual amaneció una mañana sobre la villa y cercóla de todas partes, de manera que no pudo entrar uno, ni salir otro; é túvola cercada ocho dias, fasta que el Rey llegó con el artilleria, é con él algunos Grandes de Castilla; é asentados los tiros combatieron la Villa é no la podian mucho empezar, porque los tiros no la podian empecer ni cojer; é ovo alguna murmuracion contra el Marqués entre los caballeros diciendo que no habia dado buen consejo al Rey que cercase á Setenil en tal tiempo sobre invierno, que creian que la no podria ganar, y fué á su noticia, y luego aquel dia en la noche quiso poner las lombardas debajo de los muros é á raiz de la puerta de Setenil, é tiraron, é ficieron tanto daño, que luego los moros ficieron partido, é así en quince dias que la tuvo cercada el Rey D. Fernando tomó á Setenil, é los moros se dieron á partido que les dejasen ir con lo suyo, é ansí se lo aseguró, é los envió á Ronda con gente del real é con el Marqués, fasta que los puso en salvo, y el Rey se tuvo en este cerco por muy bien aconsejado é servido del

Viene el Marqués Duque de Cádiz á poner el cerco.

Ríndese y con qué partidos.

Marqués Duque de Cádiz, é le tuvo en mucho servicio el consejo, é gran trabajo, é mucha diligencia que puso noche y dia, que no cesaba mientras el cerco duró. É sacaron de Setenil veinte y cuatro cautivos christianos que fueron redimidos en esta victoria. Fizo el Rey adobar lo derribado de la villa y fortaleza, é guarnecióla de gente y mantenimientos y armas, é dejó por Alcaide de ella á D. Francisco Enriquez, hermano del Almirante, é del Adelantado, é volvióse en Castilla con mucha honra.

Alcaide, quedó D. Francisco Enriquez.

CAPÍTULO LXXV.

DE LA HERMOSA ENTRADA QUE EL REY FIZO EN TIERRA DE MOROS.

En el nombre de Jesuchristo Salvador y Redemptor del mundo, en quince dias del mes de abril año del nacimiento de Nuestro Redemptor de mil cuatrocientos ochenta y cinco, sacó el ínclito y famoso Rey D. Fernando su hueste muy grande, é muy maravillosa, é muy fermosa, de Castilla para ir á facer guerra á los moros. Su partida fué de Córdoba el dicho dia, é dende á Ézija, con muy grande artilleria, é entró por el Val de Cartama á yuso, muy poderosamente con los mas de los Grandes de Castilla; los nombres de algunos de ellos son los siguientes. El Maestre de Santiago D. Alonso de Cárdenas, el Maestre de Alcántara D. Juan de Zú-

Año de 1485.

Salió el Rey de Córdoba.

Señores y Títulos que fueron con el.

ñiga, el Duque de Medinaceli D. Luis de la Cerda, é el Duque de Alburquerque D. Beltran de la Cueva, é el Condestable de Castilla Conde de Haro D. Pedro de Velasco, é el Duque de Alba D. García de Toledo, su fijo con su gente, é el Conde de Ureña, é el Conde de Treviño Duque de Nájera, D. Pedro Manrique, é el Conde de Benavente D. Juan Pimentel, é el Conde de Cabra, é el Conde de Feria D. Gomez Suarez de Figueroa, é D. Alonso Fernandez de Córdoba Señor de la Casa de Aguilar, é otros muchos Grandes, Condes, Duques, é Señores, que seria luengo de contar, en que el Rey allegó mas de doce ó trece mil de á caballo. En los peones de pelea no hay cuenta; empero decian que habia mas de ochenta mil peones, é ministros, é artilleros, é carreteros, é de todos oficios; y habia mas de mil y quinientas carretas de artillería en que iban muy gruesas lombardas, y entrando el Rey en el dicho Val de Cartama, fizo poner tres cercos juntamente, el uno sobre Cartama, el cual encomendó al Maestre de Santiago, el otro en Benamaquis, el otro en Coin; é él asentó su real en comarca de todos. El de Benamaquis fué encomendado al Marqués Duque de Cádiz, é fué tomado por fuerza de armas por combate que les dieron á los moros, por que no quisieron darse en tiempo, é mataron algunos chrisianos en las estancias, fízolos el Rey meter á espada á todos, é así murieron mas de cien moros por armas fechos pedazos, é quedó tomada la villa é fortaleza.

É luego dieron combate á Coin con las lombardas, y rompiéronle por muchas partes los muros,

Fueron doce ó trece mil los caballos, y ochenta mil los peones.

Division de los soldados, y á quien encomendó los cercos.

Tomó el Marqués Duque á Benamaquis.

y los moros se dieron á partido que se fuesen con Dánse Coin y Cartama. lo suyo, é dejasen la villa, é así se fizo. En este medio tiempo, el Maestre fizo combatir á Cartama con las lombardas muy fuertemente; é diósele á partido como los de Coin; y el Rey mandó fortalecer á Cartama y abastecer de armas y viandas, y aderezar lo derribado, é dejóla con gente á buen recaudo, é fizo aportillar por muchas partes á Benamaquis é á Coin; é dejó los yermos, é fizo cargar toda la artilleria é ir la via de Málaga, é echó fama por todo el real que iba á poner cerco sobre Málaga; é los moros que estaban por cima del real á su vista metidos en riscos, todos pensaron que así era, é ficiéronlo saber los unos á los otros, é por ir á defender la ciudad, fuéronse á meter dentro; é el Rey desque fueron dentro, envió al Marqués Duque Cerco de Ronda, y forma en que se dispuso el real. de Cádiz con dos mil de á caballo á cercar la ciudad de Ronda, el cual amaneció sobre ella una mañana é púsole sobre ella cerco, é siguióle mas gente del real, con que en tal manera lo cercó que ninguno salió de cuantos dentro estaban, ni entró otro. Y el Rey, fecho este engaño á los moros, dió vuelta otro dia con todo el real y artilleria dejando muchos lugares despoblados y destruidos, é de los que los moros en aquella comarca tenian; é vino por la via que habia entrado fasta Alora, é dende á Ronda, y como los moros esto vieron otro dia, entendieron el engaño. É los mancebos de Ronda que estaban en la Sierra mirando donde declinaria el real, é se habian ido á meter en Málaga, dieron vuelta á Ronda, é cuando llegaron halláronla cercada y no pudieron entrar, é de esta manera quedó

la mayor parte de la mancebia de Ronda fuera, y
no habia en la ciudad tanta fuerza cuanta hubiera,
si todos los mancebos dentro se hallaran. Y desque
el Rey llegó con el real de la gente, é gran artilleria, fizo poner sobre Ronda tres reales, y en cerco
el mas pequeño entre Ronda y la Torre del Mercadillo, en medio del real, y de Ronda el rio y muy
grandes barrancas de él. En este estaba la gente de
Córdoba, é de Ézija, é la de Carmona con sus capitanes, cercados de paredes de piedra é cavas. El
arroyo arriba hácia donde nace el sol, estaba el real
del Marqués Duque de Cádiz por si, en el mayor
peligro por el arroyo é una ladera muy inhiesta,
con algunos capitanes de las guarniciones del Rey
que estaban á su gobernacion y mandado, é por la
parte del mayor peligro se acercaron de un vallado,
é á lugares de pared de piedra seca. É el gran real
donde el Rey D. Fernando, estaba asentado del cabo de Ronda fácia al mediodia, é estaba tan grande
é tan fermoso que parecia á la ciudad de Sevilla.
Las tiendas del Rey estaban asentadas en medio del
real, y el Rey se aposentaba en una torrecilla que
ende estaba en los olivares y viñas, y al derredor
de sus tiendas y de aquella torrecilla, estaban las
tiendas de los Grandes de Castilla ya dichos. Y entre
este gran real, y el real del Marqués Duque de Cádiz, tiraba la artilleria de las grandes bombardas, que
de los tiros que de cada cabo tiraban; y entre estos
dos reales ya dichos, estaba la carreteria y dormia
la gran boyada de ella; y desde el real del Rey
hácia al poniente abajo de la ciudad fasta cerca del
rio, descendia por hilo un gran real fasta un cerrillo

donde estaba una gruesa batalla aposentada con
sus tiendas, donde estaba el Maestre de Alcántara
por caudillo, y de todas partes de estos reales tiraban robadoquines é otros tiros, á Ronda. Tenian
en Ronda una mina los moros secreta, descendia
de la altura de la ciudad por escalones, en la cual
yo conté ciento y treinta pasos de descendida, por
donde venian y tomaban el agua que habian menester de tres pozos, que abajo al peso del agua del
rio, tenian fechos é llenos de agua: desto supo el
Marqués, é él mesmo con los suyos combatió por
allí, y fizo facer un portillo por la pared del gran
barranco por donde descubrió el escalera de los pasos, é metió gente que guardaron el agua de dentro de la bóveda de la mina, y así el Marqués Duque de Cádiz les quitó el agua, por lo cual los moros fueron muy aflijidos, é no se pudieron tener.
Dieron combate á los arrabales juéves doce de Mayo, é entráronlos por fuerza de armas por donde
habian aportillado las lombardas, con muy poco
peligro de los christianos, é pusieron las estancias
dentro al pié de la Alcazaba, é comenzaron de ho-
radarlas dentro de bancos, y debajo de ellos pinja-
dos. É desque los moros vieron las torres de la Alcazaba derribadas á pedazos, é los muros aporti-
llados del grande estrago de las lombardas por el
cabo de fácia donde el Rey estaba, hácia el medio
dia de la Ciudad, que es lo mas flaco, que por las
otras tres partes no tienen combates, ni se podia
tomar, é vieron tanto fuego de alquitrán que les
echaban con los cuártagos que ardia la ciudad, temieron la muerte, y que les entrarian por fuerza de

Quítanle la mina del agua, y el autor contó 130 pasos de descendida; y la tomó el Marqués Duque de Cádiz.

Dánse á partido y cuales.

armas; é demandaron partido, é que cesase el com•bate, y el Rey mandó cesar, y los moros de Ronda pidieron que los dejasen ir con los suyos dó quisiesen, é les asegurasen fasta que fuesen en salvo, é él se lo otorgó, que habia de ser con condicion que luego ante todas cosas le entregasen todos los christianos que tenian cautivos, é los moros se los presentaron luego al real, y era por cuenta cuatro-

Hallaron cuatrocientos christianos cautivos.

cientas personas, poco mas ó menos, los cuales fueron con sus hierros á los pies, á besar los pies y manos al Rey, llorando con gozo de alegria diciendo: *¡Oh Rey alto, poderoso y esforzado! ensalsevos Dios el estado, y sea siempre en vuestros fechos; quite de nuestros dias, y ponga en los vuestros.* Decian al Rey estas cosas y otras semejantes, que no habia persona que los viese, que *propter gaudium*, con ellos no llorase, viéndoles los cabellos é

Salió de cautiverio un sobrino del Duque de Cádiz, é otros alcaides.

barbas fasta las cintas, desnudos, é desarrapados, é aherrojados é hambrientos. Salieron allí hombres de grandes rescates, especialmente D. Manuel sobrino del Duque de Cádiz, fijo de D. Pedro el Bayo, é dos fijos de Diego de Fuentes, é un fijo de Pedro Matheos, Alcaide de Espera, vecino de Utrera, é otros muchos que algunos de ellos estaban en rehenes por sus padres, é por otras personas que se habian perdido en el Ajarquia. É desde el juéves que les entraron los arrabales por fuerza, en tres dias siguientes que fué el dia de Pascua del Espíritu Santo, dieron la ciudad al Rey, é le entregaron todo lo alto y bajo, y el Rey les dió quince dias de plazo para que se fuesen donde quisieran con todo lo suyo; en el cual término todos salieron, é de ellos

fueron á tierra de moros, é de ellos vinieron á po-
blar en Alcalá del Rio cerca de Sevilla, los cuales
fueron el Cordo Alcaide de Setenil, é el Alguacil
de Ronda que eran las cabezeras, con mas de cien
casas, é dióles el Rey bestias en que vinieron fasta
Alcalá, con sus fijos y familias.

Algunos se vinieron á vi-
vir y en qué partes.

É cuando esto fué fecho y la ciudad despacha-
da de los moros, ya las caleras estaban fechas y co-
cidas con la cal, é el Rey tomó este estilo desque
tomó á Alora, que en asentando el real, comenza-
ban los caleros á facer cal, é mandó adobar todo
lo derribado de Ronda. Desque el Rey tuvo á Ronda envió al Marqués de Cádiz, el cual era el todo
del ardid de aquel cerco, é por su consejo se habia
dado la vuelta de Málaga é cercado á Ronda, que
fuese á requerir á los lugares de la Sierra de Villaluenga é Benaocáz, é Archite, é Obrique, é Carde-
la, é Cuidita é otros; é tomó el Marqués las fuerzas, é envió mensaje al Rey á dar la obediencia Ca-
sares, é Haucin, é todo el Alhavaral, y Sierra Bermeja é Marbella; é de esta otra parte, el Burgo é
Yunquera aquella semana de Pascua. É en ciertos
dias despues se hicieron los partidos con los moros,
de manera que dieron las fuerzas de las villas é las
armas, é quedaron por estonce en lo suyo fasta que
el Rey despues determinó los lugares que quedaron. Por estonce, viérnes de esta semana de Pascua, partieron los christianos cautivos que salieron
de Ronda é del Val de Cartama, por mandado del
Rey para Córdoba á facer reverencia é besar las
manos á la Reina doña Isabel, los cuales fueron
por cuenta cuatrocientas diez y siete personas, hom-

Ríndense otros lugares.

Van á Cór-
doba 417 per-
sonas cauti-
vas de órden
del Rey á pre-
sentarse á la
Reina y las
recibe, y dá
limosnas pa-
ra su viaje.

bres y mujeres, é muchachos, é fízoles el Rey dar
bestias y despensas para el camino, y fueron de la
Reina é de la Infanta, é de otras muchas gentes, muy
bien recibidos, é entraron en la ciudad con gran
procesion fasta donde estaba la Reina é la Infanta
en ordenada manera, é besáronles las manos con
humilde reverencia, y siguieron su procesion fasta
la Iglesia mayor; é la Reina les mandó dar de comer é á cada uno ocho reales de limosna, para con
que fuesen en sus tierras; eran de aquellos cautivos

Suceso par-
ticular de una
mora. cuarenta mujeres. Ovo una mora moza que al
tiempo que iba con su padre é madre, dijo que que-
ria ser christiana, y que no queria ir en tierra de
moros. É un mancebo de los christianos que habian salido de Ronda estando en el real del Sere-
nísimo Rey D. Fernando, dijo que se la diesen por
mujer, é ella plugo, é así se la dieron por mujer
despues de bautizada.

Envió el Rey á requerir á Casarabonela que se
le diesen, puesto que no se podian defender ni escusar de sele dar, pues que ya habian tomado toda
la comarca, é que antes que moviesen el real para
ir sobre ella, que tuviesen por bien de le dar la villa
é la fortaleza. É los moros le enviaron por escrito
en respuesta una carta que decia así:

CARTA DE CASARABONELA AL REY.

Alabado Dios poderoso en unidad, que no hay
criador sino él, ni hay otro á su faz igual dél, é dé
su gracia é salvacion, con Mahomat nuestro Pro-

feta y su mensajero. Escribimos la presente carta al gran Rey muy poderoso Señor de muy grandes reinos é señorios, é de muchas provincias, poderoso y justo en sus sentencias, amado de la justicia, Rey de Castilla, ensálcelo Dios é esfuérzelo. Nos la Comunidad y Alguacil y Alcaide del castillo de Casarabonela junto con esto acreciente Dios nuestro Real Estado. Recibimos vuestra carta é la leimos, y entendimos lo en ella contenido; luego pusimos en obra de enviar á dar la obediencia á vuestra grandeza y muy gran virtud y bondad, é estamos con voluntad de todos obedecer á V. A. por que oimos y vimos que vuestra palabra es cierta y verdad en dicho y en fecho por cuanto nos dijeron de V. A. dijo: cuando los moros de Casarabonela vinieren á darme obediencia, entónces faré yo los que ellos querrán, y nosotros ensalce Dios V. A. nunca obedecimos ni servimos á ningun Rey en toda nuestra vida ni á ningun caballero; y fuimos honrados y acatados de todos los reyes; pero á V. A. nos conviene servir y acatar, pues Dios os fizo tan poderoso y dichoso, y en todas las cosas quiere cumplir vuestra voluntad. Placer á Dios poderoso que siempre será así; por ende pues que nos ponemos en mano de V. A. seamos bien tratados y honrados, como siempre fuimos de todos los otros reyes, cuantimás siendo V. A. mas poderoso, y mayor y mejor que ellos.

É luego, como el Rey recibió esta carta, envió á tomar la fortaleza de Casarabonela, é asentó con los moros que quedasen en la villa por mudejares, é entregáronle la fortaleza y fornecióla de jente y

Entrégase Casarabonela.

Alcaide, é viandas, é armas, la que es de las mas fuertes del Reino de Granada, é entregáronla é diéronla al Rey, jueves, dia de Córpus Christi á dos de Junio de dicho año.

Este dia se celebró la fiesta de Córpus Christi en Ronda, siendo la mezquita mayor convertida en Iglesia é bendita por D. Fray Luis de Soria, Obispo de Málaga; é llevaron los cetros con el cielo sobre el arca de la amistancia de nuestro Redemptor Jesuchristo, el Rey y el Maestre de Santiago, é el Condestable, é el Duque de Medina Sidonia, é el Duque de Nájera, é el Conde de Ureña, é el Maestre de Alcántara, é otros grandes. Físose muy solemne fiesta con los instrumentos, músicas, y cantares de él, y de los grandes Señores. Llevaban el arca ciertos Obispos é Prelados de Sevilla, é de Castilla, é ficieron la misa muy ricamente y solemnes cantares, y músicas acordadas. Mandó el Rey

adobar muy bien los muros de Ronda, para lo cual hicieron ir albañiles, é carpinteros de Sevilla, y allí pusieron en la obra algunas pelotas de las grandes lombardas en memoria de esta victoria; é dejó la Ciudad á buen recaudo y movió su hueste para ir á Marvella dejando la gran artillería cerca de Zahara, y llevando algunos tiros livianos en acémilas, é fué por la ciudad de Arcos, y reposó allí algunos dias, y dende siguió su via fasta Marvella, y dióse

le luego, y echó los moros fuera á las aldeas, é puso en ella gente de su guarnicion é Alcaide, é puso en Guacin y Cazares, Alcaides christianos, é en la Fonjírola, é dejó los moros por allí por mudejares en sus faciendas, y fuese rodeando la sierra fasta cerca de Málaga, é salió por Alora, é Antequera Vuelve el Rey victorioso á Córdoba. por donde habia entrado, é volvióse á Córdoba de donde habia partido, venturoso y vitoriado donde con mucha honra y solemnidad fué recibido. Los nombres de los lugares que el Rey D. Fernando ganó de esta entrada, son los siguientes:

Primeramente en el valle de Cártama.

Cártama.	Yunquera.
Coin.	El Burgo.
Benamaquis.	La ciudad de Ronda.
Fadala.	Venaoxan.
El Haurin.	Monte corto.
Campanillas.	Audita.
Esquinillas.	Cagracalima.
Guaro.	Hasnalmara.
Monda.	Archite.
Locaina.	Oblique.
Benalmadayna.	Benaocaz.
Casarabonela.	Cardela.

En el Alhabaral é sierra Bermeja:

Guacin.	Faraxan.	Benicami.
Casares.	Benayon.	Oxera.
Cristalina.	Jucar.	Alcabar.
Himena.	Caritalxime.	Achucar.
Alcastin.	Benajeriz.	Motron.
Vida cara.	Bena Acin.	Tolox.
Bautadari.	Faraca.	Benamaya.
San Ablastar.	Alulea.	Taxete.

Albacete.	Xubrique.	Alvasmeria.
Benadalid.	Boleron.	Venatis.
Benarraba.	Ginalgacin.	Dardin.
Benalaha.	Benameda.	Marvella.
Algatucin.	Monarda.	Oxen.
Rotillas.	Almachar.	Frixiana.
Benestepar.	Cortes.	

É otros, é quedaron allí esfonce Mijas y Osuna, dos leguas, lugares muy fuertes enriscados, que se no quisieron dar hasta que se ganó Málaga.

CAPÍTULO LXXVI.

De lo que hizo Muley Baudili Alzagal por que lo alzaron por Rey.

Año de 1485. En el dicho año en el tiempo que el Rey D. Fernando ganó á Ronda, acaeció que salió de Granada el Infante Muley Baudili Alzagal á socorrer á Málaga, dicen que el cerco se enderezaba á ella; é despues volviéndose á Granada con mas de seiscientos de á caballo, é muchos peones, encontró cerca de Alhama con Juan de Angulo, capitan del Rey que estaba en Alhama por frontero, que traia una cabalgada de cerca de Granada con ciento y veinte de á caballo; é el Infante moro le fizo un engaño, púsose en celada, y hechó veinte de á caballo delante, é armole de tal manera que le quitó la Cabalgada, é mató, é llevó cautivos muchos, é los que se escaparon fué á uña de caballo, é fuese con la cabalgada á los lugares cerca de Granada, é no quiso entrar en Granada fasta que lo alzaron por Rey de ella; é como los moros vieron que fizo aquello aficionáronse á él, é él tuvo tal manera con ellos que lo alzaron por Rey de Granada, é depuso á su hermano y despojólo del reino diciendo que era viejo, é ciego, é que no era para defender el reino.

CAPÍTULO LXXVII.

DE LAS GRANDES LLUVIAS DEL AÑO DE 1485 EN LOS MESES POSTREROS.

En el dicho año de 1485 años en el mes de Agosto, despues de haber reposado la gente algunos dias del trabajo de la entrada primera, el Rey sacó su hueste para ir sobre Moclin é Illora, é envió delante por cercador al conde de Cabra, é con él á Martin Alonso de Montemayor é otros caballeros para que cercasen á Moclin. Una madrugada acaeció, que estaban allí el Rey que habian alzado en Granada los moros, Muley Baudili Alzagal, y aunque lo supo el conde no se le dió nada por ello, ni quiso aguardar mas gente, é comenzóse la batalla antes que amaneciese, é huyó la gente al conde, é quedó con muy pocos fasta la mañana; é desque vido el mal recaudo, ovo de volver las espaldas á huir, por guarecer su persona, despues de haber mucho peleado y trabajado por defender los peones que habian desbaratado los mesmos christianos de

á caballo, cuando volvieron á fuir antes que el dia
fuese claro. É allá perdió el conde un hermano que
decian D. Gonzalo; é salváronse aquel dia los de
á caballo, que no murieron sinó muy pocos, y mataron los moros mas de seiscientos peones christianos á hilo como iban, é visto por el Rey el mal
recaudo volvió de Alcalá la Real y fué la via de
Cambiles, que está 7 leguas de Sevilla, digo de Jaen,
y estando é habiendo llegado púsole cerco, é combatiólo con las lombardas y tomólo y fortalecíólo, é
luego los moros de la comarca dejaron á Arenas
y Apines é Asnallos. Esta fortaleza de Cambiles es
muy fuerte, é combatiéronla con las lombardas
tres dias, y los moros se dieron á partido que los
dejasen ir libres á Granada.

Toma el Rey
á Cambiles, é
otros lugares.

En este medio tiempo que el Rey estaba sobre
Cambiles tomaron los christianos de Alhama una villa
una noche, por el concierto de dos moros que en ella
vivian ó estaban, que eran de linaje de christianos,
é la villa se llamaba Acaleha, é cautivaron toda la
gente de ella, é mataron á algunos por que se defendian, é fornecieron la villa y fortaleza, é tuviéronla á buen recaudo fasta que el Rey los proveyó.

En este tiempo murió el rey viejo Muley Hacen,
en Salobreña, que es un lugar pequeño donde el hermano lo habia desterrado é mandado estar cuando
lo ficieron rey en Granada, que luego lo mandó salir de la ciudad á él é á su mujer, é aun les tomó
el oro y plata, y haber que tenian, é trujéronle á
Granada defunto en una azémila, é fué enterrado
muy pobre é abultadamente, por mano de dos christianos cautivos en su osario.

Tomaron
los christia-
nos á Acaleha
y muere el
Rey moro
viejo.

CAPÍTULO LXXVIII.

OTRA VEZ DE MUCHAS AGUAS.

En este dicho año de 1485 á 11 de Noviembre, Año 1485. comenzó de llover hasta el dia de la Natividad de Nuestro Redemptor, que son seis semanas, que nunca en este tiempo ovo sinó dos ó tres en que descampase, é llovió tan récio, é tantas aguas que nunca los que eran nacidos estonces vieron ni tantas aguas, ni tantas avenidas en tan poco tiempo; é subió el agua del Guadalquivir en las mas altas señales de la almenilla de Sevilla é de la Barranca de *Sevilla. Avenida y lo que* Coria, é duró una vez once dias en aquel peso que *duró, y daños que hizo, y* poco mas ó menos no abajaba, y estuvo la ciudad *por donde entró el agua.* aquellos once dias en muy gran temor de ser perdida por agua, é entró el agua por ella por las atarazanas; andaban copanos por la ciudad é por la laguna andaban barcos, que pasaban la gente de un cabo á otro; cayéronse infinitas casas; derribó el *Salen los monjes de las* rio gran parte de Triana é bañó todo el monasterio *Cuevas del Monasterio.* de las Cuevas, é sacaron los monjes en barcos, é recibió muy gran daño el monasterio. Destruyó y llevó de esta vez el Guadalquivir muchos lugares *Lugares que daño esta ave-* sus vecinos, especialmente desde Córdoba á acá, *nida.* gran parte de Écija, y parte de Cantillana, é todo Brenes, é del Algaba, y Rinconada gran parte, lo que habia quedado del Copero del año de 1481, tornolo á bañar, llevó todo el rincon que la otra vez *En Castilla ovo estas ave-* no habia llegado á él. Fueron en toda Castilla estas *nidas.*

muy grandes avenidas, en que se perdieron totalmente muchos hombres, y muchas haciendas, cayéronse infinitas casas y edificios, muriéronse infinitos ganados, muchas arboledas y viñas arrancadas, é otras cubiertas del légano del rio. Derribó el rio la mayor parte de los arrabales de Sevilla que dicen Cesteria é Carreteria, é estuvo Sevilla cercada de aguas en todas partes, en manera que en tres dias no le entró pan cocido de fuera ni otra cosa, nin podian entrar en ella, nin salir con las muchas aguas.

Daño en los arrabales de Sevilla, y no pueden en tres dias entrar ni salir en ella.

CAPÍTULO LXXIX.

DE COMO EL REY TOMÓ Á LOJA É ILLORA.

Año de 1486

Sacó su hueste el Rey D. Fernando muy poderosa con muchos de los grandes de Castilla, el cual partió de Córdoba en un dia del mes de Mayo del año de 1486, y puso cerco á la villa de Loja con menos jente que el año antes sobre Ronda habia llevado; y llevó esta vez consigo un Conde de Inglaterra, pariente de la Reina que se decia el Conde de Escalas, que pasó acá en aquel tiempo por servir á Dios y facer guerra á los moros con trescientos hombres artilleros é flecheros muy esforzados; y como el Rey llegó, salieron muchos moros de á pié y de á caballo por defender que el real no se asentase, y comenzaron de pelear defendiéndolo á saetadas é espingardadas desde entre las huertas,

El Conde de Escalas inglés, vino á la guerra de los moros con 300 hombres.

y trabose la pelea con los moros, los dichos ingle- Salen los moros á defender á Loja.
ses, y ciertos hombres de las montañas que habian
venido con el Duque del Infantado, y con el Duque de Nájera de los que acá dicen lacayos ó vizcainos; é como el Conde de Escalas vido la pelea,
dijo, que pues la pelea estaba trabada y los moros
se defendian, que queria pelear á uso de su tierra,
y descabalgó del caballo, armado en blanco, y con Pelea el Conde de Escalas á su usanza.
una espada ceñida, é una hacha de armas en las
manos, y con una cuadrilla de los suyos, así mismo
armados de blanco con sus hachas, se lanzó delante de todos en los moros, y con viril y esforzado
corazon, dando golpes en unos y otros, matando y
derribando, que ni le faltó corazon ni fuerza; é
como esto vieron los castellanos montañeses ya di-
chos, no menos ficieron al momento, siguiendo trás Gánanse los arrabales de Loja.
los ingleses, é dieron tal prisa á los moros que les
hicieron volver las espaldas á huir, é los christianos revueltos con ellos se encontraron en los arrabales de Loja, los cuales nunca perdieron ni dejaron. El Rey socorrió luego en persona á los suyos.
Murieron muchos moros en esta entrada, é algu-
nos christianos, é fué ferido el Conde inglés de una Sale herido el Conde inglés.
pedrada, que le quebraron un diente; é murieron
tres ó cuatro hombres de los suyos. É tomado el
arrabal pusieron en él sus estancias; é el Rey asentó su gran real, é cercó al derredor de Loja, y ases-
tadas las lombardas mandó tirar y en chico espacio les derribaron un gran lienzo de los muros de
la villa; é desque los moros vieron esto diéronse al
Rey á partido, que los dejase ir con lo suyo que Dánse á partido los de la villa.
pudiesen; é el Rey así se lo otorgó, é se fueron, é

le dejaron la villa, é pidieron por merced al Rey que los enviase á Granada seguros con el Marqués de Cádiz, porque no los robasen, é matasen en el camino, é el Rey ansí lo fizo, que envió al Marqués por capitan é guarda de ellos con otros caballeros, é mucha jente, fasta que los pusieron en salvo; los cuales moros y moras iban haciendo muy grandes llantos y amarguras. Salió estonce de Loja con ellos el Rey Muley Baudili, prisionero del Rey de Castilla, que decian que lo tenian allí los moros en son de preso por que se habia acontecido estar allí en este tiempo. Los christianos cautivos que el Rey redimió no pude saber cuantos eran, salvo que fueron sueltos y presentados al Rey antes que los moros saliesen. Fué el dia que la villa de Loja entregaron al Rey, lúnes 28 dias de Mayo del dicho año de 86. Fortalecióla luego el Rey, é fízola muy bien adobar é guarnecióla de gentes, é viandas, é armas, é puso en ella gente de guarnicion, é movió su hueste, é artilleria, é fué á cercar á Illora; é envió delante por cercador al Duque del Infantado, é á el Conde de Cabra con sus jentes, la cual cercaron domingo 4 dias del mes de Junio del dicho año, é luego el lúnes los dichos señores Conde y Duque, con la jente que tenian, entraron en el arrabal por fuerza de armas, é este dia llegó el Rey y se asentaron las lombardas, é el Real; y el miércoles tiró la artilleria, é derribaron gran parte de la villa, é mataron algunos moros de dentro los tiros de las lombardas, de lo cual ovieron muy gran temor los moros, y no osaron mas esperar; é diéronse jueves bien de mañana á partido, el cual el Rey les otorgó co-

Sale con los moros el Rey Muley Baudili

Dase Illora á partido.

mo los de Loja, que llevasen todo lo suyo; los cuales tenian ya muy poco que llevar, que todo lo habian llevado esperando lo que les vino. É habia en Illora ochocientos moros de pelea, en que eran los doscientos negros; é habia cincuenta mujeres, é habia entre ellos fasta treinta de á caballo; é el viérnes siguiente, 9 dias de el dicho mes, dejaron la villa desembargada los dichos moros, é enviolos el Rey á Granada, seguros con los dichos señores Duque del Infantado é Conde de Cabra, con tres mil de á caballo, é fueron con ellos fasta la Puente de Pinos; é por once christianos cautivos que estaban en Illora, que los moros habian llevado á Granada mientras que se tomó Loja, tomó el Rey otros tantos moros de Illora, é los tuvo hasta que trujeron los christianos; é el Rey fizo adovar é guarnecer á Illora y ponerla á buen recaudo

Retiene el Rey otros tantos moros como christianos llevaron á Granada.

CAPÍTULO LXXX.

DE COMO VINO LA REINA AL REAL Y LA RECIBIERON.

El viérnes que los moros partieron de Illora para Granada, partieron del real el Marqués Duque de Cádiz, é el Adelantado del Andalucia con gran caballeria á recibir la Reina doña Isabel á la peña de los Enamorados, que venia á ver el Real y haber parte de la victoria y buena ventura del Rey su marido; la cual llegó al Real el lúnes 11 de dicho mes á Illora, donde el Rey estaba. Traia consigo dejando la jente que la fué á recibir, hasta cuarenta cabalgaduras en que habia fasta diez mujeres. El recibimiento que le fué fecho fué muy singular, en que salieron al camino los primeros el Duque del Infantado, que habia venido de esta vez á la guerra en persona muy poderoso y muy pomposo, é el Pendon de Sevilla y su jente, é el Prior de S. Juan,

fasta una legua y media del Real; é púsose una batalla á la mano izquierda del camino por donde ella venia, todos bien aderezados y como para pelear; y como la reina llegó fizo reverencia al Pendon de Sevilla, y mandólo pasar á la mano derecha, é como la recibieron, salió toda la gente delante con mucha alegria corriendo á todo correr, de que su Alteza ovo muy gran placer, é luego vinieron todas las batallas, é las banderas del real á le facer recibimiento, é todas las banderas se abajaban cuando la Reina pasaba; é luego llegó el Rey con muchos grandes de Castilla á la recibir, é antes que se abrazasen se hicieron cada uno tres reverencias, en que la Reina se destocó, y quedó en una cofía el rostro

descubierto, y llegó el Rey y abrazóla y besóla en el rostro; y luego el Rey se fué á la Infanta su hija, y abrazóla y besóla en la boca, y santiguola. Venia la Reina en una mula castaña en una silla andas guarnecidas de plata dorada; traia un paño de carmesí de pelo, y las falsas riendas y cabezadas de la mula eran rasas, labradas de seda, de letras de oro entretalladas, y las orladuras bordadas de oro; y traia un brial de terciopelo, y debajo unas faldetas de brocado y un capuz de grana; vestido guarnecido morisco, é un sombrero negro guarnecido de brocado al derredor de la copa y ruedo. Y la Forma en que venian los reyes y sus vestidos Infanta venia en otra mula castaña guarnecida de plata blanca, y por orladura bordados de oro, é ella vestido un brial de brocado negro, y un capuz negro guarnecido de la guarnicion del de la Reina.

El Rey tenia vestido un jubon de demesin, de pelo, é un quisote de seda rasa amarillo y encima un sayo de brocado, y unas corazas de brocado, vestidas, é una espada morisca ceñida muy rica, é una toca, é un sombrero, y en cuerpo en un caballo castaño muy jaezado. É los atavios de los grandes que ahí estaban, eran muy maravillosos é muy ricos é de diversas maneras, ansí de guerra como de fiesta, que seria muy luengo de escribir. Allegó el Conde de Inglaterra luego en pos del Rey á hacer recibimiento á la Reina y á la Infanta, muy pomposo en estraña manera, á la postre de todos, armado en blanco á la guisa, encima de un caballo castaño con los paramentos fasta el suelo de seda azul, y las orladuras tan anchas como una mano Llegó en el recibimiento el Conde inglés, y en qué forma y con qué vestido. de seda rasa blanca, y todos los paramentos estrellados de oro en forrados en ceptí morado; y él traia sobre las armas una ropeta francesa de brocado negro raso, un sombrero blanco francés con un plumaje, é traia en su brazo izquierdo un broquelete redondo á varas de oro, é una cimera muy pomposa, fecha de tan nueva manera que á todos parecia bien; é traia consigo cinco caballos encobertados con sus pajes encima todos vestidos de seda y brocado; y venian con él ciertos gentiles hombres de los suyos muy ataviados, é ansí llegó á facer reverencia y recibimiento á la Reina y á la lnfanta, é despues fizo reverencia al Rey, y anduvo un rato festejando ante todos encima de su caballo, é saltando á un cabo é á otro muy concertadamente, mirándolo todos los grandes é toda la jente, é á todos pareció bien de esto; sus Altezas ovieron mucho placer, é ansí vinieron fasta las tiendas reales, donde los señores Reyes é su fija fueron bien aposentados, é las damas y señoras que las acompañaban en este viaje.

CAPÍTULO LXXXI.

DE MOCHIN É MONTEFRIO, É COLOMERA. COMO EL REY Y LA REINA LOS TOMARON, É DE LAS COSAS QUE AHÍ ACAECIERON.

Despues que fueron hechos los carriles para llevar y subir el artilleria á Mochin, el Rey lo fizo cercar y alzó su real, y fuelo á poner cerca dél, é fízolo combatir con las lombardas, é á los primeros tiros una pelota les horadó una bóveda donde tenian la pólvora, é ardióles toda á muy grandes llamas, é desque los moros vieron esto diéronse al Marqués Duque de Cádiz, é encomendáronse que les ficiese el partido con el Rey, el cual el Rey les fizo como á los otros que se fuesen con lo suyo, y así fué hecho, é la Reina se aposentó dentro en Mochin, é el Rey fizo allí su jente tres partes, la una fué á cercar á Montefrio, la otra quedó en guarda del Real, é de la Señora Reina, é él fué con la

(nota al margen) Tómase Mochin.

otra que fué la mayor parte de la jente caballeria, Tala el Rey la vega de Granada.
á talar é correr la vega de Granada, en la cual fizo
á los moros muchos daños, que les taló los panes
y panizos, olivares y huertas, é fecho esto dió vuelta á su Real, é falló como los moros de Montefrio
se querian dar é habian demandado partido á la
Reina, é todos los grandes con toda la hueste é artilleria asentaron el Real y tiendas ahí cerca, en el
cual lugar estuvieron cuatro ó cinco dias, y el Rey
afirmó el partido, é envió los moros, é tomó la for- Dase Monte-frio.
taleza é lugar de Montefrio, é forniólo, é púsolo á
buen cobro, é redimió allí veinte y seis christianos
hombres, é mujeres que estaban cautivos, é envió Dáse Colo-mera.
á requerir á los moros de Colomera que le diesen
la fortaleza, é lugar, é ellos lo tuvieron por bien,
é se la dieron sin recibir afrenta ni combate con
temor, é se fueron con lo suyo como los otros; y
así de esta entrada dió Nuestro Señor en manos del
Rey y de la Reina, las sobredichas villas y fortalezas, Loja, Illora, Montefrio, Colomera, en obra
de un mes; que en otro tiempo la menor era bas-
tante tenerse un año y no poderse tomar sino con
hambre. Y con estas victorias y honra, el Rey y la
Reina con todo su real, se volvieron, é con toda su Vuelven los Reyes á Cór-doba.
artilleria, é salieron por la villa de Priego, é dende
por sus jornadas á Córdoba donde se habia partido
de primero, y allí el Príncipe D. Juan su fijo con
toda la Ciudad, les salieron á recibir.

CAPÍTULO LXXXII.

DE VELEZ MÁLAGA, É COMO LA TOMÓ EL REY.

Año de 1487. En el nombre de Nuestro Redemptor Jesuchristo, sábado 17 dias del mes de Abril, año del nacimiento de Nuestro Redemptor de 1487 años, partió el Rey de Córdoba por hacer servicio á Dios y guerra á los moros con muy gran caballeria, y con su artilleria é jente de todos sus reinos, é muy gran gana é disposicion de pelear con los moros, é fué por sus jornadas hasta Velez Málaga. El sábado que partió de Córdoba era víspera de Ramos, é fué á dormir á La Rambla, é dende fué otro dia al rio de las Yeguas donde recojió é guardó su jente, é estuvo hasta el juéves de la Cena, é dende fué á Archidona, y de allí á Calja, é el lúnes de Pascua de Resurreccion volvió, é llegó á Velez Málaga, donde los moros salieron á escaramucear con los christianos con muy buen esfuerzo defendiendo la villa, é el mártes de Pascua siguiente, el Rey mandó entrar en los arrabales por fuerza de armas; é como toda la jente venia con ánimo de pelear é destruir los moros, dieron combate por muchas partes, é matando é firiendo en los moros los desbarataron é les entraron por muchas partes, é tomaron los arrabales por fuerza de armas, lo cual el Duque de Nájera cometió primero, é fizo con los suyos que los moros se metieron fuyendo en la villa y cerra-

Ganánselos arrabales.

ron las puertas; é allí ovieron los christianos gran
despojo de joyas é ropas, é arreos de casas y frutas;
é como los moros se vieron todos encerrados en la
villa, comenzaron á la defender muy bien, é él fizo
cercar la villa de tal manera, que ni podia entrar
uno ni salir otro. En este tiempo habia dos reyes
en Granada, como es dicho, Muley Baudili Alzagal,
é este tenia el señorio de la mayor parte de la Ciu-
dad, é Muley su sobrino, prisionero del Rey de Cas- Viene el Rey de Granada á
tilla; é los moros de Granada afincaron su Rey ma- socorrer la vi- lla.
yor que fuese á socorrer á Velez, é ovo de salir de
Granada, y fué con mucha gente de caballo, y de
pié, y asomó un dia por unos cerros altos sobre
Velez, á vista del real de los christianos, y fué que
quiso tomar á Ventomiz una fortaleza de moros que
estaba allí, é no se la quisieron dar los moros por
que habian dado la obediencia al Rey D. Fernando
desde el primer dia que cercó á Velez. Y los moros
desque vieron el cerco, esforzáronse pensando ser
descercados, é el Rey moro y su Consejo enviaron
un tornadizo christiano á los moros de Velez, con
cartas que tal noche á tales horas hiciesen señas y
saliesen de la villa, é diesen en las estancias, é estonce daria el Rey con los del socorro sobre el real
de los christianos; el cual tornadizo fué tomado de
los guardas del Rey D. Fernando, é vistas las car- Descúbrese
tas, é sabido el secreto del Rey, hizo poner gran re- un aviso de los moros á
caudo en su real, é mandó enforcar el tornadizo, y los cercados y ahorcan al
el Rey moro se movió y abajó fácia el real de los que lo trujo.
christianos de una sierra donde estaba con muy
gran suma de moros que allí tenia, é pusiéronse en
una ladera, y desque vieron que los de la villa no

acudian con el concierto aquella noche, estuviéronse allí fasta otro dia, é el Rey mandó ir allá al
Marqués Duque de Cádiz con mucha gente de á
pié y de á caballo, é con muchos robadoquines pa-
Huyen los
moros que ve-
nian al so-
corro. ra que les tirasen; é fueron á cerca de ellos al pié
de una ladera donde estaba un grueso batallon, é
tiráronle muchos tiros, é ficieron huir aquella batalla, que era la mas cercana de los christianos, por
la sierra arriba, que no pararon fasta encima de la
sierra donde estaba el real del Rey moro. Y desque
los moros del real vieron que los otros iban huyendo, cayó entre ellos un temor y comenzáronse de
ir á mas andar, ni el Rey, ni los caballeros los pudieron detener ni escusar de fuir, que segun el lugar
donde estaba el real, ellos estaban muy seguros é
muy fuertes para se defender, y así ellos mesmos
se desbarataron en fuir y no defender la sierra, á
los cuales los christianos no habian de cometer por
allí si ellos estuvieran quedos donde el real estaba. Y cuando el Marqués y los caballeros, y gente
que con él iba, vieron que ninguno les defendia la
cuesta, encumbraron la sierra y vieron que todo el
real iba fuyendo, y fueron en alcance salvo que
se hallaron pocos y los moros eran muchos. Hallaron infinito despojo de armas, y otras muchas cosas que los moros no pudieron llevar, y volviéronse
al real con todo aquel despojo. Y los grandes de
Granada desque supieron la poca honra con que su
Rey iba, cerráronle las puertas, é no lo dejaron en-
En Grana-
da cierran las
puertas y no
reciben al
Rey. trar en Granada, y dijéronle que no querian que
reinase sobre ellos, y alzaron por Rey al Rey Muley
Baudili su sobrino, que estaba retraído en el Albai-

cin de Grànada, é el otro fuese á reinar sobre Baza·
é Guadix, é Alpujarras, é otras tierras.

El Rey D. Fernando puso gran recaudo en el
cerco, y fizo requirimiento á los de Velez que le
diesen la villa, pues el socorro les era fuido; é ellos
no quisieron, que creian que la gran artilleria no
podia pasar los puertos ni llegar á Velez, que aun
no era llegada estonce, é dende á cuatro ó cinco dias
vieron asomar la dicha gran artilleria, é todos los
cerros é puertos hechos caminos y carriles llenos de
carretas y bueyes con las grandes lombardas, y
con la multitud de tiros de pólvora, é ingenios, é
robadoquines; é aun quedaba la memoria de este
ínclito é famoso Rey para siempre, por razon de
aquellos caminos de tantas sierras y laderas, é puertos, é peñas, é ajosinamientos como hizo llanos á
azadon, y barrapala, y almadana, en toda la tierra
que ganó á los moros, que es cosa increible á quien
no ha visto los pasos por dó tan gruesas lombardas
é tan grande artilleria pasaba, é así mismo vieron
venir tan gran gente de guardia con la dicha artilleria, que fueron muy espantados é desmayados;
é llegó la artilleria y el Maestre de Alcántara que
fué estonce por caudillo mayor de ella; é los moros
no osaron aguardar que tirasen, antes demandaron
luego al Rey partido, que los dejase ir con sus haciendas, é el Rey se lo otorgó, y los moros entregaron la fortaleza y la villa, y se fueron con lo que
pudieron llevar, é algunos se fueron á Granada, é
otros allende, é algunos al real para venir á Castilla á vivir, é á todos el Rey D. Fernando envió seguros, y fizo poner en salvo en ella, dia de Santa

El Rey hace allanar los caminos. Obra insigne.

Cruz, á tres de Mayo, año susodicho de 1487; y estaba ya dentro su Guion, é la Cruz de la Santa Cruzada que siempre traia en su hueste, é el Conde de Cifuentes, Asistente de Sevilla, su Alferez mayor que habian primero en la fortaleza entrado; é recibieron al Rey cuando entró en procesion, é fueron con la procesion á la Mezquita mayor é mas honrada, é bendijéronla, é ficiéronla iglesia, é púsole el Rey con muy gran devocion Santa María de Encarnacion, por vocacion. É luego el Rey fizo poner

gran recaudo en la fortaleza é la villa, é envió por la comarca á requerir los lugares de los moros que viniesen á le dar la obediencia, é vinierónsela á dar todos los lugares de la Ajarquia que están entre la villa de Velez, é la ciudad de Málaga. Los nombres de algunos de ellos son los siguientes, de los que se dieron en esta entrada, desque asentó sobre Velez. Primeramente la villa de

Velez Málaga.	Alcoche.	Nereja.
Aventomiz.	Almayate.	Torronilla.
Cantillas.	Alarroba.	Xaraba.
Comares.	Albaida.	Pancaxe.
Sedala.	Atiadar.	Lacus.
Xavales.	Alisan.	Daimalos.
Compata.	Aximas.	Escalera.
Torrox.	Almohia.	Mara é otros.

É estando el Rey en Velez, le trujeron los

moros en presentado á Juan de Robles, Alcaide é Corregidor de Xerez, de Málaga, é fízole presente de él el Alcaide de Málaga que llamaban Albocin Alben Comix, el cual se lo trujo, é vino con él á Velez, é dejó por Alcaide á un su hermano en el

Alcazaba, é presumióse que venian por parte de la
Ciudad á facer partido con el Rey, el cual el Rey
les ficiera en que no perdieran nada de sus bienes
muebles; é como los moros son voltarios é muy livianos en sus fechos, mientras el Alcaide con el Rey
estaba, juntáronse con un moro llamado el Cegri,
que era Alcaide del Castillo de Gibra-alfaro, los ca- Alborótanse los moros de Málaga.
beceras de la Ciudad, é tomaron el Alcazaba, é pu-
sieron otro Alcaide, é pusieron recaudo en todas
las fuerzas de la Ciudad, é alzáronse por el Rey
viejo Muley Baudili Azagal, lo cual fué ocasion de
su total y perpétuo perdimiento de todos los de
Málaga, chicos é grandes. Sacó el Rey D. Fernando y redimió ciento y ocho christianos y christianas cautivos, que estaban en fierros, é supo como poco habia, habian pasado de Velez á Almuñecar catorce, temiendo lo que les vino, que eran
hombres de comunales rescates; é por esto el Rey
cuando libertó los moros de la villa tomó en pren-
das á sus amos, é túvolos en hierros fasta que le
trujeron los catorce chistianos, é ansí soltó á los
amos; é envió el Rey estos christianos que esta- Redímense los christia-nos cautivos, y retiene el Rey los amos moros, que habian retira-do los cauti-vos christia-nos hasta que los entregan, y envíalos á Córdoba á la Reina.
ban cautivos y redimidos, á la Reina su mujer á
Córdoba, á los cuales ella mandó recibir con gran
procesion, é ella los recibió dentro en la iglesia
mayor, estando con su fija la Infanta doña Isabel
dentro de la dicha iglesia, donde los podia bien
mirar; é todos pasaban por dó ella estaba uno á
uno, é le besaron la mano, é eso mesmo á la Infanta, é mandólos aposentar, é mandólos dar limosna á cada uno un florin de oro. Pública fama
era en el real de Velez que tenia el Rey diez mil Número de soldados.

de á caballo, é ochenta mil peones. Salió de Velez con los moros vencidos un caballero moro de Málaga, que llamaban Mahomad Meque, que tenia su casa, é mujer é fijos en Málaga, é tenia mucha parte en ella; é conocióle un criado del Marqués Duque de Cádiz, llamado Juan Diaz, é trújolo á su tienda del Marqués, é díjole: «Señor, á este debe V. S. hacer mucha honra, que es caballero de Málaga, é tiene en ella mucha parte, é puede en la toma de ella aprovechar mucho;" é luego el Mar-

Agasaja el Marqués á un caballero moro de Málaga.

qués le fizo facer mucha honra, é fizo fablar con él á sus adalides en el caso, é rogóle que tuviese manera de facer que Málaga se diese al Rey ántes que allá fuesen, pues via que lo por todas maneras no podia escusar, segun via en el aparejo; y el moro se lo prometió de lo procurar con todas sus fuerzas é maneras, que él faria dar la ciudad, ó al ménos el castillo de Gibra-alfaro, al Rey. El Marqués díjole al Rey esto luego, é el Rey ovo de ello placer, é dijo al Marqués: «Duque; yo dejo

Lo que el Rey dijo al Marqués sobre el concierto con el caballero moro.

en vuestras manos este concierto, que lo procureis, é pongo mis tesoros que los repartais en el partido de Málaga, si la podeis haber en mi nombre, como vos quisiéredes;" é luego el Marqués con autoridad del Rey armó caballero al moro Mahomad Meque, é le dió un caballo suyo, é sus propias corazas, é su propia lanza, é su propia adarga, é dió otro tanto á otro moro su cómpañero é pariente, é los envió á Málaga con el dicho su criado Juan Diaz, que sabia bien la lengua arábiga é pláticas de los moros, con cartas de creencia de partido, en que daba al Cegrí, alcaide de

Gibra-alfaro, porque entregase al Rey la fortaleza, la villa de Coyn, de juro y heredad, é cuatro mil doblas en oro. É daba á otro capitan, llamado Abrahen Cenete, que estaba en su compañía é liga, una alquería, cual escojiese, é dos mil doblas en oro. É daba á Hazan de Santa Cruz, que era un caballero que se habia criado en Castilla, y habia vivido con el Marqués, otra alquería é dos mil doblas en oro; é daba á las gentes de Gibra-alfaro cuatro mil doblas de oro, que repartiesen en la ciudad; daba cualquier partido que demandasen, que el Rey se lo daria en tal que dejasen la ciudad, é que él con gente se fuese ó saliese á vivir por las aldeas. É idos con esta embajada entraron en Gibra-alfaro, é comunicada la embajada, el alcaide dél Cegrí, con quien le convenia, despues de haber fecho mucha honra á los mensajeros, respondió diciendo: «Decid al Sr. Marqués, que si nó nos hubiéramos concertado la Ciudad é nosotros, que aun ayer nos acabamos de concertar, que luego á la hora ficiéramos lo que nos manda á decir. Empero, que pues que me escojieron á mí en esta ciudad por el mejor de los moros de ella, é me entregaron la ciudad é este castillo de Gibra-alfaro; é le tengo muy bien bastecido, é la ciudad asímismo está muy bien lastrada de todo lo que es menester, que si yo ficiese algo de lo que me envia á mandar, sin ver por que me tenia por el mas malo é cobarde moro de todos los moros. Empero decid á su señoría, que viniendo el Rey sobre nosotros, que yo le doy mi fé al Marqués, que cuando oviéremos de facer partido, é nos oviéreremos de dar al Rey, que no fablará ni fará en nuestro partido sino él, ni menos nos daremos á otro sino á él; y para que vea su señoría que yo digo esto, decidle por señas, que fabló conmigo ciertas razones cuando nos tomaron á Loja." É los mensajeros se partieron con esto de noche de Gibra-alfaro é vinieron é lo contaron al Marqués é al Rey; é el Rey mandó que volviesen otra vez, é volvieron, é fallaron muchas guardas de noche, é no pudieron entrar de noche con esta embajada secreta, é oviéranse perdido si no fueran por dó sabian la tierra; é despues de esto, que no pudo ser por vía secreta, envió el Marqués de parte del Rey por vía pública á requerir al Cegrí é ca-

Embajada por mano del Marqués sobre la entrega de Málaga, y requerimientos. bezeras, que mirasen si se querian dar al Rey, que les faria buenos partidos, y antes que moviese el real para ir á ellos viniesen á darse; donde nó, que podia ser y creia que si no venian, y el real se movia para irlos á cercar, que otro partido no hubiesen, salvo el hacer á todos cautivos. É ni por eso la dura cerviz é soberbia del Cegrí quiso conocer del caso, pensando ganar mucha honra.

CAPÍTULO LXXXIII.

Del cerco de Málaga, é de las cosas que en él acaecieron.

Año de 1487. Movió el Rey de Velez su gran real y artillería para ir á cercar á la ciudad de Málaga, é llegó allá un lúnes, siete dias del mes de Mayo, año del Señor de 1487. É los moros salieron á defender qué no se asentase el real, peleando muy ferozmente como hombres muy esforzados, con muchas saetas é espingardas, é escaramuzas, como aquellos que por lo suyo querian morir é defenderlo; é los christianos, como llegaron los delanteros, como aquellos que lo habian gana de lo facer, que á otra cosa ejercitar no habian ido, sino á pelear con los moros, les dieron tanta prisa por muchas partes.

Defienden los moros que se ponga el real.

Aquí á los primeros encuentros quedaron muertos mas de ochenta moros por entre las huertas, y los enterraron, y encerraron los moros en la ciudad y en Gibra-alfaro, no sin pérdida de los christianos, é tomaron las huertas, que eran pasos fuertes, é asentaron el real, é tomaron é pusieron el cerco, á pesar de todos los moros; é tomó el Marqués-Duque de Cádiz las estancias é parte de Gibra-alfaro, donde era el mas peligro, que así lo tenia por costumbre, ponerse siempre en los cercos en el mayor peligro, donde de necesario hubiese de estar siempre á buen recaudo. El Maestre de Alcántara tomó el otro cabo facia el poniente, orilla del mar, é luego cabe el Maestre de Santiago los otros Duques, Condes, Marqueses é grandes señores é capitanes de las ciudades de Sevilla, é Córdoba, é Écija, é Xerez, é de las otras ciudades de Castilla, tenian sus estancias é reales cerca unos de otros enderredor de la ciudad de Málaga, por el cabo de la tierra, é terminábase desde el real é estancia del Marqués-Duque de Cádiz que tenia la vera de la mar. Ansí estaban las estancias é cerco desde el un cabo de la mar fasta el otro. É el Rey

Asientan el real con pérdida de algunos moros.

Repártense en diferentes estancias y cuales fueron y quien estuvo en ellas.

Sevilla.

tenia sus tiendas é gran real á de fuera en el co-medio, de donde podia socorrer á todas partes presto é luego. Presto é luego como llegó sobre Málaga, envió á requerir los Alcaides é Comunidad, que le diesen la ciudad, antes que mas sobre ella se ficiese, y púsoles término para ello, diciendo que les faria buen partido; é fué endurecido el corazon del Cegrí, como el de Faraon, é fizo endurecer con vanas esperanzas el corazon del pueblo; é el Rey les envió á decir y á amenazar, que si fasta tal dia no se daban, que les facia saber que con la ayuda de Dios los habia de sacar á todos cautivos de la ciudad; é ni por eso se dieron mucho el Cegrí y Abrahen Cenete, alcaides é capitanes nuevos mayores de la ciudad, é otros cabezeras semejantes de la ciudad, é nunca quisieron fablar por entonce en partido, ni dar la ciudad al Rey. É desque esto vido el Rey, mandó asestar el artillería, é mandó tirar con los robadoquines, y con algunos tiros medianos por todas partes, por les facer mal, y daño; mas la ciudad era muy grande é muy fuerte, adarbada y torreada, é no le podian hacer daño mucho, é no le podian tirar con las lombardas grandes por no dañar la ciudad. Por el cabo de la mar estaba cercada Málaga con la armada del Rey, de muchas galeras é naos, é caravelas, en que habia mucha gente é muchas armas, é combatian la ciudad por la mar con los tiros de pólvora. Era una gran fermosura ver el real sobre Málaga por tierra y por mar, habia una gran flota de la armada que siempre estaba en el cerco, é otros muchos navios

que nunca paraban trayendo mantenimientos al
real; é pasaron mas de treinta dias, que parecia
que los moros no se les daba mucho por el cerco,
é mandó el Rey asestar siete gruesas lombardas,
que se llamaban *las siete hermanas Ximonas*, é
muchos coartagos é engaños con que tiraban algu-
gunos tiros de alquitran por atemorizar á los moros porque se diesen. É en este tiempo vino la Reina
Doña Isabel al real, é la Infanta mayor, su fija,
por ver el real, y ser en la toma de Málaga, é
vino bien acompañada de caballeros, é dueñas, é
damas de su córte, y saliéronla á recibir los Grandes de Castilla que allí estaban, algunos de ellos,
en especial el Marqués, y el Maestre de Santiago,
é despues que llegó cerca del lugar salió el Rey
á la recibir muy triunfalmente; é todos los del real
pensaban, que por la venida de la Reina se habian
de dar los moros; y ellos como personas de España é segun los zamoranos en su tema, esforzadamente salian á pelear y dar en las estancias, muchas veces concertadamente, mejor que de primero,
é ninguna mencion facian de entender en partido,
sino de pelear é defender su ciudad, ofendiendo
cuanto mas podian, é recibiendo ellos tambien muchos daños é muertes; é de las salidas que ficieron
á pelear fueron dos mas de notar que las otras,
segun se sigue.

Salieron un dia de la ciudad por el castillo de
Gibra-alfaro muchos moros, é quisieron dar en las
estancias del Marqués-Duque, tomando la gente
segura; el Marqués tenia tal recaudo, que fueron
justamente vistas ya que estaban fuera, desde la

(marginal note) Tíranles com la artillería mas gruesa, y viene la Reina al real, y su recibimiento.

236

Salida de los moros del castillo de Gibra-alfaro á las estancias del Marqués.

tienda é estancia del Marqués; é habia una estan-cia, la mas cercana al castillo, que aquella noche los escuderos de ella habian mudado y acercado hácia Gibra-alfaro, é la gente de ella estaba muy cansada, que no habia dormido, ni descansado dos dias habia. É con este despecho de aquel estancia que se les acercaba, se creyó que los moros orde-nasen de salir á pelear por allí; é el estancia del Marqués estaba arriba mas afuera casi un tiro de ballesta; é el Marqués como vido los moros salir, apercibióse para ir allá, é los moros arremetieron con la estancia é dieron en los christianos, é los

Huyen los christianos, y anímalos el Marqués, y peligros en que estuvo su guion.

christianos dieron á huir los de aquella estancia y de otras cercanas á ella; é arremetió á pié muy bien armado, dando grandes voces, desque vido que to-dos huian, diciendo: «vuelta, hidalgos, vuelta, hi-dalgos, que yo soy el Marqués, á ellos, á ellos, no temais:" é iba su bandera ante él. É desque los es-cuderos que huian vieron al Marqués con su gente y bandera, cobraron esfuerzo é volvieron sobre los moros é pelearon muy fuertemente los unos con los otros, é la bandera del Marqués en medio en lo mas áspero de la pelea, la cual estuvo muy cerca de ser perdida, si el mesmo Marqués con su persona, y los que lo guardaban no los socor-riese. En fin, los moros fueron vencidos y volvie-

Muertos y heridos.

ron fuyendo é se metieron en Gibra-alfaro, é fueron de ellos feridos y muertos mas de cuatrocientos, y de los christianos murieron luego mas de treinta hombres, y fueron feridos mas de trescientos; é fué ferido el Sr. D. Diego Ponce de Leon, de una saetada, que era hermano del Marqués, y los moros vencidos. El Marqués fiizo proveer las estancias susodichas cercanas á Gibra-alfaro, de gente, é ballesteros, é espingarderos; é estando allí en una de aquellas estancias, los moros de la fortaleza tiraban muchos tiros de espingarda allí, y de ballestas; é pareció que desde el castillo lo conocieron, é tiraron una espingardada al Marqués, de la cual pareció que Dios milagrosamente lo quiso guardar, que le dió en el adarga que ante sí tenia por medio de los cordones, é dióle la pelota en la barriga por bajo de las corazas, é paró en el sayo, que ninguna cosa le firió ni empeció. Fué ferido tambien el Sr. D. Luis Ponce, su yerno, aquel dia, é el alcaide de Utrera Garci Gomez de Sotomayor, é el alcaide de Atienza y otros muchos escuderos honrados. Entre los que murieron é fueron feridos, el mas daño que recibieron fué cuando dejaron las estancias, que si se tuvieran é no fuyeran, no recibieran tanto daño, pues tenian el socorro tan cerca, é el Marqués se lo reputó á muy mal aquella huida, é si no fuera por su esfuerzo todo aquel real de sobre Gibra-alfaro desbarataran. En esta pelea trujeron los moros por principal capitan á Abramneta, que era un muy esforzado moro, el cual allí fué herido.

Librase milagrosamente el Marqués de un tiro de una espingarda.

Heridos hombres de cuenta.

CAPÍTULO LXXXIV.

DE COMO UNA NOCHE ENTRARON CIERTOS MOROS POR
VERA DEL MAR EN MÁLAGA, Y TOMARON ALGUNOS DE
ELLOS; É EL UNO QUE DECIAN MORO SANTO, É DE LO
QUE ACAECIÓ CON ÉL, É COMO PENSANDO QUE DABA
AL REY ACUCHILLÓ Á D. ALVARO,
É Á LA BOBADILLA.

Cerca de este tiempo vinieron una noche á entrar en Málaga por la orilla de la mar por el cabo de Gibra-alfaro, por donde estaba el real del dicho Sr. Marqués-Duque de Cádiz, ciento y cincuenta moros, y fueron sentidos de las guardas, é prendieron la mitad de ellos, é la otra mitad

Intentan los moros socorrer á Málaga, y son sentidos y prenden algunos dellos.

se les entraron, porque no pudieron mas, porque ovo mal recaudo en las guardas, que cuando los sintieron iban ya dentro; é como era de noche no se pudo mas facer, é todos venian á pié, é traian armas é pólvora para socorrer é esforzar los de la ciudad. É estos moros que así tomaron, hubo uno que teniéndolo el Marqués preso, dijo: «Señor, lléveme al Rey, é yo le daré órden como tome á Málaga;" é el Marqués no dando crédito á su de-

Caso raro de un moro, llamado el Moro Santo, que intenta matar al Rey.

cir, no se daba nada por él, é algunos de los suyos le aquejaron que lo enviase y que ellos irian con él; é el Marqués dijo, que lo llevasen aquellos que lo decian; é el moro ganó de ellos que lo llevasen en la forma que lo habian tomado, porque el Rey le escuchase; é estonce diéronle su albornóz é un alfanje, é leváronlo asi; é el perro moro lle-

vaba concebido de matar al Rey, porque muriese
su vida, y viviese su fama, queriendo parecer á
Mucio Scevola Romano, que salió de Roma por
matar al Rey que tenia cercada la ciudad de Sena,
é pensando que mataba al Rey, con la espada dió
á otro y matólo, y maguer preso por ello se quemó
el brazo, porque no mató al Rey que tenia cercada la ciudad. É los romanos por esta osadía y
atrevimiento facen de él gran memoria de hombre
desesperado. Ó quiso aquel moro parecer á Fabio,
que se lanzó en el lago boca de infierno que en
Roma se abrió, donde muchos perecian por librar
á Roma, é libróse por su perdimiento Roma, que
lo sorbió aquella sima infernal y cerróse, y con-
tentóse con aquel que nunca mas fué visto. Y
aquel perro, como hombre gentílico, pensó así dar
su vida á la muerte por facer descercar la ciudad
y ganar fama desesperada entre los moros. Y lle-
váronle asi al Rey, é cuando llegaron á las tiendas
con él, el Rey é la Reina estaban retraidos, é en-
tráronse con él en una tienda, donde estaba D.
Álvaro de Portugal, hermano del Duque de Berganza, é la señora Bobadilla, Marquesa de Moya,
é como vido que les facian todos mucho acatamiento, como no entendia la lengua castellana, demandó un jarro de agua por dar lugar á su brazo é
alzar el albornoz, é estonce sacó el alfanje por debajo, é comenzó de dar de cuchilladas á D. Álvaro,
é á la Condesa, que estaban jugando tablas, pensando que eran el Rey, é la Reina, y firió muy
mal al dicho Sr. D. Álvaro, de una cuchillada por
la cara é cabeza. E la Marquesa como aquello vido

Hiere por hierro á D. Alvaro de Portugal, y á la Marquesa de Moya la maltrata.

se dejó caer de bruzas, é cortóle de ciertas cuchilladas la ropa, empero no la firió, y si no fuera porque cada vez topaba con el alfanje arriba en la tienda, no hay duda sino que los matara. É estonce Martin de Lecena, asturiano, que estaba allí, y Luis Amár de Leon, adalid del Marqués, é Tristan de Rivera, que habian ido con él, diéronle tantas

Matan al moro y quien lo mató. cuchilladas que le hicieron pedazos, é el Rey é la Reina salieron al alboroto y se hicieron maravillados de tal hazaña, y no quisieran que lo hubieran

Mándalo el Rey echar dentro en la ciudad, y en qué forma. Y ellos hacen lo mismo con un christiano, y echánlo fuera en la ciudad. muerto; é despues echáronlo así por un trabuco en la ciudad; é los moros desque aquello vieron, mataron un christiano gallego, que habian cautivado en Velez cuando el Rey tomó los arrabales, é cargáronlo encima de un pollino, é echáronlo por una puerta afuera, é ansí lo tomaron en el real los christianos. É esto ficieron en pago del otro que les enviaron con el trabuco. Pasaron estas cosas é otras muchas é pasó el mes de Mayo, Junio é Julio, é siempre en el real facian engaños y escalas, é ficieron una escala real, que llamaron Gra, que era tan alta como una torre, para el dia que habian de dar combate real, é los de la estancia minaron, é el artillería tiraba, é facian mucho daño en la ciudad, é todavia mostraban esfuerzo los mo-

Escaramuza en el real, y falta pólvora y se provee de ella. ros é salian á pelear muy ferozmente, é faltó la pólvora en el real, é envió el Rey una galera por pólvora á Valencia, y prestamente fué venida con ella; é envió al Rey de Portugal por pólvora en una caravela, é tambien se la envió y vino muy prestamente.

Ordenaron muchas veces de entrar la ciudad

por combate, é dejábanlo de dar temiendo la muerte
de la gente, é temiendo comenzarlo y no acabarlo,
porque la ciudad era muy fuerte é muy torreada,
é decíase haber en ella ocho mil hombres de pelea,
é para dar el combate envió el Rey por mucha
gente, mas de la que tenia, é envió á llamar al Duque de Medina Sidonia, Conde de Niebla, el cual
vino luego al real, con mucha gente y muchos bas-
tecimientos y mantenimientos por mar y por tierra,
y dió en el real muy gran refresco y placer, que
ya la gente estaba enojada en dos meses y medio que
estaban en el cerco y aun mas; é la pólvora venida, é el refresco de la gente, ordenaba el Rey dar
el combate el dia de Santiago, é algunos de los
Grandes eran de opinion que no se diese combate,
y todos los Grandes se prefirieron de ayudar al Rey
con sus tesoros é faciendas fasta que por hambre
tomase la ciudad, é que no quisiese poner á riesgo
el real. É los moros deseaban mucho el combate
porque tenian ya muy pocos mantenimientos; é
como son agoreros, tenian un moro que decian el
moro Santo, que debia ser algun alfaquí, el cual les
ofrecia y certificaba, que los montes de harina que
v eian en el real blanqueando, ellos comerian aquella harina, y que no temiesen, que los del real les
h uirian; y en algo dijo verdad, que ellos comerian
despues de la harina de aquellos montones gran
parte, empero estando cautivos. È este moro Santo
agorero, habia entrado cuando entró el otro desesperado que pensó matar al- Rey, y este los esforzaba con vanas esperanzas, é les fizo detener tanto,
d iciéndoles, que habian de ser descercados é ven-

Viene al Real el Duque de Medina Sidónia con jente y manteni- mientos.

cedores, que así le era á él revelado de Mahomad, y con esto les facia salir á pelear muchas veces. La segunda vez, de las dos que fueron mas de notar, que salieron los moros de Málaga á pelear, fué desque no tenian sino muy pocos mantenimientos; y salieron una madrugada mas de mil moros, é pelearon é dieron en las estancias é gentes del Maestre de Alcántara por orilla de la mar, y mataron y hirieron algunos christianos que hallaron durmiendo á mal recaudo, é ficieron alboroto y rebato en el real; é llegó Abrehen Senete encima de un caballo á unos mozuelos, donde pudiera matar siete ú ocho de ellos, é volvió el encuentro de la lanza, é dióles de coscorrones diciéndoles: «andar, andar, rapaces, á vuestras madres," é los otros caballeros moros, desque vieron los muchachos ir huyendo, comenzaron de reñir con él porque habia llegado á ellos é no los habia matado, é él les respondió: «no maté porque no vide barbas;" é esto le fué contado á gran virtud, que aunque era moro, fizo virtud como hidalgo; y acudieron al rebato los Maestres é los otros mas cercanos; é pelearon con los moros, é metiéronlos á lanzadas por la ciudad, y quedaron muertos mas de doscientos moros, que se non pudieron valer, é desde esta vez quedaron los moros muy desmayados, é no osaron salir á pelear; é como no tenian que comer, salíanse de la ciudad algunos moros, é venian al real, é llevábanlos al Rey y sabia de ellos la necesidad de la ciudad, y que tanto se podrian tener, y con esto los del real se esforzaron.

Combate por la estancia del Maestre de Alcántara y retirada de los moros con pérdida suya.

En este tiempo vinieron embajadores de las partes de Africa al Rey D. Fernando, con un pre- Embajadores de Tremecen. sente en que le trujeron de las cosas de allá, que acá no hay, y envióle á suplicar, que se oviese en la toma de aquella ciudad piadosamente con los moros de ella, como habia fecho con los otros de Píden al Rey por los cercados. los otros lugares, ciudades é villas que habia tomado; é envió á pedir por merced al Rey, que le enviase pintadas sus armas, que queria ver la for- Pide al Rey que le envie la forma de sus armas, é el Rey se las envia. ma de ellas é saber qué tales eran. É el Rey D. Fernando se las envió moldadas en ciertos escudetes de oro, acerca tan anchos como la mano, é respondió al Rey de Tremecen, é envió honradamente los mensajeros, é pasó el mes de Julio é parte de Agosto, é la comunidad de Málaga recibia mucha pena é lacéria de hambre, y de los tiros y combates, que no cesaban cada dia. Suplicaban á las cabeceras y al Cegrí que pidiese partido al Rey, é el Cegrí, y los que seguian su opinion era que matasen las mujeres, niños y viejos, que no eran para pelear, é despues que saliesen peleando é muriesen, que no que diesen tal honra y victoria á los christianos de darse á partido.

É desque vido su locura del Cegrí y sus secuaces, un moro muy honrado y muy rico mercader de la ciudad, llamado el Dordux, tuvo manera como El Dordux. amigablemente tomó á los alcaides el Alcazaba é el castillo de Genoveses, é apoderóse de ellos, que son dos fortalezas grandes y muy fuertes, é túvolas algunos dias, é ya pasados algunos dias de Agosto, que ya no tenian qué comer, envió al real á demandar partido en nombre de todo el comun. É

en este tiempo el Cegrí, alcaide de Málaga, estaba
en Gibra-alfaro, ansí como retraido, que no entraba
en las otras fortalezas, é estaba con él el moro Santo
agorero, huido por miedo de la comunidad, porque lo querian matar, por las esperanzas é prome-
sas mentirosas que les habia dicho. É el Dordux
demandaba al Rey que tomase las fortalezas é les
dejase mudejalmente con lo suyo en la ciudad, é
salieron los farautes con esta mensajería por las
estancias del Comendador mayor de Leon, Gutierre de Cárdenas, Mayordomo y Contador mayor
del Rey, é él mesmo los llevó al Rey, é vista su
embajada, el Rey ovo de ello muy grande enojo, y
los mandó volver á la ciudad, é les dijo que les
dijesen, que se tuviesen cuanto pudiesen, que con
la ayuda de Dios, muertos ó cautivos los entendia
de sacar todos de allí; é con esto los mensajeros
se fueron, é otro dia la ciudad envió con sus mensajeros á rogar al Marqués Duque de Cádiz á sus
tiendas, por la via de Gibra-alfaro, que le pedian
por merced hiciese el partido con el Rey, é el Marqués le respondió, que no podia, pues que tan al
cabo se habian dejado llegar, é que se tornasen
al Comendador mayor, pues á él se habian primero
encomendado, que él lo trataria; é con esto los
mensajeros se volvieron: é visto esto, el Dordux
é la Comunidad fablaron é abajaron en el partido,
é salió el Dordux mesmo, por donde primero los
primeros mensajeros habian salido, é el Comendador mayor los llevó al Rey, é denunció al Rey
la embajada é la comision que el Dordux traia para
el partido, segun el Dordux por la lengua de los

Empiezan á hacer sus embajadas para darse y porqué medios y con qué partidos.

que la sabian al Comendador mayor habian contado; é entendido por el Rey lo que pedian, dijo con grande enojo al Comendador mayor: «Dádlos al diablo, que no los quiero ver, facédlos volver á la ciudad, y no los he de tomar sino como á vencidos del todo, dándose á mi merced:" y con esto el Dordux y los que con él habian venido se volvieron, é entrados en la ciudad mandó el Rey tirar toda la artillería, é dieron una gran grita todos los del real, é tiraron todas las lombardas é injenios, é ficieron muchos daños en la ciudad, é con la respuesta de los embajadores oida por la comunidad, ovieron en Málaga muy gran ruido é muy gran turbacion, é ficieron las gentes de ella muy grandes llantos é lloros, así los hombres como las mujeres é pequeños, é ya á este tiempo comian los caballos, é asnos, é perros, é gatos; é comian de los troncones de las palmas altas molidos hechos pan, é muchos de los que comian aquel pan desque bebian el agua sobre ello morian, é ansi murieron muchos, que se hinchaban con ello é morian; é llegaron á tanta necesidad antes que se diesen, que se murieron de hambre muchos. É vistas las respuestas del Rey, entraron en su cabildo y ordenaron de se dar á merced del Rey é de la Reina, pues que ya no podia ser de otra manera; é ficieron la siguiente carta, con la cual el Dordux volvió al Comendador mayor, é lo llevó al Rey é dió por él la carta al Rey é á la Reina, y es la siguiente: Carta de Málaga al Rey.

«Alabado Dios Poderoso.

«Nuestros Señores Reyes, el Rey y la Reina, ma-

yores que todos los Reyes, é que todos los Príncipes, ensálcelos Dios; encomendándose en la grandeza de vuestro estado, é besando la tierra debajo
de vuestros piés, vuestros servidores y esclavos los
de Málaga, grandes y pequeños, remédielos Dios.
Despues de esto los servidores vuestros suplicamos
á vuestro estado real, que nos remedie como conviene hacer á vuestra grandeza, habiendo piedad
y misericordia de nos, segun á vuestro real estado
conviene, y segun ficieron vuestros antepasados, é
vuestros abuelos los Reyes grandes é poderosos.
Ya habeis sabido, ensálcevos Dios, como Córdoba
fué cercada gran tiempo fasta que se tomó la mitad, é quedaron los moros en la otra mitad fasta
que acabaron todo el pan que tenian, é fueron es-
trechados mas que nosotros; y despues suplicaron
al gran Rey vuestro abuelo, é rogáronle que los
asegurase, é asegurólos, é recibióles sus suplicaciones, é oyó su fabla, y perdonóles, é dióles todo
lo que tenian en su poder, así facienda, como
joyas, é ganó la gran fama fasta el dia del Juicio.
Ansímesmo en Antequera con vuestro abuelo, el
grande, esforzado y nombrado Infante, que la cercó seis meses y medio y tomó la ciudad y quedó
el Alcazaba obra de seis meses, fasta que se les
acabó el agua, y estonces le suplicaron é echaron
á su favor, é le demandaron que les asegurase para
que saliesen, é recibió sus suplicaciones, é sacóles,
é dióles todos sus bienes é mercaderías, é quedó
su fama é el bien que fizo fasta el dia del Juicio;
perdónelo Dios, y á vosotros ensálcevos Dios,
nuestros señores Reyes, mas honrados que todos

los Reyes é Príncipes. Pública es vuestra buena
fama, é vuestro favor, é vuestra honra, é vuestra
piedad, é ha parecido con las gentes que se dieron antes que nosotros; ha ido vuestra fama á alien-
de é aquende entre los christianos é entre los moros; y nosotros vuestros servidores y esclavos, bien
conocemos nuestro yerro, y nos ponemos en vuestras manos, é echamos nuestras personas, á vuestra merced. Suplicámosvos, nos asegureis é libreis
en ahorras nuestras personas, é nos otorgueis esto
como parecerá al seguro é honra que está con vos
señores de poder. Nosotros estamos degollados en
vuestro favor, é nos metemos só vuestro amparo;
faced con vuestros siervos como conviene á V. A.
y Dios Poderoso ponga en vuestra voluntad, que
lo fagais bien con vuestros siervos. Pues ensálcevos Dios mayores que los Reyes é Príncipes, é no
plegue á Dios que fagais con nosotros sino lo que
conviniere á la vuestra grandeza é honra de toda
virtud; esto es lo que suplicamos á V. A. é pedi-
mos vuestros siervos: en manos de VV. AA. nos
ponemos. Dios Poderoso acredite el ensalzamiento
de VV. AA."

Y luego respondió el Rey:

«*YO EL REY*.

«Concejo é viejos, é vecinos de la ciudad de
Málaga: ví vuestra carta, por la cual me enviades
á facer saber, que me queriades entregar esa ciudad con todo lo que en ella estaba, y que vos
dejase vuestras personas libres ir á donde quisiéredes; y esa suplicacion si la ficiérades al tiempo
que os envié á requerir desde Velez-Málaga, ó luego

que aquí senté el real, pareciera que con voluntad de mi servicio os movíades á ello, estonces oviera placer de lo facer; pero visto que habeis esperado fasta lo postrimero que os podeis detener, á mi servicio no cumple os recibir de otra manera, salvo dándoos á mi merced, como determinadamente os lo he enviado á decir con vuestros mensajeros; y este es muy menor inconveniente que no haber de esperar mas, segun el estado en que estais."

CAPÍTULO LXXXV.

COMO SE DIÓ MÁLAGA.

Por solicitud del Dordux el Rey les conce- de las vidas, y franqueza al Dordux, y 40 casas para que- dar por mude- jares, y se hace la entrega, y quién entró, ménos Gibra- alfaro.

Vista esta respuesta por los moros de Málaga, el Dordux, ántes que entregase las fortalezas, fué é vino muchas veces á el Rey é á la Reina, é ganó, que puesto caso que todos los moros fuesen escla- vos, empero que el Rey les asegurase la vida á todos, é fuéle otorgado. Mas ganó, con ayuda de ruegos de caballeros, perdon para sí, y para cua- renta casas de sus parientes, que quedasen libres é francos en la ciudad con todo lo suyo por mu- dejares; y así le fué concedido, é quedaron. En esto así concertado, luego el Dordux entregó al Rey las fortalezas é torres, é aljimas, é sobre puertas de la ciudad, dejando á Gibra-alfaro, que lo tenia el Cegrí. É el Rey mandó á pregonar, que cual- quiera que tomase cosa de los moros ó les faciese desaguisado, muriese por ello, é envió su guion é la cruz de la Cruzada, é el pendon de las hermandades, acompañados de muchos caballeros é muy armados, despues de haber tomado rehenes del Dordux, á tomar las fortalezas de Málaga. É desque vido, empinados sobre las mas altas torres su gente señorear las fuerzas de la ciudad, dió muchas gracias al Señor nuestro Dios y agradecióle mucho la victoria grande que allí le habia dado. É la Reina é la Infanta, con sus dueñas é damas é toda la campaña real, hincadas de rodillas en tierra, presentaron á nuestro Señor é á la Virjen Santa María gloriosísima muchas oraciones é alabanzas, y al Apóstol Santiago. É eso mesmo hicieron todos los devotos christianos del real. É los Obispos é clerecía que allí se hallaron, cantaron *Te Deum laudamus* é *Gloria in excelsis Deo.*

Dan gracias á Dios por la victoria.

Fué este dia que la ciudad se entregó Sábado 18 dias andados del mes de Agosto, año susodicho de nuestro Señor Jesuchristo de 1487 años. Habia estado cercada desde siete dias andados de Mayo· ansí el Rey la tuvo cercada tres meses é once dias, fasta que la entregaron como dicho es. E luego el Rey mandó á pregonar por toda la ciudad entre los moros, que cada uno con lo suyo estuviesen seguros en sus casas, é fizo entre ellos poner muy grandes guardas por las calles é puertas, porque ninguno no se fuese, ni ninguno los agraviase, ni los enojase, ni tomase lo que tenian. É luego demandó los cautivos christianos que en Málaga estaban, é fizo poner una tienda cerca de la puerta de Granada, donde él é la Reina é la Infanta, su fija, los recibieron, y fueron entre hombres y mujeres los que allí los moros les trajeron fasta seiscientas personas; é

A 8 de Mayo fué cercada, y se entregó al 18 de Agosto de 1487.

Lo que se hizo despues que se dió la ciudad, y los cautivos que salieron de la ciudad libres, que fueron 600.

á la puerta por dó salieron estaban muchas personas con cruces é pendones del real, é fueron en procesion con ellos fasta donde estaba el Rey y la Reina atendiéndolos. É llegando donde sus Altezas estaban, todos se humillaban é caian por el suelo, é les querian besar los piés, é ellos no lo consentian, mas dábanles las manos, é cuantos los veian daban loores á Diós, é lloraban con ellos con alegría; los cuales salieron tan flacos y amarillos con la gran hambre, que querian perecer todos, con los hierros, é adovones á los piés, é los cuellos é barbas muy cumplidos. É desque besaron los piés al Rey y á la Reina, loaron todos á Dios mucho, rogándole por la vida y acrecentamiento de sus Altezas. É luego el Rey les mandó dar de comer é de beber, é les mandó desherrar, é los mandaron vestir é dar limosnas, para despensa de cada uno donde quisiese ir, y así fué fecho y cumplido. É en estos cautivos habia personas de grandes rescates que estaban rescatados; é habia personas que habia diez, é quince é veinte años que estaban cautivos, é otros ménos.

É desque el Cegrí, alcaide de Gibra-alfaro, vído la ciudad tomada, demandó partido, é el Rey no le quiso dar otro sino como al comun de Málaga, é entregó la fortaleza dos dias despues que Málaga se entregó. É luego el Rey mandó tomar todas las armas á los moros é metiéronlas en la Alcazaba, ansí defensivas como ofensivas. Y así el Rey é la Reina fueron señores de Malaga, é la tomaron con todos los moros.

El Cegrí.

Entrégase Gibra-alfaro.

CAPÍTULO LXXXVI.

DE COMO SE DIERON MIJAS Y OSUNA.

Dos fuertes lugares é fortalezas, que estaban entre Málaga é Fonjirola, que llaman al uno Mijas,
é á otro Osuna, que no se quisieron dar en todo
el tiempo del cerco de Málaga, é siempre el Rey
tuvo guarnicion sobre ellos, tomada Málaga fueron
requeridos, é pensando que los de Málaga habian
hecho buen partido, diéronse al partido de los de
Málaga, é entregaron las fortalezas; é el Rey envió
las galeras de la armada por la gente de ellos, en
que trujeron ochocientas personas con sus haciendas muebles, é cuando se hallaron en Málaga todos á su partido, halláronse todos cautivos perdidos. É de estos, é de los que se hallaron en Málaga huéspedes, que entraron á defender la ciudad,
que no eran naturales ni vecinos, repartió el Rey
por los caballeros é le dió á cada uno segun quien Repartimiento
de los moros
era; á los Duques cien moros á cada uno, é al Maes- que se cautiva-
ron.
tre de Santiago cien moros; y á los Condes y demás
señores cincuenta, é á otros mas, é á otros ménos;
é fizo presente de ellos al Rey de Nápoles y al Rey
de Portugal; é envió al Papa Inocencio VIII, que
imperaba estonces en Roma, cien moros en presentados, los cuales el Papa recibió é hizo traer en
procesion por toda Roma, por cosa hazañosa, en
memoria de la victoria de los christianos, á los cuales hizo convertir é volverse christianos, y allí se
remembraron las victorias romanas, que los claros

varones de Roma hicieron, en especial los Escipio-
nes, é Lucios Metelius, Fabius, Quintius, Publius,
Lucius, Syla, Marius, Gayus, Pompeyus, Marcelus,
Julius César, é otros muchos que por Roma conquistaron por diversas partes del mundo. É cuando
venian con las victorias ó enviaban las cabalgadas
que habian, era la ciudad toda conmovida á los
recibir, y ver. Así por ver aquella parte de la cabalgada, que el Rey D. Fernando envió en Roma
al Santo Padre, de la victoria que Dios le dió de
la ciudad de Málaga é su tierra, la ciudad de Roma
fué conmovida toda á lo ver, y el Santo Padre se
lo agradeció mucho, é fizo facer plegarias é con-
memoraciones muchas á Dios nuestro Señor por él.

Antes que el Rey se partiese de Málaga, quitó
De las armas. á todos los moros mudejares de la Sierra, sus vasallos, las armas todas ofensivas y defensivas.

De los judíos
moriscos que
habia en Má-
laga Habia en Málaga al tiempo que el Rey la tomó
cuatrocientas cincuentas personas, judíos é judías
moriscos, chicos é grandes. Estos rescatólos un
judio de Castilla, llamado Abrahan Señor, arren-
Rescátalos un
judío arrenda-
dor, y en qué
precio. dador é facedor mayor de las rentas del Rey, en
fiducia, de las alhamas é juderías de Castilla; los
cuales rescató por veinte mil doblas jayenes, á
pagar en cierto tiempo, y apartáronlos luego de
los moros, é tomáronles todas sus buenas alhajas, é joyas, é doblas, é monedas que tenían á
todos para en cuenta del rescate; é ficieron lios
las cosas de cada casa sobre sí, é sellaron los lios
y escribieron en cada uno cuyo era, é todo el rescate ficieron junto, é ansí para ello ficieron comun todo lo que tenian, puesto caso que unos te-

nian mucho é otros poco, é el dicho judío tomó
el rescate á su cargo.

CAPÍTULO LXXXVII.

DE LA MANERA QUE SE TUVO CON LOS MOROS DE
MÁLAGA, É CON SUS BIENES, É COMO VINIERON CAU-
TIVOS, É DE LOS JUDÍOS, É DE LAS COSAS
DEL CERCO DE MÁLAGA.

Los moros de Málaga suplicaron al Rey, luego
como entregaron las fortalezas, que les mandase dar
pan por sus dineros, que se morian de hambre, y Manda el Rey
dará los moros
cautivos pan.
el Rey les mandó dar pan y harina de los monto-
nes que ellos miraban que estaban en el real, que
el moro Santo les certificaba que comerian; é aquí
se cumplieron sus agüeros, en que dijo verdad,
que comerian de aquella harina, y asi la comieron, empero cautivos.

Suplicaron eso mesmo al Rey y á la Reina que,
pues eran sus cautivos, los quisiesen rescatar; é
sus Altezas mandaron entender en ello en sus Consejos. É visto sobre ello ficieron entender al Rey,
que era mejor rescatarlos, é tomarles en cuenta sus
bienes muebles, é oro, é plata, que no sacarlos re-
motamente que supiesen ellos que iban cautivos
sin remedio; porque esconderian é echarian en pozos su oro, é plata é aljofar, é joyas; é el Rey tuvo
á bien de los rescatar; é el concierto del rescate
fué de esta manera: Que le dieran por todos los
que aquel dia se hallaron vivos, así chicos como
grandes, á treinta doblas jayenes por cada uno va-

rones é mujeres, chicos é grandes, é que diesen luego en señal todo el oro, é plata, é aljofar, é ropa,
é alhajas, é seda, é riquezas, apreciado todo en su
valor, é que por lo restante aguardase el Rey ocho
meses ó poco mas tiempo, y que el rescate fuese
en todos á voz de uno enmancomunados, é que
por los que estonce eran vivos, aunque despues se
muriesen, se pagase como por los otros; y que si
no cumpliesen el rescate en los ocho meses, ó tiempo aceptado, que fuesen esclavos, y que por tales
los pudiesen vender é facer de ellos lo que quisiesen, é que si al dicho plazo pagasen el rescate ó
lo cumpliesen todo, que fuesen libres donde quisiesen. É desque este partido plugo á los moros,
como ningun remedio tuviesen, pensaron poder
cumplir y salvarse por esta via; é ansí fué cele-
brado é concertado el concierto del rescate. É el
Comendador mayor Gutierre de Cárdenas, fizo por
parte del Rey los contratos de esto con ellos, é
con condicion, que viniesen todos presos á Castilla,
salvo los que habian de procurar el rescate allende y aquende. É esto hecho, y asentados contadores é diputados para ello, con muy gran recaudo,
los llamaron por los barrios, é collaciones, é casas,
é á cada casa sobre sí con todas las personas é haciendas, é como venian escribian cuantos eran, é
como les llamaban á cada uno, escribian sus bienes, é facienda, é facian los lios é sellábanlos, é
escribian encima cuyos eran, é mandábanlos ir con
ello cada uno con lo suyo al corral de Málaga,
salvo el oro é plata, é doblas que les tomaban
luego, é el aljofar, perlas, é corales, é piedras pre-

ciosas, é manillas, é ahorcas, y al salir buscabánlos
á todos y á todas en tal manera y tan sagaz, que
no pudieran esconder ninguna cosa, ni sabian los
unos de los otros si los buscaban; y por esta arte
ovo el Rey D. Fernando todos los tesoros é riquezas de Málaga; y ansí los sacaron de sus casas por
cuenta estremados é contados, como quien estrema
ovejas, á los que si con tiempo al Rey se dieran,
fueran libres con todo lo suyo, y aun recibieran
mercedes; mas parece que nuestro Señor dió lugar que así sus corazones fuesen endurecidos, como
Faraon con sus ejipcios cuando fatigaban el pueblo
de Dios, porque fuese vengado en ellos el derramamiento de sangre de los christianos, que los
moros de aquella ciudad habian, desde el tiempo
del Rey D. Rodrigo, é el estrago y perdimiento de
los que por allí habian pasado allende y se habian
perdido; así ellos se ovieron de perder totalmente,
é allí donde ellos acorralaron los christianos, de la
gran cabalgada que hicieron de la Ajarquía el año
de 1483, é donde por costumbre tenian de meter
la cabalgada de christianos que traian cautivos, para
los partir ó vender, allí fueron ellos metidos y acorralados en aquel corral, é acorralados é contados,
é cautivos é vendidos; é alli apartaron los gandules de los naturales, é vendieron, é estuvieron alli
en aquel corral hasta que dieron forma de los llevar
á Castilla, los cuales trujeron por mar á Castilla
en las galeras é navíos de la armada fasta Sevilla, Tráenlos á Se-
é otros muchos por tierra, é repartiéronlos por las villa en las ga-
ciudades, é villas, é lugares por casas de los veci- leras y navíos
nos, á cada uno uno, ó dos, é que les diesen de y otras partes.

comer é se sirviesen de ellos, fasta cumplido el tiempo en que habian de pagar todo el cumplimiento del resgate. Nunca pude saber cuantas ánimas fueron las del resgate, empero la ciudad era de mas de tres mil vecinos; por aquí podreis entender cuantas ánimas habria poco más ó ménos, que yo creo que pasaban de once mil ánimas: Aunque algunos de ellos vinieron por la tierra, la mayor parte vinieron en los navios, é se repartieron en Xerez é en Sevilla, como dicho es, é en su tierra.

Serian once mil personas los moros cautivos.

É despues pasó el tiempo, é no pudieron cumplir el resto del rescate, y quedaron todos cautivos del Rey é de la Reina.

Quedaron cautivos despues de pasado el tiempo señalado.

Los judios partieron postreros de Málaga en dos galeras de la armada, y echáronlos en el Bodegon del Rubio, é allí los dieron por cuenta en primero dia del mes de Octubre del dicho año, é fallaron cuatrocientas cincuenta ánimas, las mas eran mujeres en la lengua arábiga, é vestian á la morisca.

El Rey, antes que partiese de Málaga, fizo adobar lo derribado, é dió vecindad á muchos vecinos que la venian demandando; dejó sus guarniciones, é puso por alcaide é justicia mayor á D. Manrique, de Málaga é toda su tierra, é puso sus alcaides en Mijas, é Osuna, é en todas las otras fortalezas que ganó de esta entrada. Las cosas del cerco de Málaga no hay quien contarlas todas pueda.

El Rey tenia cruces y campanas, con lo cual les daba muy mal solaz á los moros, que continuamente veian la cruz, é oian las campanas tañer á todas las horas y repicar á todos los rebatos, desde la primera fortificacion que ganó, que á la hora siempre llevaba el Rey campanas en sus huestes y reales; y al comienzo les decian los moros: «cómo, no tienes las vacas, y traes los cencerros?" las cuales campanas andaban con el artillería, y de allí se repartian por el real. Al comienzo de esta santa guerra, el Papa Sixto le dió Cruz por estandarte, é dejó en las iglesias, que de mezquitas se consagraron en iglesias en Málaga, mas de cuarenta campanas grandes é muy hermosas, é en los lugares que se ganaron de esta entrada. Fué el real de Málaga muy bastecido de todas las cosas, salvo de paja para las bestias é caballos, que ovo mucha mengua: porque no se encareciese el pan en el real, que aquel año no se cojió muy sobrado, puso el Rey tasa por cuatro años, al trigo á cuatro reales, é la cebada á dos reales; é húbose é mantúvose. Habia en el real de Málaga muchos clérigos é frailes de todas órdenes, que decian misas, é predicaban por todo el real, así á los sanos como á los enfermos, é absolvian plenariamente á todos por virtud de la Santa Cruzada; allende de los clérigos, de los cantores de la capilla del Rey é de la Reina, é de otras capillas de Grandes, que asi era honrado el culto divino en aquel real como en una muy gran ciudad, y asi parecia que lo ordenaba Dios con infinitas músicas y cantores. Habia un hospital muy grande, de tiendas que el Rey mandó facer, donde todos los enfermos é heridos eran curados é mantenidos á costa del Rey, así de heridas de los moros, como de cualesquier enfermedades que

Lo que decian los moros como refran ó chanza.

Tasa del trigo á cuatro y de cebada á dos

Clérigos y reliiosos en el real.

Hospital en el real.

enfermaban. Habia fisicos y cirujanos cuantos eran menester, que los curaban.

CAPÍTULO LXXXVIII.

Como estuvieron en el cerco de Málaga la flor de Grandes y caballeros de Castilla.

Los nombres de los Grandes de Castilla que se hallaron presentes en la dicha victoria, no es razon que queden en silencio, pues que ovieron parte de la gloria de ella, é fueron victoriosos sirviendo á su Rey; fueron los siguientes:

Primeramente el Cardenal de España, Arzobispo de Toledo, D. Pedro Gonzalez de Mendoza, que vino con la Reina al medio tiempo del cerco, é algunos Obispos.

El Maestre de Santiago, D. Alonso de Cárdenas.

El Maestre de Alcántara, D. Juan de Estúñiga.

El Maestre de Calatrava, D. Juan Garcia de Padilla, no vino á esta ni á la de Ronda, porque quedaba siempre en la frontera de Granada para guarda de la tierra.

El Marqués-Duque de Cádiz, D. Rodrigo Ponce de Leon.

El Duque de Medina-Sidonia, Conde de Niebla, D. Henrique de Guzman, que vino en medio tiempo del cerco con muchos mantenimientos y gente de refresco.

El Duque de Nájera, Conde de Treviño, Don Pedro Manrique.

El Duque de Escalona, Marqués de Villena, D. Juan Pacheco.

El Conde de Benavente, D. Juan Pimentel.

El fijo del Duque de Alva, D. Fadrique de Toledo.

El Conde de Cabra, Mariscal de Baena, D. Diego Fernandez de Córdoba.

El Conde de Feria, D. Gomez Suarez de Figueroa.

El Conde de Ureña, D. Alvaro Tellez Giron.

El Conde de Cifuentes, D. Juan de Silva.

El Adelantado de Andalucía D. Fadrique Enriquez.

El Señor de la Casa de Aguilar, D. Alonso Fernandez de Córdoba.

D. Pedro Puertocarrero, Señor de Moguer.

D. Luis Puertocarrero, Señor de Palma.

El Comendador mayor de Leon, D. Gutierre de Cárdenas.

El Conde de Miranda.

El Conde de Ribadeo.

El Adelantado de Murcia, D. Juan Chacon, é otros muchos Caballeros, Condes y Señores, que seria luengo de escribir.

El Condestable de Castilla no vino acá esta vez, empero vino su hijo D. Bernardino con su gente.

El Duque de Alburquerque no vino, pero vino su fijo con su gente, en manera que de todos los Caballeros de Castilla, ó de la mayor parte de ellos, el Rey y la Reina fueron servidos en esta victoria.

Llegó el Rey sobre Málaga mas de diez mil de caballo, é decian que mas de ochenta mil peones.

Fatigáronse algo los pueblos con los repartimientos de los pechos, para los grandes gastos de aquel cerco, y ayudaron la clerecía é iglesias con subsidios.

Ayudó á esta conquísta la clerécia con subsidios.

La ciudad puesta en cobro, el Rey y la Reina, y los Grandes de Castilla se volvieron en Castilla con victoria, é mucha honra con su ejército é artilleria.

Los moros de Málaga enviaron á Granada, é Baza, é Guadix, é Almería, é por todo el reino de Granada, é enviaron á los moros é Reyes de allende á demandar limosnas para el rescate, é todos tuvieron por respuesta, que tenian tantas necesidades, que les non podian socorrer; así que de aquende ni de allende no pudieron remediarse, é cumplido el plazo del partido el Rey los mandó vender á todos, é fueron vendidos mas de once mil ánimas de Málaga, dejando los gandules é los valederos estranjeros, que les vinieron á ayudar.

CAPÍTULO LXXXIX.

Como el Rey tomó á Vera con toda su tierra.

Año de 1488.

En el nombre de Dios, en el mes de Mayo del año del nacimiento de nuestro Redemptor Jesuchristo de 1488 años, el Rey D. Fernando sacó su hueste por la vía de Murcia, estando él é la Reina su mujer allí, é juntó poco mas de cuatro mil de caballo, é catorce mil peones, é algunos de los Grandes de Castilla; é quedó la Reina é el Cardenal de España en su compañía, é el Maes-

tre de Santiago, que se sentia malo, en Murcia; é
el Rey fué con su gente, pasando por Lorca, sobre
la ciudad de Vera, é envió al Marqués-Duque de
Cádiz delante, con una gran batalla de caballeros,
á les facer requerimientos á los moros de Vera,
que le quisiesen desempachar la villa é entregár-
sela; é el Marqués hizo sus dilijencias, y requerimientos, y protestaciones, que si no se daban y el
cerco consentian poner, que no se les daria otro
partido sino como á los de Málaga, que fueron
todos cautivos; é los moros de Vera, con temor
que ovieron, concedieron todo lo que el Marqués
les dijo, é con ciertos partidos, que de parte del
Rey les prometió, luego entregaron la fortaleza, sin Entrégase Ve-
mas esperar cerco ni combate; é el Marqués puso za, y pone el
en ella al Sr. D. Diego, su hermano, el cual entró de.
con ciertos escuderos é se apoderó de ella, é la
tuvo fasta que el Rey llegó. É el partido fué, que Partidos.
los moros se fueron con todo lo suyo á donde quisieron, é desempacharon la ciudad en ciertos dias.
É como el Rey llegó, fizo bastecer la fortaleza de
Vera de gente de armas, é mantenimientos, é dió Dá el Rey la
la tenencia de ella á Garci-Lasso de la Vega. É tenencia
envió por toda la comarca de Vera á requerir á
todos los lugares, que le vengan á dar obediencia,
é siguió su vía con su hueste hácia Almería, tomando muchos lugares, é allegó fasta Almería; y
estaba dentro el Rey moro Muley Baudili Alzagal,
é fizole talar la tierra, é dió vuelta por toda esa
cercanía de los moros, y contando desde Vera,
tomó los lugares siguientes, de los cuales ó de la
mayor parte, Vera es cabeza:

La ciudad de Vera.	Lijar.	Filambre.
Las Cuevas.	Mijar.	Vidari.
Hueral.	Cantoria.	Lubrir.
Curgena.	Oria.	La Caynera.
Moxacar.	Cantalobo.	Huero.
Alborea.	Torbal.	Currillas.
Bedar.	Rines.	Aliynor.
Serena.	Atahalic.	Ulela.
Teresa.	Axameyto	Sornas.
Cabrera	Benalibre.	Huescar.
Overa.	Benazaron.	Castilleja.
Benatarafa.	Baulirba.	Cullar.
Alhambra.	Benechamir.	Velez el Blanco.
Bena Alagracis.	Alva.	Velez el Rubio.
Albos.	Alcudia.	Benamaurel.
Almanchez.	Chercos.	Galera.

É otros lugares y alcaidías de que no es de hacer mencion. É todos estos lugares, ó villas, é fortalezas, se dieron al Rey sin combate é sin cerco, que así pareció que plugo á la Providencia divina; é entregaron lo fuerte, é quedaron por estonce en lo otro por mudejares, é el Rey puso alcaides christianos en las fortalezas, é echó los moros de algunos de aquellos lugares á lo llano; y dejándolos todos por vasallos, fizo la salida por Baza, donde los moros de ella salieron á escaramucear con los christianos, y á la fin se encerraron huyendo; y allí murió un sobrino del Rey, que llamaban D..

Muere de una saetada un sobrino del Rey D. Fernando, Maestre de Montesa.

Luis, Maestre de Montesa, del reino de Valencia, en Aragon; murió en la escaramuza de una saetada, é D. Luis era fijo bastardo de D. Cárlos, hermano del Rey D. Fernando. Esto así fecho el Rey se volvió con mucha honra á Murcia, donde estaba la Reina, y la Infanta y la córte, é dende en Castilla.

CAPÍTULO XC.

Como los moros de Guacin se alzaron.

En el mes de Octubre del sobredicho año de 1488, hicieron movimiento los moros mudejares de la Sierra Bermeja, é se alzaron con Guacin, que lo hurtaron al alcaide christiano que lo tenia, y súpolo el Marqués-Duque de Cádiz una noche, estando en su palacio de los Palacios, é despachó cartas de llamamiento á un cabo y á otro, donde convenia, luego aquella noche, é partió para allá, é llegó con la gente que pudo, é asentó su real sobre Guacin, é allí acudió luego el Conde de Ureña, é el Adelantado, é el Conde de Cífuentes con la gente de Sevilla, é la gente de Xerez, en los cuales todos se allegó poca gente, y hízoles el tiempo de muchas aguas, que salieron todos los rios en esta tierra de madre, cosa que pocas veces se vé en el mes de Octubre, é por el tiempo no se atrevieron por armas á sojuzgarlos. El Marqués los envió á llamar, é asegurólos de parte del Rey del alboroto y mal caso, é diéronle la fortaleza; é diéronle por descargo, que lo habian hecho por muchas sinrazones que del alcaide recibian. Este fué el primer alboroto que los moros mudejares de la Sierra Bermeja é sus comarcas ficieron; como la tierra es la mas áspera embreñada del mundo, é fértil de

Año 1488.

Servicio particular del Marqués-Duque de Cádiz al Rey

Acudió el Asistente con la gente de Sevilla.

Primer alboroto de los moros de Sierra Bermeja.

muchas frutas é aguas, cuevas, capas, é riscos para se mantener é huir; y tenerlos dió ocasion á hacer muchas veces movimientos, é matar é hurtar muchas veces.

CAPÍTULO XCI.

De la fertilidad del año de 1488, é de las aguas de la otoñada del 89 siguiente, é de como tomó el Rey á Placencia é ovo el Maestradgo de Calatrava.

Año 1488.

Este año sobredicho de 1488 fué mucho vicioso y abundoso de pan, trigo é cebada, é vino, é aceite, é de muchas frutas generalmente en toda España. Ovo pestilencia en algunas partes, especialmente en Sevilla é en Toledo. Valió el pan desque se cojió hasta pasado el mes de Abril del siguiente año de 1489 en esta Andalucía y comarcas de Sevilla á cincuenta maravedis la fanega y ménos, que en algunas partes, especialmente Sevilla é Toledo é su tierra, valió á real, que era estonce un real treinta maravedís, é la fanega de cebada á real. La sementera que se fizo este dicho año de 1488 en Octubre é Diciembre fué muy mala é lloviosa é con muchas avenidas, é por esta causa se perdieron muchos panes de los sembrados, é despues de hechas las sementeras, fizo tan grandes aguas en el mes de Enero, que subió el agua del rio Guadalquivir á las señales del año de 1485 en los muros de Sevilla, y en las otras partes donde suele llegar é están por memoria; y aun en algunas partes

Precio del trigo y cebada.

Avenida en Sevilla tan grande como la del año de 1485.

pasó, é estuvo Sevilla en gran temor, empero así
como aquella grande ímpetu de corriente vino, pasó,
á plazo, que no duró el enracamiento de lo mas alto
por mas de una hora. Llevó el rio los lugares que Daños en la comarca.
habia llegado y pasado el año de 1485, é llevó to-
das las simenteras de sus vecindades, en que echó
á perder y llevó desde Cantillana á abajo, mas de
ciento cincuenta cahices de pan sembrado. Cojióse
muy poco pan en esta Andalucía el año de 89, de
esta causa; é habian quedado las alturas con algunos panes, é asin se cojiera de allí comun el pan,
salvo que en fin de Mayo vinieron cuatro ó cinco
dias de agua é niebla, como de invierno y anubló
los panes en muchas partes, y de esta causa alzó
el trigo hasta cien maravedís la fanega, é la cebada
á cincuenta maravedís la fanega, poco mas ó ménos, é duró estos precios fasta San Miguel. É fué
este año de 89 muy vicioso para los ganados, de
muchas yerbas. Criáronse muy muchos puercos,
como habia mucho pan del año de ochenta y ocho.

Cerca de Todos-los-Santos del dicho año de Placencia.
1488, recibió el Rey D. Fernando la ciudad de
Placencia de poder de la casa de Estúñiga, despues de la muerte del Duque D. Álvaro de Estúñiga, Conde de Béjar, Duque que se llamó de Arévalo, en tiempo de su nieto D. Álvaro, nieto del
dicho Duque, fijo de su fijo mayor D. Pedro de Estúñiga, habiendo heredado el mayorazgo y señorea-
do la casa de Béjar.

Falleció de esta presente vida el Maestre de Calatrava.
Calatrava, García de Padilla, el año de 1489, el
cual habia sucedido en el Maestradgo por muerte

de D. Rodrigo Xiron, que mataron los moros en Loja, é el Rey tomó en sí luego el Maestradgo é rentas de él, é trujo bulas del Papa para ello, porque de ello se ayudase para los grandes gastos de la guerra. É este fué el primero de los Maestradgos en que el Rey y la Reina sucedieron por sus vidas, con bula del Santo Padre, para ayuda de los gastos de la guerra.

CAPÍTULO XCII.

DEL GRAN CERCO DE BAZA Y DE LAS COSAS QUE EN ÉL SE FICIERON, É ACAECIERON, É DE COMO LA REINA FUÉ AL REAL, É DE COMO SE DIÓ BAZA AL REY Y Á LA REINA Á PARTIDO, É ENTRARON EN EL PARTIDO ALMERÍA É GUADIX É OTRAS MUCHAS VILLAS.

Año de 1489.

En el nombre del muy alto Rey de los Reyes, en cuyo poder es dar la victoria á las huestes, é batallas á quien le place. En el año sobre dicho del Señor de 1489 años, el Rey D. Fernando, por servir á Dios, é facer guerra á los moros, estando en la ciudad de Jaen, invocó grandes huestes, é gentes de todos sus reinos de Castilla, y hizo aparejar muchos mantenimientos, é principios, é provisiones, para ir sobre la ciudad de Baza, é fueron con él en el mes de Mayo, á cerca del fin del mes; y la Reina y córte quedó en Jaen, y el Rey partió con su hueste, y fué la via de Baza, é cercó la villa de Cujar é combatióla con las lombardas, Dáse á partido la villa de Cujar. sobre la cual estuvo ocho dias, fasta que se dió á partido, de manera que entregaron la fortaleza é la villa, é se fueron con todo lo suyo, que pudieron llevar; é el Rey fizo poner luego gran recaudo en la villa é fortaleza, é puso allí gran guarnicion, é luego los moros dejaron de miedo á Venzalema, un castillo muy cercano allí, y despoblaron Canilla, una villa muy cerca de allí; é el Rey la mandó despoblar, é siguiendo su via fué á poner cerco á la ciudad de Baza, é llegó un dia del mes de Junio, y entraron en las huertas para asentar el real, é estando la gente del real ya entrada en gran parte de las huertas, los moros que estaban en defensa de la ciudad eran muchos, y de los mas honrados é esforzados del reino de Granada; salieron y pelearon muy fuertemente con los christianos, de manera que de ambas partes murió gente; y como las huertas estaban cercadas de muchas acequias, é caoces, é cerraduras, los christianos no quisieron señorearlas, ántes medio huyendo se ovieron de retraer atrás, por la resistencia é gran fuerza de los moros, é visto esto por el Rey, y sabido que en la ciudad habia gran gente de pelea, que decian que habia veinte mil moros de pelea, en los cuales habia setecientos de á caballo, fizo retraer la gente atrás, y asentó su real alderredor de Baza en forma, é puso sus estancias é guardas en derredor de la ciudad, é túvola cercada seis meses, que no pudo entrar á los moros la entrada é salida de la ciudad, fasta que la cercó toda alderredor de muy hondas cavas é altas albaradas é paredes, en las cuales fizo facer catorce castillos por sus estrechos de tapias muy fuertes, é fizo poner en cada uno trescientos hombres, en

algunos mas, é en algunos ménos, segun en cada
cabo la afrenta se esperaba; y esto acabado de
facer, luego los moros no pudieron mas entrar ni
salir; acaeció algunas veces, que salieron los moros de la ciudad á los que andaban faciendo las
cavas por algunas partes que los vian á mal recaudo, y mataron algunos é llevaron los azadones. Y
el Rey tuvo forma como un dia les armó una

Celada á los
moros. celada, ántes que amaneciese echó fuera los aza-
doneros, é los moros salieron á ellos, é salió la
celada de muchos caballeros de lugar de donde los
moros no se guardaban, é fueron matando en ellos
fasta los muros de la ciudad, en que fueron muertos é presos mas de trescientos moros, y de esta
vez no se osaron á salir por allí mas.

Habia en Baza tres principales caudillos, el mayor era, que se llamaba Hacen el viejo, á quien
todos acataban; el otro, llamado Audali, era capitan de la gente; el otro era Tube Corazagan, alcaide
de Cuxar, que era muy esforzado caballero, á los
cuales el Rey mandó requerir que le diesen la
ciudad, é les faria mercedes; ordenó que supiesen
de cierto, que con la ayuda de Dios se le habia
de tomar, é que no habia de alzarse de allí fasta
que fuese Señor de ella; é la respuesta fué, que

Respuesta de
los capitanes
moros á los re-
querimientos
del Rey. no estaban allí para dársela, sino para defendella.
Esta vez, é otras que les envió á requerir, nunca
por estonce quisieron venir en partido. Estonce
fizo facer casas é palacios en el real, de tapias, é
madera, é teja, que traian de los lugares que los
moros despoblaron, é de las casas de las huertas,
é fizo facer para sí unos fuertes palacios é bien al-

tos, de á donde podia mirar la ciudad. É otro tanto
ficieron facer el Maestre de Santiago é los Duques
é grandes Señores, que ficieron facer casas muy Forma del real del Rey y su fortificacion.
fuertes donde estaban. El Marqués-Duque de Cá-
diz tenia real por sí en la gran artillería, la cual
él tuvo á cargo en este cerco, é no quiso facer casa
de teja, salvo de paja. É todos cuantos en el real
habia ficieron casas, de ellos de teja, de ellos de
paja, de forma que parecia el real una gran ciudad
con sus calles é hincados.

Ovieron sobre quitar el agua de una fuente, que
mantenia gran parte de la ciudad de aguas, muchas peleas los christianos con los moros, en que
de ambas partes murieron gentes, é á las veces la
quitaban, é á las veces la dejaban.

Fueron muchas veces capitanes á correr á Guadix é á Almería, é á otras muchas villas y lugares
de tierra de moros, é trujeron muchas cabalgadas é ficiéronles muchos daños, siempre los christianos siendo vencedores; tenia el Rey sus guarniciones por los caminos, por sus trechos, y donde
convenia, desde Quesada fasta el real, por guarda
de los arrieros, é acemileros, é gente que abastecia
el real de mantenimientos. No se pudo el Rey en
este cerco mucho ayudar de su gran artillería, porque con las muchas huertas, acéquias é cerraduras
de una parte, é áspera sierra de otra, nunca pudieron allegar á los muros de Baza.

En el mes de Julio, estando el Rey en este cerco, Embajada del Soldan, y li- mosna de los Reyes Cathóli- cos para el Sto. Sepulcro.
vinieron á él dos frayles de Jerusalen por embajado-
res del Soldan de Babilonia, de la órden del Sr. S.
Francisco, el uno castellano y el otro italiano, y

el Soldan los envió al Rey á le demandar ayuda de Sicilia, para sus guerras; é el Rey ovo gran placer en ello, y eso mesmo la Reina, á la cual fueron á visitar á Jaen, y el Rey y la Reina les ficieron mucha honra, é les dieron respuesta de lo que querian, é les libraron cierta suma para el reparo del monasterio, é de los frayles, é de la Santa Iglesia de Jerusalen, é del Santo Sepulcro de nuestro Redemptor Jesuchristo.

Despues de tornados á requerir los moros de Baza, que diesen la ciudad al Rey, é de ver su contumacia é respuesta, el Rey hizo pertrechar é bastecer el real, para tener allí el invierno, é los moros pensaban ser imposible al Rey, porque la tierra es muy fria y natural de muchas nieves; y esperaban que en todo el compás donde el real estaba, no quedaria cosa por cubrirse de nieve, segun que en todos los años ende acaecia; mas nuestro Señor, en cuyas manos son todas las cosas, al cual obedecen las plantas é signos, fizo lo contrario de lo que ellos pensaron, que el mes

Tiempo muy estraño en el invierno, y á propósito para mantener el real. de Septiembre llovió ni mas ni ménos de lo que era menester para el Otoño, de manera que aprovechó é no empeció, y el mes de Octubre llovió lo que era menester para sembrar, é no empeció al real, y ficiéronse muchas é buenas sementeras en todas partes, que se cojieron el año siguiente muchos é infinitos panes; y el mes de Noviembre no llovió poco ni mucho en toda España, ántes parecia verano, siendo natural invierno, é tiempo de aguas é los mas chicos dias del año. Esto parecia ser fecho proveido por la divina Providencia, y asi fué tenido por todos los christianos, que milagrosamente Dios proveyó de tales tiempos.

Partió la Reina de Jaen, é llegó al real, á cinco dias de Noviembre, donde le fué fecho solemne recibimiento, como solia en los otros reales; con su venida todos los del real fueron muy alegres y esforzados, porque en pos de sí llevaba muchos mantenimientos siempre, y gente, y creian que por su venida se les haria mas aina el partido con los moros. Los moros fueron mucho maravillados con su venida en invierno, y se asomaron de todas las torres y alturas de la ciudad, ellos y ellas, á ver la gente del recibimiento, y oir las músicas de tantas bastardas, clarines y trompetas italianas, é chirimias, é sacabuches, é dulzainas, é atabales, que parecia que el sonido llegaba al cielo. Iba con la Reina la Infanta Doña Isabel, su mayor fija, la cual nunca de sí partía, é algunas damas é dueñas de su casa: é despues de esto, pasados algunos dias desque los moros conocieron la voluntad del Rey, que no habia de alzar de sobre ellos fasta cumplir su propósito, ordenaron demandar partido, é demandaron seguro, é salió el caudillo mayor de Baza, Hazen el viejo, é vino al real, á fablar en el partido con el Rey y Reina, é demandó plazo para ir á fablar con el Rey Muley Baudili Alzagal, que estaba en Guadix, el cual le dieron, y fué y fabló, y estuvo con él é con los de su consejo, é con los de Guadix, é habido su consejo entre el Rey é los caudillos y alcaides de la tierra, que le obedecian, hallaron que si Baza les tomaban por fuerza ó hambre, lo cual ya no tenia remedio de se poder

Vino la Reina al real de Baza, y la reciben en él con grande alegria.

Admiran mucho los moros la venida de la Reina.

sostener, que toda la tierra perderia, y que mas valia darla al Rey á partido, en la mejor forma que pudiesen, de manera que diesen fin á la guerra, pues tenian á Granada en contra, y allí ordenaron de hacer el partido por toda la tierra que tenia 'el Rey Muley Baudili Alzagal, el cual envió al Rey y á la Reina el mismo Hazen el viejo, el cual con otros farautes é mensajeros, vinieron fasta que los Reyes se concertaron en los partidos; de manera que entregaron á Baza luego al Rey, la

Entrégase Baza y con sus partidos otras ciudades y lugares. fortaleza é la ciudad, la cual le entregaron en cuatro dias del mes de Diciembre del dicho año de 1489, dia de la gloriosa Santa Bárbara, é los moros de guerra é los gandules se fueron; é de los de la ciudad los que se quisieron ir con lo suyo, é los naturales é vecinos dende salieron con lo suyo á los arrabales, é quedaron allí por estonce. É en el partido de Baza entró Guadix é Almería, é toda la tierra del dicho Rey moro; é toda se la otorgó de dar y entregar, é toda entró en el partido de Baza. É puesta en muy gran recaudo la ciudad é la fortaleza de gente christiana, é con muchas armas é mantenimientos, el Rey despidió mucha de la gente del gran real de las comunidades, dejando las que habia menester para lo que le quedaba de hacer.

CAPÍTULO XCIII.

Como el Rey tomó á Almería é Almuñecar.

Partió el Rey de Baza con su caballería é hueste, é fué la via de Almería, y la Reina y la Infanta

su fija, en pos de él, una jornada atrás, y fueron
tomando las fortalezas, é poniendo alcaides christianos en ellas, é guarniciones, é el viaje fué de
esta manera:

Partió el Rey de Baza, é fué á Canillas, é dende á
Purchena, é á Tabernas, é á Almería, á la cual llegó
mártes á veinte y dos dias del mes de Diciembre; é
habia partido de Baza á diez y siete dias del dicho
mes; ansí estuvo seis dias en aquel viaje hasta allí,
é hasta Almería. É llegando el Rey D. Fernando
cerca de Almería, el Rey moro Muley Baudili Alza- Sale á recibir al Rey D. Fer-
gal lo salió á recibir con ciertos moros de á caba- nando el Rey moro Muley
llo, é se apeó de un caballo en que iba, é fué á BaudiliAlzagal
pié un rato, fasta que llegó á él, é le besó el pié y y en qué for-ma, y cómo le
la mano, estando el Rey D. Fernando á caballo, recibió el Rey D. Fernando.
el cual se abajó un poco y lo abrazó desde encima
de su caballo, é lo recibió de mucho placer, é lo
fizo cabalgar en su caballo, é así fué fasta donde
el Rey paró é su gente. É otro dia miércoles, el
Rey moro entregó al Rey D. Fernando la ciudad
de Almería, é fortaleza, é fuerzas de ella, é el Rey
D. Fernando forneció la fortaleza de gente, é de
armas é mantenimientos; y otro dia, jueves, víspera
de Pascua de Navidad, llegó la Reina Doña Isabel,
é su fija, é su hueste, é holgaron allí las Pascuas
del Nacimiento de nuestro Redemptor Jesuchristo;
é de allí el Rey moro envió á entregar á Almuñecar al Rey D. Fernando, é otras muchas fortalezas, á las cuales el Rey D. Fernando llevó alcai-
des é guarniciones de gentes, é se apoderó en ellas. Salen el Rey y la Reina á
Estando en Almería el Rey D. Fernando, é la montería, y lo que en ella su-
Reina, con su córte é hueste, concertaron mon- cedió.

tería, para que fuesen á haber placer, é fueron el
Rey, y la Reina, é la Infanta, é fueron con ellos el
Maestre de Santiago, é el Marqués Duque de Ca-
diz, é otros caballeros grandes, é el Rey moro, é
la Reina su mujer; é el monte era ahí cerca orilla
de la mar, é mataron cuatro puercos monteses, en
que ovieron mucho placer, é acaeció que estaba
en el monte un lobo é salió a lo raso, é como se
vido aquejado de la gente, metióse en la mar, hu-

Lo que hizo
un mozo de
Utrera en esta
montería

yendo á nado; y como aquello vido un mozo de
la villa de Utrera, llamado Alonso Donayre, desnu-
dóse é echóse á nado en la mar en pos del lobo,
en presencia de todos, é toda la caballería no mi-
raba otra cosa, é siguióle tanto hasta que con las
ondas no se via el lobo ni el mozo, é todos pensaban que eran ahogados, é dende á poco dieron
vuelta, el lobo delante, é el mozo detras de él,
acarreándolo hácia donde la gente estaba, é llegando cerca de tierra, el Rey D. Fernando entró
en su caballo en la mar, hasta que le daba el agua
á las cinchas, é mató el lobo á lanzadas, y el mozo
salió y fuese por otra parte; y todos ovieron mucho placer de esto, y el Rey preguntó por el mozo,
y nunca vino ante él, que se creyó que le hiciera
merced.

CAPÍTULO XCIV.

Como el Rey tomó á Guadix; é del número de los christianos cautivos que sacó de esta entrada, é de los partidos con que estonce quedaron los moros en la tierra.

Pasada la Pascua, el mártes siguiente, á veinte y nueve dias del mes de Diciembre, partieron de Almería el Rey é la Reina, é córte, é hueste, dando la vuelta para Guadix, é durmieron esa noche en Finana, é el Rey moro con ellos; é el miércoles llegaron á Guadix, é llegando luego el Rey Muley Baudili é sus alcaides, entregaron la ciudad, é fortaleza, é alcazaba, é fuerzas de Guadix al Rey D. Fernando, el cual fizo bastecer luego muy bien la fortaleza, é dejó allí guarnicion é buen recaudo. È los partidos de estas ciudades, villas, é lugares eran secretos entre los Reyes, empero lo que se alcanzó á saber era, que los moros quedasen mudejares en sus haciendas, dejando las ciudades cercadas, que no viviesen dentro, salvo en los arrabales y en las alcazabas; é donde quiera que habia fuerza ó fortaleza, que no viviesen, salvo en los llanos; é quedó el Rey Muley Baudili por Señor é Rey de Fandarax, que es una villa fuerte de trescientos vecinos, con otros lugares é alquerías de su comarca, é por vasallo del Rey de Castilla; é estuvieron en Guadix jueves é viérnes, é partióse el Rey moro para Fandarax, el sábado segundo dia de Enero, buen comienzo del año de 1490, que el Año de 1490.

Rey y Reina y córte y hueste se partieron para Jaen con la gracia de Dios, victoriosos con tanto triunfo é honra, cuanto nuestro Señor ministrarles quiso, de donde llegados, despidieron toda la gente. Ansí que de esta entrada, siete meses ó mas duró el real é gente en el ejército de la guerra, donde se hicieron tantos gastos, que son innume- rables de contar. Pechaban de veinte en veinte dias todos los vecinos é moradores de todas las villas, é ciudades, é lugares, por contía de lo que cada vecino tenia, en manera que ya no lo podian cumplir; ovo subsidios de las iglesias y clerecía, é dineros de hermandades, é del fisco de los here- jes, que todo se adquiria é era menester para los muy grandes gastos de la dicha santa guerra. Ayu- dóse estonce el Rey, para la dicha guerra, con prestidos de dineros, que echó á las ciudades, vi- llas é lugares de sus reinos de Castilla; en esta Andalucía con prestidos que echó de mucho trigo é cebada, lo cual muy bien despues pagó. É ovo en las comunidades con la fortuna del mucho pe- char, é de los prestidos, muchas mormuraciones, diciendo, que tomase el Rey todas sus haciendas é cumpliese por ellos, que no lo podian cumplir. É como en esta España para tal caso los vasa- llos ó lo suyo todo sea del Rey, mas quiso fatigar los reinos suyos é atreverse á sus vasallos, é á sus bienes, que no dejar los moros allí por siem- pre, los cuales desipaban, é despachaban, é mata- ban en los christianos lo que numerarse no podia, é conoció el tiempo en que nuestro Señor permitía llevarlos de vencida; é fuéle forzoso fatigar asímis-

Pechos que se echaron para esta guerra, y pagar lo que en ella se gastó.

mo á todos sus reinos y señoríos, y pareció que
quiso nuestro Señor que todos recibiesen fatiga por
quitar la fatiga y el trabajo, que tantos tiempos
habia que les fatigaba, y segun lo que de esta victoria y entrada floreció, aquellos pechos y servicios aprovecharon en ser empleados y gastados en
tan santo acto de guerra; los que lo dieron se hallaron mas ricos con los que les quedó, que no de
ántes; con todo esto se entendió por aquellos, que
los ánjeles dijeron en el glorioso nacimiento de
nuestro Redemptor, cuando cantaron la *Gloria in
excelsis Deo, et in terra pax hominibus bone vo-
luntatis.* Halláronse ricos con lo que les quedó, los
buenos christianos é de buena voluntad, llegados
á razon, temerosos de Dios, que atribuyendo todas las buenas cosas que los Reyes hacen, á Dios,
porque el corazon del Rey bueno, Dios lo rije, y
no puede el Rey facer la guerra por sí solo, ni con
lo suyo, sino con ayuda de sus vasallos é de sus
bienes. Redimió é sacó de cautiverio el Rey Don
Fernando, de Baza, Almería, é Guadix, é de las   Redímense
los christianos
otras villas é lugares, que ganó en el viaje susodi- cautivos.
cho, mil y quinientos christianos, hombres é mujeres, que estaban cautivos en poder de los moros
enemigos de nuestra santa fé cathólica, los cuales
con mucha dilijencia demandó é fizo buscar fasta
en todas las aldeas y alcaidías de los moros, y
le fueron traidos é entregados. Estuvo muy bastecido el real, en todo el tiempo que el Rey estuvo
sobre Baza, de pan, é harina, é cebada. é carnes;
falleció algunas veces el vino; no ovo cosa de que
mas mengua oviese, que de paja para los caballos

é bestias del servicio; proveyó nuestro Señor, que les daba astecha de esparto, é ansí lo comian, é desque á ello se hicieron no hacía mengua la paja.

Sirvieron á el Rey y á la Reina en el cerco de Baza todos los caballeros de Castilla muy lealmente, de ellos en personas, é de ellos con sus capitanes. É eso mesmo todas las ciudades de Castilla enviaron sus capitanes con sus gentes, con sus pendones é banderas, tan ordenadamente, que parecia que Dios lo ordenaba todo. Fué por capitan de **Sevilla.** Sevilla y su tierra, el Conde de Cifuentes, su Asis-**Cuando salió con su Asisten-** tente, y salió con el pendon de Sevilla é su tierra **te su pendon, y** el Conde dicho, á quince dias de Mayo de 1489, é **cuando volvió.** volvió á entrar en Sevilla á doce dias de Enero de 1490; ansí pasaron casi ocho meses.

Partidos. Los partidos, que vulgarmente se decia, que el Rey habia hecho con el Rey Muley Baudili Alzagal, que le entregó á Baza é Almería, é Guadix, é Almuñecar, é sus tierras donde él reinaba, fué que le quedó Fandarax, donde se intitulaba Rey, con ciertos lugares é provincias, é que oviese cumplimiento de dos mil vasallos con sus rentas; é sobre lo que rentase, que el Rey D. Fernando le cumpliese á cuatro cuentos de renta, é mas, que le diese luego cierta suma de dineros, é que quedasen por mudejares en su ley, él é sus vasallos. Eso mismo se hizo con el caudillo de Baza, é con el Alguacil, que les dió el Rey vasallos, é les dió é fizo mercedes, porque quedaron estonces todos mudejares y en lo llano, sin fortalezas ningunas, y así quedaron todos por estonce, é despues ellos quebraron el partido é plugo á Dios que quedase

el Rey moro aquende la mar, que ellos hicieron
despues tales liviandades y alborotos, con que quebrantaron lo que prometieron, en manera que 'fueron echados de las ciudades y villas, é el Rey moro
les fué tirado, é se pasó allende.

CAPÍTULO XCV.

Del casamiento de la Infanta Doña Isabel.

Estando la córte en Sevilla, en el mes de Abril
se celebró el matrimonio de la Infanta Doña Isabel, Año de 1490.
con el Principe D. Juan de Portugal, á la cual el
Rey D. Juan de Portugal envió á demandar á el
Rey y á la Reina, é á ellos plugo de se la otor-
gar, é celebróse el desposorio por escriptura é anillos por los embajadores, el dia de Casimodo, á diez
y ocho dias del mes de Abril de 1490 años. Fueron
fechas en Sevilla por ello muy grandes fiestas, é
justas, é torneos por los caballeros cortesanos de Justas y fiestas;
estos reinos, é justó el Rey, é quebró muchas va- hácense entre
ras. Estaba la tela é los cadahalsos, donde estaba atarazanas y el rio, en que jus-
la Reina, é sus fijas, é el Príncipe, é los Prelados, tó el Rey.
é las grandes Señoras, é las damas acerca de las
atarazanas, en aquel compás de entre ellas é el
rio. Estuvieron presentes al matrimonio los Grandes de Castilla, é á las dichas fiestas el Cardenal
de España Arzobispo de Toledo, D. Francisco Gon- Grandes seño-
zalez de Mendoza, el Duque de Medina-Cœli, el res que se ha-
Duque de Medina-Sidonia, é el Marqués-Duque llaron en Sevi-
de Cádiz, é otros muchos Condes, é grandes Se- lla.
ñores, é ricos hombres. Duraron las dichas fiestas

hasta eldia de Santa Cruz de Mayo. Estaba en Sevilla estonce con su padre é madre el Príncipe D. Juan é las Infantas Doña Juana, é Doña Cathalina é Doña María. Este fué el primer placer que el Rey é la Reina ovieron del matrimonio de sus fijos. ¡Quien pudiera contar el triunfo, las galas, las justas, las músicas de tantas maneras, el recibimiento que hicieron á los embajadores de Portugal, la regla, el concierto, las galas de las damas, los jaeces é riquezas de los Grandes é de los galanes de la córte, el concierto de cuando salian á ver las justas la Reina y su fijo el Príncipe, é sus fijas, é las damas, y señoras que las acompañaban, que fué todo cumplido tan sobrado, con tanto concierto que decir mas no se puede! Iban de dia á las justas, y venian de noche con antorchas á los alcázares; y la dama que menos servicio, traia ocho ó nueve antorchas ante, cabalgando en muy ricas mulas todas, é muy jaezadas de terciopelos y carmesies, é brocados.

CAPÍTULO XCVI.

DE LA TALA DE GRANADA, Y DE LA TORRE ROMA É ALHENDIN.

El Rey D. Fernando, despues de pasadas las fiestas del desposorio de su fija, prosiguiendo su conquista contra los moros de Granada, envió desde Sevilla sus mensajeros á la ciudad de Granada, é á los caudillos é rejimiento de ella, amonestándoles que le entregasen la ciudad, é le trajesen to-

Envia el Rey á requerir á Granada.

das las armas que en ella tenian á tierra de christianos, y que si esto facian, que él lo faria muy
bien con ellos, é les faria bienes y mercedes, como
facia á los otros que se le habian dado; donde nó,
lo contrario haciendo, que les destruiria los panes
é viñas, é frutos, é les faria cruel guerra; é esto envió el Rey á decir al rejimiento de Granada, y no
al Rey, porque el Rey Muley Baudili, prisionero
del Rey D. Fernando, puesto caso que estaba en
Granada en el Albaicin, é le tenian por su Rey,
despues que cerraron las puertas á Muley Baudili,
su tio, porque huyó de Velez, y no la descercó,
ni él se fiaba de ellos, ni ellos de él, y creyóse
que muchas veces vivia con mucho temor entre
ellos, é no los podia sojuzgar; y muchas veces lo
hubieran matado, sino fuera por miedo del Rey
D. Fernando. É vista la embajada del Rey D. Fernando, en Granada los moros fueron por ello muy
tristes, y respondieron, que ántes moririan, que no
dar la ciudad y otras cosas que no convenian al
servicio de Dios ni pro de Castilla. Enviaron al
alguacil de Granada, Aben-Gomix, con la confir-
matoria respuesta á Sevilla, al Rey é la Reina, Traen al Rey á
de lo cual el Rey ovo un enojo; é invocó toda puesta de Gra-
la gente de Extremadura é maestradgo, é An- nada, é sale á la
dalucía, é partieron de Sevilla un lúnes á diez tierra.
de Mayo, él, é la Reina, é la Princesa de Portugal, é la Reina quedó en Mochin, é el Rey é el
Príncipe, é todos los caballeros é gente, fueron á
la Vega de Granada, y sus comarcas, donde estuvieron diez ó doce dias talando, é faciendo mal é
daño en los bienes é hacienda de los moros, donde

les talaron panes, viñas, huertas, é habales; é vino á esta tala el caudillo de Baza, vasallo del Rey D. Fernando, con ciento cincuenta de á caballo, y eso mesmo vino con él el alguacil de Baza, é desque besaron las manos al Rey é al Príncipe, fuéronse á poner en los mas peligrosos pasos de la tala, donde hicieron mucho servicio al Rey, que ellos tomaron la torre de Roma, que está dos leguas de Granada, por una muy gentil arte. Tomaron ciertos moros de ellos una mañana ciertas reses, é dos christianos maniatados, é fuéronse para la torre, diciendo que traian cabalgada, que les abriesen, que no habia donde ir á guarecerse sino allí; é como los de la torre conocieran que eran moros, abrieron é saliéronlos á recibir, y ellos estonce tomáronles la torre, con cuanto en ella estaba, y á ellos enviáronlos libres á Granada, porque todos eran moros, é de esto ovo el Rey muy gran placer, é fizo mucho pertrechar aquella torre, é puso en ella guarnicion.

Ardid con que se tomó la torre de Roma.

El Rey moro Muley Baudili Alzagal, de Granada asímismo, vino allí como vasallo del Rey, á servir con doscientos de á caballo. Los moros de Granada pusiéronse á defender su ciudad, y salieron fuera muy gran cantidad, é pusiéronse muy cerca de la ciudad, é no pudieron escusar la tala, salvo muy poco de lo que estaba muy cercano, é allí ovo escaramuzas, de que murieron algunos de ambas partes.

Los que fueron á esta tala, y el Arzobispo de Sevilla.

Fueron en persona á esta guerra é tala los Grandes de Castilla siguientes: Los Arzobispos de Toledo é Sevilla, Duque de Medina-Sidonia, Marqués-

Duque de Cádiz, Conde de Cabra, Conde de Ureña, Duque de Escalona, Marqués de Villena, al cual firieron los moros muy mal en un brazo, al pasar de una acequia, de que quedó lisiado; D. Alonso de Aguilar, los Adelantados de Andalucía é Murcia, el Comendador mayor Cárdenas, é otros muchos Señores y Condes, en presencia de los cuales el Príncipe D. Juan fué armado caballero en la vega de Granada por el Rey D. Fernando, su padre; fueron sus padrinos los Duques de Cádiz é Medina-Sidonia.

Arma el Rey D. Fernando caballero al Príncipe D. Juan, y quénes fueron sus padrinos.

Basteció el Rey esta vez el castillo de Alhendin, que estaba por él, y lo tenia un alcaide moro, y entregóselo estonce, el cual lo habia tenido desde un dia despues de la toma de Baza, é dejó el Rey esta vez un capitan que lo defendiese, con doscientos hombres. É esto fecho, el Rey volvió por donde habia quedado la Reina, é la Princesa de Portugal, é dende se vinieron á Córdoba.

Dejó el Rey esta vez en la frontera de Granada por Capitan general á D. Fadrique de Toledo, muy noble señor, hermano del Duque de Alba.

Capitan general en la frontera, quién es.

CAPÍTULO XCVII.

Como los moros de Granada ganaron á Alhendin, é llevaron todos los christianos que ahí estaban cautivos; é como se alzaron los moros vasallos del Rey moro Baudili Alzagal, contra él, é de como se cartearon los moros de Guadix con los de Granada, é de lo que el Marques de Villena, que era Capitan general, fizo sobre ello.

Los moros de Granada, y el Rey Muley Baudili, salieron á quince dias del mes de Julio, de Granada muy gran multitud de ellos, é fueron sobre Alhendin, é tuviéronlo cercado cuatro dias, é combatiéronlo, y entre los que dentro estaban ovo division; y diéronse, y fueron cautivos todos á Granada, y cuando fué el socorro ya eran dados, y los moros derribaron todo el castillo por el suelo.

En este tiempo, se alzaron los mas de los vasallos moros al Rey Baudili Alzagal, Rey de Fandarax, vasallo del Rey D. Fernando, é los moros de Guadix se cartearon con los de Granada, y tenian ordenado de matar á todos los christianos que estaban en la fortaleza, é de alzarse con ella, é con la ciudad por Granada; y algunos de los mismos moros, no siendo de ello contentos, lo revelaron; y el Marqués de Villena, que habia quedado por Capitan general, entró allá con dos mil de á caballo, é asaz peones, é diciendo que iba á Fandarax á los lugares que se habian revelado contra el Rey Baudili Alzagal, hizo el viaje por la ciudad de Guadix, y aposentándose allí cerca de la fortaleza, bastecióla muy bien, é hizo salir todos los moros de la ciudad á facer alarde, é desque estuvieron fuera, fizo cerrar muy bien las puertas de la ciudad, é no dejó entrár en ella mas los moros, salvo de dos en dos, é de tres en tres, les mandó que fueran á sacar sus mujeres é fijos, é hacienda, y así los echó todos fuera, y ellos quejábanse, y él decia que lo hacia con causa, que oviesen paciencia, que por lo que ellos ordenaban contra el servicio del Rey en esta ciudad, los mandaba salir de ella; é el Marqués con muy buenas razones les rogó que se aposentasen por ahí cerca, y que él escribiria al Rey sobre ello, para que los culpados fuesen castigados, é los sin culpa se volviesen á sus casas. É los moros se aposentaron en las huertas, é por eso enviáronse á quejar al Rey de el Marqués de Villena, é el Rey les envió á decir desde Córdoba, que no oviesen enojo, que él volveria muy presto á Guadix, é les guardaria su justicia, y volverian á sus casas.

CAPÍTULO XCVIII.

DE COMO EL REY MORO SE PASÓ ALLENDE CON MUCHOS MOROS.

Partió el Rey D. Fernando otra vez, el dicho año de 1490, de Córdoba, á los veinte dias del mes de Agosto, para Granada, á le talar los panes, é le facer guerra, con siete mil de á caballo, é veinte mil peones, é de esta vez no fué con él

Año 1490

el Marqués-Duque de Cádiz, que quedó enfermo
en su Marchena; é corrió é taló toda la vega é

Salió el Rey D.
Fernando á ta-
lar la vega de
Granada.
confines de Granada, é fízoles á los moros muchos daños, é envió gente á descercar á Salobreña,
que se la tenian los moros cercada, é fué la via
de Guadix, donde el Marqués de Villena estaba,
é hizo pesquisa de la traicion que los moros ordenaban, primero que el Marqués los sacase de la
ciudad, é supo la verdad de todo, é los moros le
suplicaron, quejándose del Marqués de Villena, que
les dejase entrar á vivir en sus casas, como les
habia prometído, é el Rey les respondió, dicien-

Lo que dijo el
Rey D.Fernan-
do á los moros
sobre la trai-
cion que tenian
concertada.
do: »Amigos, yo soy bien informado de la traicion,
que entre vosotros me teniades ordenada, de matar mi alcaide é escuderos, que guardaban mi Alcazaba, y alzaros con ella, é con la ciudad contra
mí, por el Rey é comun de Granada; por esto veis
que sois dignos y merecedores de grandes penas;
empero porque no digais, que no uso con vosotros
de piedad, y que no vos quiero oir justicia, á mí
place que sea de esta manera: que se haga la pesquisa mas larga é mas en forma, y que todos los
que se hallaren culpados padezcan por ello, é que
los que nó, sean libres; é de cierto os fago saber
y digo, que mireis que de cuantos fayare culpados no ha de escapar uno; por ende, yo vos doy
plazo para que os vais é escojais de dos cosas
una; lo que dicho tengo, ó que os vais con vuestras mujeres, é fijos é vecinos, donde quisiéredes,
é yo vos mandaré poner en salvo, ó me entregareis
todos los que eran en esta traicion, para que haga
justicia de ellos, é sabed que no ha de escapar

ninguno de ellos." Y los moros de Guadix, como todos, ó la mayor parte de ellos, fuesen culpados, ó consentidores de la traicion que ordenaban, habido su consejo é acuerdo sobre ello, pidieron por merced al Rey, que los dejase ir libres con todo lo suyo por dó quisiesen, y quedase con su ciudad, y el Rey los envió seguros á cada uno con lo suyo donde quiso ir; y asi deliberó el Rey del todo la ciudad de Guadix de mano de los enemigos de nuestra santa fé cathólica, á cabo de setecientos setenta años que habia que la poseian, desde el tiempo del Rey D. Rodrigo, que la ganaron é tomaron á los christianos; é esto fué misterio de nuestro Señor, que no quiso consentir, que tan noble ciudad dejase mudejar en poder de moros mas tiempo de lo pasado; é el Rey fizo luego bendecir todas las mezquitas é iglesias en toda la ciudad, donde fizo luego decir misas y horas, y dió vecindades, y pobló la dicha ciudad de Guadix de chistianos, donde Jesuchisto fuese adorado como los tiempos antiguos, ántes que fuese de moros, ó por ventura mejor.

Vánse los moros de Guadix.

Bendicen las mezquitas, y erijenlas en iglesias.

El Rey Baudili Alzagal habia quedado por Rey y señor de Fandarax, con dos mil vasallos moros de aquella comarca, que le rentase dos cuentos, é que el Rey le diese de Castilla otros dos cuentos, que fuesen cuatro cuentos de renta de cada año, para siempre, é que quedase, él é sus moros, mudejares, vasallos de Castilla del Rey é de la Reina. Como en los partidos de Baza, que Dios hizo á los moros, por abreviar la guerra, e escusar las muertes de los christianos, é grandes gastos, ha-

bian quedado tantos mudejares, con que toda aquella tierra quedaba en muy gran peligro, no plugo
á nuestro Señor que entre los christianos oviese
é quedase tal ocupacion, ni oviese Rey moro por
tantos tiempos, como del partido se publicaba;
puso en corazon de los moros la division, como
ellos sean muy livianos en sus movimientos, é muy
voltarios, alzáronse los vasallos del Rey Baudili Alzagal, Rey de Fandarax, contra él, todos los mas,
y aun lo mataran si pudieran. Esto ficíeron cuando los moros de Granada tomaron á Alhendin, y
alzáronse por el comun y Rey de Granada; é como
esto viese el Rey moro susodicho, par dar seguridad á su vida, la cual él no podia seguramente
tener entre aquellos moros, vino á Guadix, y suplicó al Rey D. Fernando, que recibiese las fortalezas que le habian quedado, y cumpliese con él lo
que entre ellos habia quedado; é que él se queria
pasar allende, que el Rey D. Fernando le diese pasaje seguro, y al Rey D. Fernando plugo mucho
de esto, é cumplió con él todo lo que le habia prometido, y dióle pasaje á él y á cuantos moros
con él quisieron ir á allende; habiendo primero recibido de él, é de los alcaides que por él estaban,
todas las fortalezas, é derribado algunas, no pro-
vechosas; é de esta vez se pasaron allende con
el Rey Baudili Alzagal muchas casas de moros, á
los cuales el Rey D. Fernando permitió pasar, é
pasaron seguramente, porque en los partidos habia quedado, que cada y cuando que el Rey, ó
cualquiera de los moros que se dieron en su partido, se quisiesen pasar allende, que el Rey D.

Fernando les diese pasaje seguro. É esto fecho, é bastecidas las fortalezas que el Rey le dió de gente é mantenimientos, y gentes, é armas, dejando sus guarniciones donde convenia, é al Marqués de Villena por Capitan general, el Rey D. Fernando, victorioso é muy honrado, se volvió á Córdoba.

CAPÍTULO XCIX.

Como fué la Infanta Doña Isabel la primera vez á Portugal, casada con el Príncipe D. Juan.

En jueves, once dias del mes de Noviembre del dicho año de 1490 años, ficieron el Rey y la Reina, y su córte, estando en Constantina, villa de la ciudad de Sevilla, las fiestas de la partida de la Princesa de Portugal, su fija; y desde allí la enviaron á Portugal al Príncipe D. Juan, su esposo; é fueron con ella, con los poderes para la entregar, el Conde de Féria, D. Gomez Suarez de Figueroa, é el Obispo de Jaen, D. Luis Osorio, é Rodrigo de Ulloa, Contador mayor de Castilla, é acompañáronla fasta Monzon de Portugal, el Cardenal de España, é el Conde de Benavente, é dos hermanos suyos, é otros muchos caballeros é fidalgos, que partieron de la córte con ella; é en el camino salieron otros muchos caballeros, que la acompañaron, ansí como D. Pedro Puertocarrero, con muchos Comendadores de la Órden de Santiago, é el Maestre de Alcántara.

Partieron de Constantina, é fueron á Guadal-

Año de 1490.

Partió desde Constantina.

Señores y caballeros que la acompañaron

canal, é dende á Llerena, donde el Maestre D. Alfonso de Cárdenas les fizo gran recebimiento é honradamente hospedar, é les fizo grandes convites é salas, é dende por sus jornadas fasta Portugal, donde la entregaron al Rey de Portugal, é al Príncipe de Portugal D. Juan, su fijo, al mojon de Castilla entre Portugal, al mojon entre Badajoz y Silves, en la puente del rio Caya, donde la salieron á recebir con muy noble recebimiento de gente; é dende el Cardenal y los otros caballeros se volvieron; é entraron con la Princesa en Portugal el Conde de Feria, é el Obispo de Jaen, é Rodrigo de Ulloa, susodichos, é fueron fasta Évora, donde le fué fecho solemne recebimiento, é se celebró el matrimonio, é ficieron las fiestas, é justas é muchas alegrías, é grandes gastos, é el Rey, é la Reina, é el Príncipe dieron grandes dádivas á los caballeros que fueron con la Princesa, é á las dueñas é damas; é pasadas las fiestas, la Princesa se quedó en paz con su marido, é los que la entregaron se volvieron en Castilla á la córte á Sevilla, á dar

Sevilla, donde estaba la córte. razon de su viaje.

CAPÍTULO C.

Del cerco de Granada, y de lo que acaeció al comienzo.

Partieron de Sevilla á once dias del mes de Abril del Nacimiento de nuestro Salvador Jesuchristo de 1491 años, el Rey D. Fernando y la Reina Doña Isabel, é el Príncipe D. Juan, su hijo, é las

Año de 1491. Salen de Sevilla los Reyes, y su córte, para ir á poner este cerco.

Infantas y córte, para ir á poner cerco sobre Granada; é primera jornada fueron á Carmona, y dende á Córdoba, é dende á Alcalá la Real, donde por estonce quedó la Reina y el Príncipe y las tres Infantas. Partió el Rey de Alcalá la Real con su hueste, con la gracia de Dios, un miércoles veinte dias del dicho mes de Abril del dicho año; é asentó su real en la cabeza de los Ojinetes, é esperó allí el juéves las gentes que le seguian, y movió de allí el viérnes siguiente, é fué al valle de Velillos, cerca de la puente de Pino, é allí llegó á él la gente de Sevilla é de su tierra, que iban por la parte de Loja, é el sábado siguiente partieron de allí, é fueron á los Ojos de Huecar, que es una legua de Granada, poco más, é allí parecieron estonce algunos caballeros moros de Granada.

Dónde se juntó la gente de Sevilla con la demás del ejército.

Esa noche, sábado, el Rey mandó ir al Duque de Escalona, Capitan general de la frontera, con fasta tres mil de á caballo é diez mil peones al Alaceria, que son unos valles que están á la entrada de la Alpujarra, donde hay muchas aldeas, á las destruir, porque era tierra muy rica, de donde Granada habia mucho reparo, é partido el Marqués Duque de Escalona, dijeron al Rey que se podrian juntar del Alpujarra treinta mil hombres de pelea, é por eso movió su real para ir á facer espaldas á la gente enviada, y fué la vía de Padul, é á la pasada de Granada salieron todos los caballeros de Granada á dar en la falda de la gente, é trabaron la escaramuza con ellos por mandado del Rey; y el Conde de Tendilla, y el Conde de Cabra salieron á la escaramuza, y dieron tan gran prisa

con ella, que los moros ovieron de huir é fueron
algunos muertos, é fueron tomados algunos de ellos
é presos, ansí á caballo como estaban, y hecho,
pasó todo el real, sin peligro, y llegó á Padul, donde
fallaron que venia el Marqués Duque de Escalona
con la presa, y con la gente que habian tomado,
que ellos habian entrado á las aldeas del Alazarin,
é como los moros estaban descuidados, diciendo
que no habria quien osase allí entrar, tomáronlos
de salto é robaron, é destruyeron nueve aldeas, é
mataron mas de quinientos moros, é ovieron muy
gran presa de moros, é ganados, é ropas, é joyas,

Destruyen é sa-
quean los luga-
res de las Al-
pujarras,

é oro, é plata, é destruyeron lo que pudieron, é
allí todos juntos con el real durmieron aquella noche, Domingo en la noche; y otro dia de mañana,
lunes, el Rey acordó de tornar á entrar á destruir
del todo los lugares que el dicho Marqués habia
destruido, é otros que estaban más adelante, enmedio de las Alpujarras. É esa noche, Domingo,
vinieron de Granada por la sierra tres capitanes
moros con mucha gente de á caballo, é de á pié,
ballesteros, á ponerse en un paso áspero, por defender á que la gente del real no pasase adelante;
é el Rey otro dia, lunes, partió de allí con su
hueste, é el Duque de Cádiz, con otros Grandes
del real, con algunos capitanes de los contrarios
de el Rey, enderezaron al paso donde los moros
estaban, y pelearon con ellos, y desbaratáronlos,
y los moros huyeron, y quedaron allí muertos más
de ciento, é tomaron á vida más de sesenta, é pasaron adelante á las Alpujarras, é quemaron é destruyeron del todo los nueve lugares primeros, y

robaron, quemaron y destruyeron otros quince lugares adelante de las Alpujarras, en que fueron muchos moros muertos, é muchas moras, chicos é grandes cautivos, é ovieron los christianos muchos despojos de sedas, oro, plata, alhajas, ropa, ganados, é otras muchas cosas, que aquella tierra estaba muy guardada é rica, y bien creian los moros, que primero se perderia Granada, que allí les entrasen; é despues de esto, el Rey mandó talar los panes, é taláronlos todos cuantos en esa tierra habia, y este dicho dia, lunes, dia de San Márcos, el Rey, y todo el real se volvieron á dormir á Padul. É en todo esto no ovo muerte ni daño en los christianos, salvo algunos pocos peones que fueron heridos de saetas, ni ovo daño de muerte en persona señalada, salvo en un paje de la Reina, llamado Avellaneda, que murió de una herida que le dieron los moros en la pelea; é el Rey volvió á la vega de Granada, é de vuelta tomaron la torre de Gandía, donde se tomaron treinta moros, é asentó su real en el Agosto, donde edificó la villa de Santa-fé, cerca de los Ojos de Huecar, á vista de la ciudad de Granada, muy fuerte, é de muy fuertes edificios y de muy gentil hechura, en cuadro, como hoy parece, para enfrenar á Granada, é el Rey le puso Santa-fé, porque su deseo, é el de la Reina su mujer, era siempre en acrecentamiento é favor de la Santa Fé Cathólica de Jesuchristo. Puédese contar el comienzo del cerco de este vencimiento desde veinte y seis de Abril, un dia despues de S. Márcos, que volvió el Rey desde el Padul, asentó acerca de donde está ahora la villa de

Muerte de un paje de la Reina.

Tiempo en que se comenzó el cerco, y lo que duró.

Santa-fé, é duró el cerco ocho meses, fasta el dia de los Reyes Magos, é más ocho dias, dejando los dias de Abril, pasados en el ejercicio susodicho.

CAPÍTULO CI.

DEL EJÉRCITO, DEL REAL, É DE LOS CAPITANES, É DE COMO EMPRESTÓ EL DUQUE DE CÁDIZ SU TIENDA AL REY, É DE LOS MOROS QUE MURIERON UN DIA QUE LA REINA FUÉ Á VER LA CIUDAD.

Siguese el ejercicio del real.

El Rey asentó su real muy ordenadamente á la parte donde edificó la villa de Santa-fé, dos leguas de Granada, donde continuamente tuvo mas de cuarenta ó cincuenta mil hombres de pelea, en que habia diez mil de caballo; é de allí salian

Número de soldados de que se componia el ejército.

concertadamente capitanes con gente á correr é é talar continuamente á Granada por todas partes; en el cual tiempo, el Rey fizo combatir muchas fortalezas de acerca de la ciudad, é tomólas por fuerza de tiros é lombardas, é de ellas derribó de el todo por el suelo, é de ellas fortaleció é puso guarnicion en ellas; y sobre las talas ovieron muchas escaramuzas é peleas entre los moros é los crhistianos, de que siempre volvieron huyendo los moros á la ciudad.

Capitanes.

Los Capitanes mayores que el Rey tuvo en aquel cerco fueron: el Maestre de Santiago, el Marqués-Duque de Cádiz, el Duque de Escalona, el Conde de Tendilla, el Conde de Cifuentes, el Conde de Cabra, D. Alonso de Aguilar, el Conde de Ureña, caballeros de Andalucía, que como estaban cerca vinieron á este cerco, estos é todos los otros caballeros del Andalucía; é de los Grandes de Castilla, como estaban cansados de venir tan lejos, á las otras guerras é cercos, muchos no vinieron á este cerco en persona, salvo enviaron sus capitanes con gente, y de muchas partes de Castilla no vinieron, por las grandes fatigas padecidas de cada año. Y porque en este cerco, puesto caso que era la mayor priesa é honra, no se temia tanta afrenta como en lo pasado, fizo el Rey cercar el real muy bien de paredes é cavas, como lo tenia por costumbre en los otros cercos, é desque el real fué fortalecido, la Reina, y el Príncipe, é la Infanta Doña Juana vinieron al real desde Alcalá la Real, donde habian quedado; á los cuales el Maestre de Santiago, é el Marqués-Duque de Cádiz, é otros Grandes, salieron á recibir, é despues el Rey, desque allegaron cerca del real. É viendo el Duque de Cádiz, que la Reina habia necesidad de una tienda, emprestóle la suya, que era la mayor, pieza por pieza, que habia en el real, é de las más fuertes, é más gentiles del mundo, la cual él habia mandado hacer con intencion de la Santa guerra, y servia desde el comienzo de los cercos de Álora y Setenil, é Ronda; é allí en aquella tienda del Duque de Cádiz fué la Reina Doña Isabel muy bien aposentada, é el Duque tenia muchas tiendas, de que se amparó en el dicho cerco; é el Rey, é la Reina, é el Príncipe, é Infantas, é Damas, é Señoras, tenian sus tiendas é posadas en lo más fuerte é seguro del real; é la Reina e

La Reina, Príncipe é Infantas vienen al real.

su fija cabalgaban muchas veces por ver el real é la ciudad de Granada, é tenian muchos refrijerios y placeres de muchas trompetas bastardas, é chirimías, é sacabuches, é atabales, é atambores continuamente, que en el real no cesaban.

É un dia, sábado, á diez y ocho dias del mes de Junio, la Reina díjo que queria ir á ver de **Quiere la Reina ver de cerca la ciudad de Granada.** más cerca á Granada, de donde la pudiese bien mirar lo alto y lo bajo; é cabalgaron el Rey y el Príncipe, con ella é con la Infanta, é fueron con ella una gran batalla de caballeros é peones, é fuéronse á poner á unas aldeas, que llaman las Julias, que están como fuera del real á la mano izquierda de la ciudad, muy cerca de ella, de donde se parece lo llano de la ciudad, y mandaron al Duque de Escalona, y al Conde de Ureña y á D. Alonso de Cárdenas, Señor de Aguilar, y á otros caballeros, que se pusiesen con sus batallas en la aldea de la Sierra, que está encima de la aldea donde sus Altezas se pusieron á mirar desde una ventana de una casa muy buena, donde se apearon é metieron; é el Marqués-Duque de Cádiz, é el Conde de Tendilla, é el Conde de Cabra, y D. Alonso Fernandez, Señor de Alcaudete é Montemayor, se pusieron al rostro de la ciudad con sus batallas, entre el lugar donde el Rey é la Reina estaban é la ciudad. É la Reina envió á mandar al Duque de Cádiz, que no oviese escaramuza con los moros, porque no muriese gente, é que la escusase cuanto pudiese, porque los moros salian á defender su ciudad, muchos é muy armados, é el Duque la escusó fasta medio dia. Y los moros sa-

lieron fuera de la ciudad muchos de ellos, é sacaron dos tiros gruesos de pólvora, con que tiraban á las batallas del Duque, é salieron muy muchos moros á caballo é á pié, é apretaron á unos
pocos de caballeros christianos mucho fasta las
batallas del Duque, por trabar el escaramuza, en
manera que no se pudo escusar el escaramuza, ni
se pudo guardar el mandamiento de la Reina, é
los moros se alejaron un poco de la ciudad afuera

Escaramuza
con los moros á
vista de los Re-
yes, y lo que
sucedió.

de las huestes, é fasta cuarenta de á caballo christianos, é algunos peones de los de las batallas del
Duque entraron en la escaramuza con los moros,
é como los christianos eran pocos, los moros los
apretaban mucho; é el Duque acordó de arremeter con toda la gente á ellos, é arremetió con su
batalla, en la cual habia fasta mil y doscientas
lanzas, contra los moros, y el Conde de Tendilla
con su batalla, por la mano derecha del Duque, y
y el Conde de Cabra, é D. Alonso Fernandez de
Montemayor por la mano izquierda del Duque
con la suya, y fueron á dar con los moros, y
desbaratáronlos, y mataron muchos moros, y fueron en el alcance fasta las puertas de la ciudad,
en que fueron muertos más de seiscientos moros,
y heridos y cautivos; ansí que entre muertos, y
heridos y cautivos fueron más de dos mil moros,
é tomáronles los tiros de pólvora que habian sacado; é muchos moros escaparon huyendo por la
sierra. Todo lo cual vieron muy bien el Rey é la
Reina, y Príncipe é Infanta desde la ventana de
la casa donde estaban; y el Rey, y la Reina y
la Infanta, cuando vieron pelear, se hincaron de

rodillas, rogando á Dios nuestro Señor, que quisiese guardar los christianos, é ansí ficieron las
Damas, é las señoras que las acompañaban; é los
moros, aunque eran muchos, no se pudieron valer con la priesa é impetuosa vuelta que el Marqués-
Duque de Cádiz, con su batalla, que iba delante,
les dió; é los otros, Conde de Tendilla, é Conde
de Cabra, é D. Alonso Fernandez con las suyas,
que iban de un cabo y del otro, segun dicho es;
é los moros mesmos, desque empezaron é huir, se
derribaban unos á otros; é no ovo allí caballero
christiano aquel dia de aquellas batallas, que no
fincase su lanza en moro; é no ovo daño allí aquel
dia en los christianos, salvo algunos pocos heridos, é ovo caballos muertos; é el Rey é la Reina
ovieron de este vencimiento mucho placer, y mas
porque fué la Reina la causa de ello. È despues
de fecho el desbarate, é de cojido el despojo, sus
Altezas vinieron por donde el Duque estaba; y

Lo que dijo el
Marqués de Cá-
diz á los Reyes,
y lo que res-
pondieron.

dijo el Duque: «Señora, de Dios y de la buena
ventura de Vtra. Alteza, se cometió este desbarato:" y la Reina y el Rey dijeron: «Duque, ántes
habemos sido servidos de vuestra buena dicha,
por lo vos así haber cometido." Los moros quedaron esta vez muy espantados, y no osaban salir de la ciudad tan sueltamente como ántes.

Acaeció en el real, un juéves en la noche, catorce dias del mes de Julio, que la Reina mandó
quitase una vela á una doncella en su tienda de
un cabo, y poner en otro á la hora de dormir,
porque le impedia la lumbre; pero durmiendo la
Reina y la demás gente del real, dejando los que

velaban y rondaban, como quiera que fué, ó de la flama de la dicha vela, que alcanzó á la tienda, ó cayó sobre la vela alguna cosa, que encendió la tienda é alzó llamas de fuego, alcanzó de ella el fuego á otras, é como habia muchas ramadas, encendióse un gran fuego; y como la Reina lo sintió, salió huyendo de su tienda, y fuése á la tienda del Rey, que estaba allí cerca de la suya, y recordó al Rey, que dormia, y cabalgó luego ambos á caballo, y en tanto el Príncipe é la Infanta, Damas y Señoras, todos salieron fuera de las tiendas, en tanto que la gente apagaba el fuego, que fué muy grande y espantoso, con aquellas casas de ramas que habia, que se quemaban, é mandó el Rey ir mucha gente la vía de Granada, porque si los moros viniesen, viendo el fuego al real, que hallasen quien los detuviese. Y como el Marqués-Duque de Cádiz vido el fuego, luego cabalgó é salió al campo la vía de Granada, é le siguieron más de tres mil de caballo, y se puso en el lugar por donde el mayor peligro esperaba. Quemáronse muchas tiendas, ropas y joyas, que no pudieron ser socorridas; quemóse la tienda donde la Reina estaba, que era la primera en donde el fuego se encendió, é otras tiendas del Rey, que estaban juntas con ella, é muchas ramadas, que estaban por allí cerca. Era aquella tienda que se le quemó á la Reina, la tienda alfaneque, muy singular, la mejor que en el real habia, que el Duque de Cádiz la habia prestado en que se aposentase. Ovo grande alboroto en todo aquel real sobre aquel fuego, diciendo quien lo habia puesto, y

Cómo se quemaron las tiendas.

la Reina dijo, que no pensasen otra cosa, sino que una doncella suya lo habia puesto, no queriéndolo hacer, salvo por mal recaudo. Cerca de este tiempo, en este mismo mes de Julio, se encendió un fuego en Medina del Campo, en que se quemaron mas de doscientos pares de casas, que nunca les pudieron poner remedio.

En este mismo mes de Julio, no pude saber si fué el propio dia, ántes ó despues siete ú ocho dias, acaeció la gran desdicha y desastrada muerte del Príncipe de Portugal, yerno del Rey é de la Reina, marido de la Infanta Doña Isabel, que corriendo á la par con un escudero, que iba en otro caballo, cayó de él, é murió luego súpito. Esto acaeció en la villa de Santaren; é aun ántes que el cerco se alzase, vino la Infanta cubierta de luto á sus padres á Illora, é estuvo ende, donde el Rey é la Reina la fueron á visitar, é haber con ella parte de su dolor é desventura.

CAPÍTULO CII.

Del partido de la Alhambra, y como se dió Granada.

Pasaron Julio, é Agosto, é Septiembre, é Octubre, é Noviembre, que nunca los moros se quisieron dar, y ya en el mes de Diciembre, que no tenian que comer sino pocos mantenimientos, demandaron partido al Rey é á la Reina, el cual se concertó entre el Rey y los moros en treinta

dias del mes de Diciembre, de entregar todas las
fortalezas, que ellos y el Rey Baudili tenian, é
el Alhambra, á el Rey D. Fernando, é que los dejase en su ley é en lo suyo, é en este partido
fueron conformes todos; é el Rey y la Reina se lo
otorgaron, con otras condiciones y capítulos, que
se fuesen los que quisiesen, y donde quisiesen, é
cuando quisiesen, é que les diesen pasaje, é diesen
ellos todos los christianos cautivos, é los que habian pasado allende de tanto tiempo fasta allí; y
en firmeza de esto, el comun y caudillos de Granada, é el Rey Muley Baudili, junto con ellos, enviaron al real cuatrocientos moros, chicos é grandes, personas de valor para rehenes, hasta que
entregasen á Granada, conviene á saber, las fuerzas de ella; y los dichos rehenes entregados, como
los moros 'son movibles é muy livianos en sus
movimientos, é alboroto y agüero, creyeron muchos de ellos á un moro que se levantó por la
ciudad, diciendo: «que habian de vencer ellos, en-
salzando á Mahomad, é reptando el partido;" é an-
dovo por la ciudad dando voces, é levantáronse
con él más de veinte mil moros. É el Rey Baudili, _{Alboroto en} Granada sobre
desque vido el alboroto, no osó salir de la Al- _{la entrega.}
hambra á selo resistir, hasta otro dia, que era sá-
bado, que salió al Albaycin, y mandó llamar los
de aquel Concejo, é ellos vinieron alborotados, é
preguntóles, que qué era aquello, y ellos se lo
contaron, y él les dijo su parecer, y amansólos lo
mejor que pudo, diciendo: que ya no era tiempo
de facer movimiento, lo uno por la necesidad en
que estaban, la cual no daba lugar á se poder

mas sustentar, lo otro por los rehenes ser ya entregados, que mirasen bien el gran daño, y la muerte que tenian delante de sí, sin ningun remedio de
socorro: é esto dicho, volvióse á su Alhambra. Y
el concierto era, que las fuerzas de la ciudad se
habian de entregar el dia de los Reyes Magos, como dicho es; y el Rey Baudili, viendo aquel im-
pedimento de liviandad de los moros, é aquel alboroto, escribió al Rey D. Fernando todo el fecho
del alboroto, é como los moros habian fecho movimiento en lo capitulado é asentado, como hombres de poco saber, y que él no escedia ni des-
viaba de lo que habia concertado; que ántes su-
plicaba á su Alteza, que viniese luego sin más tardar
á recibir el Alhambra, é no aguardase á los seis
dias de Enero, pues tenia los rehenes, y sin embargo
del alboroto, prosiguiese en lo primero asentado y
capitulado. É el Rey é la Reina, vista la carta é
embajada del Rey Baudili, aderezaron de ir á tomar
el Alhambra, y partieron del lugar del real, lunes
dos de Enero, con sus huestes, muy ordenadas sus
batallas; é llegando cerca de la Alhambra, salió
el Rey Muley Baudili, acompañado de muchos caballeros, con las llaves en las manos, encima de un
caballo, y quísose apear á besar la mano al Rey,
y el Rey no se lo consintió descabalgar del caballo, ni le quiso dar la mano, é el Rey moro le
besó en el brazo y le dió las llaves, é dijo: «Toma,
Señor, las llaves de tu ciudad, que yo, y los que
estamos dentro somos tuyos;" y el Rey D. Fernando
tomó las llaves é dióselas á la Reina, y la Reina
se las dió al Príncipe, y el Príncipe las dió al Con-

*Entrega del Al-
hambra, y sali-
da del Rey mo-
ro al entrego,
y lo que suce-
dió en dos de
Enero, año de
1492.*

de de Tendilla, al cual, con el Duque de Escalona, Marqués de Villena, é con otros muchos caballeros é con tres mil de á caballo é dos mil espingarderos, envió entrar en el Alhambra é se apoderar de ella; é fueron, é entraron, é la tomaron, é se apoderaron de lo alto y bajo de ella, é fueron, é entraron, é mostraron en la más alta torre primeramente el estandarte de Jesuchristo, que fué la Santa Cruz, que el Rey traia siempre en la santa conquista consigo; é el Rey, é la Reina, é el Príncipe, é toda la hueste se humillaron á la Santa Cruz, é dieron muchas gracias é loores á nuestro Señor; é los Arzobispos é clerecia dijeron *Te Deum laudamus*; é luego mostraron los de dentro el pendon de Santiago, que el Maestre de Santiago traia en su hueste, y junto con él el pendon Real del Rey D. Fernando, y los reyes de armas del Rey dijeron á altas voces: «¡Castilla, Castilla!" é ficieron allí é dijeron allí aquellos reyes de armas lo que á su oficio era debido de facer, é dieron sus pregones, é fueron presentes á este acto é bienaventurada victoria, con el Rey é con la Reina, el Príncipe D. Juan é la Infanta Doña Juana, sus fijos, é el Cardenal de España, Arzobispo de Sevilla, é el Maestre de Santiago, é el Duque de Cádiz, é otros muchos Caballeros, é Condes, é Prelados, é Obispos, é grandes Señores, que seria prolijo de escribir; é otros muchos quedaron guardando el real, que no fueron allí. É esto fecho, el Rey y la Reina con todas las huestes se volvieron al real, dejando en el Alhambra al Conde de Tendilla con toda la gente que era menester para la guardar; é los mo-

En la torre de la Alhambra primero se arboló la Santa Cruz, y luego los otros pendones, y lo que allí se hizo en esta ocacion.

Los que fueron presentes á la toma de Granada.

ros de Granada entregaron luego al Rey todas las
sobre-puertas, é torres, é fortalezas de Granada,
é el Rey envió alcaides á todas, é se apoderó en
todo lo fuerte de Granada, é esto fecho, el Rey fizo
tomar las armas é fortalezas, así ofensivas como
defensivas, y se las trujeron todas á el Alhambra,
y quedaron todos sin armas, salvo algunas que
escondieron. El Rey moro Muley Baudili, con los
caballeros mayores de Granada, é con otros muchos, salieron de la ciudad é se fueron, segun las
Sale el Rey moro de Gra- nada condiciones del partido; muchos se fueron allende,
y otros á los lugares de los moros mudejares, ya
ganados, y el Rey Muley Baudili se fué á vivir y
á reinar al Val de Purchena, que es en las tierras
que el Rey habia ganado cuando ganó á Vera, que
era todo de mudejares, donde el Rey le dió seño-
río, é renta en que viviese, é muchos vasallos, é
le alzó la pension que de ántes le debia, y le dió
sus rehenes, que le tenia desque lo soltó sobre
rehenes.

El Rey é la Reina, é la córte se estuvieron en
Santa-fé, en la cual todo el tiempo del cerco fa-
bricaron é labraron, é en el real, y á veces en tiempos en el Alhambra, fasta fin de todo el mes de
Mayo del año de 1492 años, y aun parte del mes
de Junio, que no osaron de allí partir fasta dejar
quieta la ciudad, en el cual tiempo ovo algunos alborotos en los moros, y les hallaron una mina
Mina de armas que fué hallada en Granada es- condida, y cas- tigos que hizo el Rey. llena de armas, é el Rey puso en la ciudad muchas justicias é alcaides, é tan buen concierto, que
sojuzgó muy bien la muchedumbre de los moros,
que en ella habia, que pasaban de cuarenta mil

vecinos; y por los alborotos y desconciertos que algunos moros ficieron mientras la córte allí estuvo,
que se alborotaron dos ó tres veces, mataron muchos
por justicia, é cuartearon, é despedazaron otros,
en tal manera, que los pusieron sobre el yugo
del temor y obediencia que convenia. É ganada
é sojuzgada, é puesta debajo del yugo de Castilla
la gran ciudad de Granada, el Rey, y la Reina y
la córte, en los primeros dias de Junio, se partieron del Alhambra é vinieron á tener la Pascua
del Espíritu Santo á Córdoba, que fué aquel año
á diez dias de Junio, victoriosos y bien afortunados con tanto triunfo de honra y bienaventuranza
cuanta la honra le manifiesta. É ansí dieron glorioso fin á su santa y loable conquista, é vieron
sus ojos lo que muchos Reyes é Príncipes desea-
ron ver, un reino de tantas ciudades é villas, é de
tanta multitud de lugares, situados en tan fortí- Duró diez años
la conquista de
simas y fragosas tierras, ganado en diez años. ¿Qué todo el reino.
fué esto sino que Dios les quiso proveer de ello
é darlo en sus manos?

CAPÍTULO CIII.

DE CÓMO, Y POR QUÉ, Y CUANDO EMPRESENTÓ EL
GRAN TURCO BAYACETO AL PAPA EL FIERRO DE LA
LANZA CON QUE NTRO. REDEMPTOR JESUCHRISTO FUÉ
HERIDO EN EL COSTADO; É DE LA HECHURA DEL SANTO
HIERRO, É DE LAS RELIQUIAS QUE ESTÁN EN
CONSTANTINOPLA.

Año 1492.

En el año de 1492 envió el Turco Bayaceto,
Emperador de Constantinopla, Soldan de la Tur-
quía, al Papa Inocencio VIII, cuarenta mil ducados de la pension é tributo, que cada año le daba, porque tuviese en Roma á buen recaudo á su
hermano Zaliacio, del cual ya oísteis en el XLIV.
capítulo de este libro, como viniéndose vencido
por la mar á tierra de christianos, ántes de demandar seguro, gente del gran Maestre de Rodas
lo envió al Rey Luis de Francia, el cual no lo
quiso recebir, é dijo que no lo queria, ni queria
que estuviese en sus reinos, ni los viese, é pusieron en poder del dicho Papa Inocencio; é sabido
por el Turco su hermano, que estaba en Roma,
envió á hacer su amistad con el Papa, y ofre-
cióle de le dar cada año, porque le tuviese á buen
recaudo, cierta suma de ducados, decian que cuarenta mil ducados, porque se temia mucho de él,
y el Papa lo tuvo en Roma á buen recaudo todo
el tiempo que vivió, dejándolo vivir é ser servido
como gran señor, empero con muy grandes guardas, de manera que no se pudiese ir, y el Papa

Inocencio VIII, entre sus embajadas, se cree le
enviaria á pedir el hierro de la lanza con que el
caballero hirió á Ntro. Redemptor Jesuchristo estando en la Cruz, en el costado, que estaba con
las reliquias que estaban en Constantinopla, y el
turco se lo envió, con la dicha pension de los dichos ducados, aunque le fué muy costoso de darlo,
segun la estimacion, y reverencia, y precio que
sabe que los christianos tenian allá, y la gran devocion en aquel santo hierro, y en las otras santas reliquias que están en Constantinopla en poder
de los christianos grecos. Y el Papa, sabiendo que
venian los embajadores, y traian el santo hierro,
enviólo á recibir con dos Obispos á la Marca de
Ancona, los cuales le trujeron de allí á Roma, é
salió el Papa, vestido de Pontifical, con todos los
Cardenales á lo recibir con grandes procesiones, *Recibimiento que se hizo á la santa reliquia en Roma.*
todos á pié, y el Papa se sentia mal, é iba en
unas andas, y salieron por la puerta del Pópulo
á recibirlo, y el Papa se apeó de las ándas, é
se humilló en tierra con muy gran acatamiento,
é lo tomó en las manos en una caja de oro, donde venia engastonado, en un viril christalino de
muy fermosa hechura, y por todas partes se parecia el propio hierro la punta hácia arriba. É el
Papa lo mostró al pueblo, donde todos lo adoraron como á muy santa reliquia, que tocó en el
costado de nuestro Redemptor, é fué en tiempo de
su pasion allí presente. Y así en las ándas lo
trujo el Papa fasta la iglesia de S. Pedro, donde lo *Colocóse en la iglesia de San Pedro.*
pusieron en muy honrado lugar; y el hierro era
corto, segun parecia á todos los que lo adoraron, y

pudo ser, que algun gran señor ó Rey, de los que
han tenido aquellas santas reliquias en guarda, la
quitase algo de lo que entró en el santo costado
y glorioso, para más devocion, así como hizo un
Emperador de Grecia, que hizo una barbada para
el freno de su caballo, en que gastó uno de los
clavos con que nuestro Redemptor fué clavado en
la Cruz, é sojuzgó é ganó muy grandes tierras é
reinos, é tuvo que por virtud de aquel freno lo habia Dios hecho victorioso, segun cuenta Mosen Juan
de Mandavilla; y el dicho fierro es de esta hechura
y tamaño de la lanza, á lo que parecia, la mitad de
la verdadera Cruz en que nuestro Redemptor padeció: é era fasta estonces, que fué enviado al Papa
como he dicho, el fierro de la lanza con que el
caballero firió el costado de nuestro Redemptor
despues de haber espirado, é una de sus ropas
sin costura, é la esponja, é el vaso con que le
dieron á beber el hiel y vinagre, cuando estaba en
la Cruz, é una parte de la corona con que nuestro
Redemptor fué coronado, é la Cruz, é uno de los
clavos, é otras muchas reliquias; é eso mesmo
está en Constantinopla, el cuerpo de Sra. Santa
Ana, madre de nuestra Sra. Santa María, que lo
fizo traer allí Santa Elena, é yace el cuerpo de S.
Lúcas é otros muchos cuerpos santos.

Muerte de Ino-
cencio VIII.
Año de 1492. Murió el Papa Inocencio VIII. desde á poco
tiempo despues de haber recibido el santo fierro,
en el año de 1492, á veinte y siete de Julio; é crea-
ron Papa los Cardenales al Vice-canciller, Carde-
Creacion del
Papa Alejan-
dro VI. nal Arzobispo de Valencia, el cual se llamó Alejandro VI; fuéle muy contrario el Cardenal Ad-

víncula Sancti Petri, en la eleccion, y aun despues en algunas cosas.

CAPÍTULO CIV.

Del fallecimiento de algunos Grandes, é del Marqués-Duque de Cádiz.

En el tiempo del cerco de Granada murió en Castilla en su tierra é casa el noble caballero Don Pedro Fernandez de Velasco, Conde de Haro, Condestable de Castilla; sucedióle el Sr. D. Bernardino, su hijo. Murió el Adelantado del Andalucía, D. Fadrique, viniendo del real de Granada, de su muerte natural, en el campo cerca de Antequera en una tienda; allí le trujeron los Sacramentos, é dió su ánima á Dios gimiendo sus pecados y con muy gran contricion, en cuatro dias de Febrero, año de 1492. Subcedióle su hijo D. Francisco Henriquez.

Murió el Duque de Medina-Sidonia, D. Enrique de Guzman, en su villa de Sanlúcar, en sus palacios, este dicho año de 1492, viérnes noche, amaneció sábado de mañana finado, á veinte dias del mes de Agosto; subcedióle su hijo D. Juan de Guzman. Murió el esforzado caballero Marqués-Duque de Cádiz, D. Rodrigo Ponce de Leon, en la ciudad de Sevilla, dentro de sus casas, de achaque de una opilacion que se le hizo andando en la guerra contra los moros. Recibió todos los Sacramentos, é dejó por subcesor á su nieto D. Rodrigo. Este fué el caballero que más trabajó de los Grandes de

Muerte del Duque de Medina-Sidonia en Sanlúcar.

Muerte del Marqués-Duque de Cádiz.

Castilla en la guerra, que desque Alhama tomó no ovo entrada que el Rey ficiese, que él no fuese en ella, en todos los diez años que duró la conquista del reino de Granada. Él fizo el comienzo y vido el fin, é ovo su parte de la gloria é victoria, que él fué presente en la entrega de Granada, que fué el sello de la conquista, y asímismo fué honrado en la vida, y amado de los esforzados, ansí fué muy honrado en la muerte; pasó de esta presente vida en lúnes veinte y siete de Agosto del dicho año de 1492, dada la una, en presencia del Prior é del Vicario de S. Gerónimo, que lo absolvieron con la Santa Cruzada é consolaron hasta la fin, la cual esperó como él era, é ovo muy buena é con mucho arrepentimiento de sus pecados, é fizo christianos actos en su testamento, é firmólo ante Cristóbal Gutierrez, é Francisco Sanchez, escribanos públicos de Sevilla, en presencia de todos los cuales estaban, así caballeros como dueñas. Desque ovo espirado, luego el Sr. D. Luis Ponce, é su Padre D. Pedro Ponce, Señor de Villagarcía, é todos sus parientes, é hermanos, é criados, é escuderos de casa se cubrieron de jerga, y eran tantos, que no cabian en toda la casa; é alcanzó mucha honra en su fin, que estuvieron á su fallecimiento é enterramiento y se cubrieron por él de luto el Sr. D. Alonso de Aguilar, que era mucho su amigo, y D. Pedro Puertocarrero, hermano de la Sra. Duquesa, Señor de Moguer; é el Sr. D. Luis Puertocarrero, Señor de Palma; y otros muchos honrados señores; Fernan Darias, Señor del Viso, é Pedro de Vera, é D. Luis Mendez Puertocarrero, é Fran-

Año de 1492 á 27 de Agosto.

Su testamento, ante quién se otorgó, y los presentes que fueron á su muerte.

La jerga era el luto que se usaba entónces.

cisco Cataño, é otros; todos estos se cubrieron de
luto, que faltó la jerga con el fallecimiento del Duque
de Medina; é pusiéronlo en un atahud aforrado en
terciopelo negro é una Cruz blanca de Damasco, en
presencia de los dos frailes, vestido de una rica ca- La forma en que lo amorta-
misa é un jubon de brocado, é un sayo de terciopelo jaron, y pusie-
negro, é una marlota de brocado fasta en piés, é unas ron el cuerpo.
calzas de grana, é unos borceguies negros, é un cin-
to de hilo de oro, é su espada dorada ceñida, segun
él acostumbraba traer cuando era é andaba en las
guerras de los moros, é ansí decindieron el atahud
con él de la sala é lo pusieron en unas andas enforradas de terciopelo negro, abajo en el cuerpo de
las casas, donde los Ponces sus hermanos y parientes, y la Duquesa su mujer y otras muchas
dueñas hicieron sobre él grandes lloros é sentimiento; eso mesmo hicieron sus escuderos é criados, é doncellas, é gente de su casa, é otros é
otras muchas de su tierra é tambien de la ciudad,
que era muy bien quisto caballero. Desque fué noche, ántes del Ave Maria, vinieron más de ochenta Entierro, su
clérigos con la Cruz de Santa Cathalina, y tres forma y á que hora.
órdenes de frailes del Cármen, de la Merced é de
S. Francisco, y encomendáronlo é sacáronlo en las
andas, acompañándolo los de los eclesiásticos, el Acompaña-
Provisor é todos los más honrados Canónigos de la miento dél.
iglesia mayor, é Arcedianos, é Dignidades, é los
Obispos que se hallaron en la ciudad; é de lo seglar el Conde de Cifuentes, Asistente de Sevilla, y
la mayor parte del Rejimiento de la Ciudad de
Veinticuatros y Alcaides mayores, é otras gentes,
que no cabian por todas las calles; lleváronlo por

la calle de la Alhóndiga é por S. Leandro, faciendo por sus trechos sus paradas, donde la clerecía
le decian sus responsos; é las gentes que seguian
sus ploros, y les ayudaban las dueñas, que salian
á mirar desde sus puertas é ventanas á lo llorar,

Sentimientos
que se hicieron
por la muerte
del Marqués en
la ciudad. é daban tan grandes gritos las mujeres de la ciudad por donde lo llevaban, como si fuese su padre, ó fijo, ó hermano de todas, siguiéronlo é
acompañáronlo tantas gentes fasta S. Agustin, que
no cabian por las calles, ni por los adarves, ni en
la iglesia de S. Agustin; é ansí iban gentes acompañándolo y honrándolo como cuando facen la fiesta del Corpus Christi en Sevilla, aunque era de noche. Salieron con él desde su casa doscientas cua-

Número de ha-
chas que fue-
ron en el en-
tierro. renta hachas de cera encendidas, que parecia por
donde iban que era en mitad del dia. Acompaña-
ronle asímismo desde su casa hasta la sepultura

Fueron diez
banderas que
ganó á los mo-
ros y se pusie-
ron sobre su
sepultura. diez banderas, que por sus fuerzas é guerras que
hizo á los moros ántes que el Rey D. Fernando
comenzase la conquista del reino de Granada las
ganó, las cuales en testimonio allí iban cerca dél,
é las pusieron sobre su tumba, donde ahora están
sustentando la fama de este buen caballero, la cual
no puede morir é es inmortal, así como el ánima;
é quedaron allí en memoria. Saliéronlo á recebir
los frailes de S. Agustin con la Cruz é cirios, é
ocho incensarios vestidos de almástigas negras, é
así lo metieron muy honradamente en la iglesia y

Solemnidad
del oficio de la
sepultura. pusieron las andas en una muy alta cama, donde
estuvo hasta que le dijeron cuatro vijilias, cada órden la suya, é otra la clerecía, é dichas lo depositaron en su tumba, cerca de los Condes D. Juan

su padre, é D. Pedro Ponce, su abuelo. Nuestro Señor le dé santa gloria. Otro dia le dijeron muchas misas.

El Rey é la Reina desque supieron la muerte del Marqués-Duque de Cádiz, se retrajeron, é encerraron, é ovieron mucho sentimiento, é pusieron luto negro por él, y las damas lloraron mucho en la casa del Rey, que lo amaban mucho, que las servia é daba mucho, é lo conocian de como recibia y acompañaba á la Reina y á ellas en tierra de moros, porque llevándolo la Reina é ellas cerca de sí, hacian cuenta que llevaban al Cid Ruy Diaz en su tiempo, porque los moros lo temian mucho, tanto, que donde quiera que sabian que iba, conocian su bandera, no esperaban ni osaban pelear.

Sentimiento del Rey é Reina y se pusieron luto.

Dares y Homero, coronistas, escribieron muy por estenso en las historias de las conquistas de Troya las facciones de Hector, é París, é Troilo, sus hermanos, é de los otros troyanos que fueron famosos en las armas; é eso mesmo los de Diomedes é Ulises, é de Menelao, é Agamenon, é Aquiles Griego, que fasta hoy viven, por ser escritas, aunque fueron gentiles y sin ley; pues ¿cuanto más debian ser escritas las cosas hazañosas y virtuosas que los nobles caballeros de España hacen y han hecho en las guerras, y junto con ellas las facciones y condiciones de cada uno? y porque las de este noble caballero Duque de Cádiz merecen ser escritas, son las siguientes:

Era hombre de buen cuerpo, derecho, más mediano que grande, de muy récios miembros,

Facciones del Duque de Cádiz y sus condiciones.

brazos é piernas, muy gran caballero de la gineta;
era blanco en el cuerpo é rojo en la cara, é cabellos é pescuezo, é tenia algunas pintas por el pescuezo é manos; era hermoso de gesto, la cara más
larga que angosta ni luenga, no habia en ella reprehension; la habla é órgano de ella muy clara, é
muy buena; los cabellos rojos é crespos, é las barbas rojas; era muy esforzado é bravo, é muy feroz
á sus enemigos, é muy verdadero amigo de sus
amigos; amaba mucho sus vasallos, é volvía por
ellos cuando lo habian menester, é era muy bien
templado en comer é dormir; era casto, é cauto, é
muy celoso de todas las mujeres de su tierra, é deseaba que no hubiese ninguna mala, y no consen-
tia que ninguno suyo burlase á ninguna mujer, ni la
infamase, y sobre esto hacía tanto, que el que algo
de esto pecaba no osaba parar en toda su tierra.
Queria que sus vasallos así honraran á los alcaides
é alguaciles de su tierra como á él mesmo. Re-
tenia mucho los enojos, y no podia haber tan ahi-
na la templanza de la paciencia; perdonaba tarde
á quien lo enojaba; no le aplacia facer burla de los
locos, nin de simples, nin le aplacian los truanes,
nin trompadores; tenia continuamente asaz alcones,
y no le aplacia mucho la caza, luego se enojaba; era
muy cobdicioso y cuidadoso por acrecentar el patrimonio de sus antepasados, y compró castillos,
vasallos, donadíos, lugares y heredamientos, con
que mas de medio á medio acrecentó en la renta de
su patrimonio; era muy amador de la justicia, y
hacíala, y continuamente tenia sus vasallos, en justicia, é toda su tierra, é oia sus vasallos, é deli-

Acrecenta-
miento de sus
rentas y estado.

berábalos é proveíalos muy presto cuando ante él
venian, y enviábalos á sus casas, porque no se gas-
tase; pugnaba y hacía mucho por la honra suya
é de sus parientes; hacía bien á sus parientes, no
queria en su compañia hombres cobardes, ni li-
sonjeros, ni de malos artes; ni queria ver ni oir
hombres traidores ni ladrones; agradábale la música algo, especialmente trompetas bastardas é chirimías, é sacabuches, é atabales, é de aquella que
alegran las gentes en la guerra, era muy devoto Su devocion y
la reverencia al
de Santa María Ntra. Señora, y de la Iglesia, y culto divino.
ordinariamente oia misa cada dia, y rezaba sus
oraciones por libro, y despues en unos corales; y
desde la confesion hasta «*ite misa est*» nunca hablaba á ninguna persona, ni alzaba las rodillas del
suelo; comunmente hacía celebrar con mucha solemnidad las fiestas de Ntra. Señora de la Ó y la
fiesta de la Anunciacion, que cae en Marzo, y aun
las mandaba celebrar en sus ciudades, villas y
lugares, en las cuales hacía dar grandes colaciones
é limosnas; tenia una capilla de vestimentos, cá-
lices é ornamentos, como convenia, con que le decian la misa en su casa é posada, empero nunca
se hacía perezoso de ir á oir misa á la iglesia del
pueblo donde se hallaba; era caballero que le placia
mucho la geometría de labrar y reparar castillos, y
casas y cercas y fortalezas, y labró y gastó en ella,
con lo que labró y fortaleció en Alcalá de Guadái-
ra y en la ciudad de Xeréz, é Alanís, cuando la
tomó en tiempo del Rey D. Enrique, más de diez Gastos que hi-
zo en la reedi-
y siete cuentos, segun él decia é sus mayordomos: ficacion de cas-
tillos.
de sus fechos é victorias ya es dicho en sus tiempos

é lugares. Nuestro Señor le quiera perdonar y poner en su santa gloria. Amen.

CAPÍTULO CV.

De Bretaña, é de como el Rey de Francia la tomó é se casó con la Duquesa.

Cerca de estos tiempos murió el Duque de Bretaña, y subcedióle una fija, que no tenia otro fijo varon ni fija, el cual Duque no estaba bien quisto con el Rey de Francia, ántes en guerra, porque favorecia á algunos caballeros de Francia, que desservian al Rey, y los acojía en su tierra, así como á Monseor de Labrit, é á otros. É ya oisteis como el Rey Luis de Francia falleció el año de 1482 y le sucedió Cárlos su hijo, é quedó pequeño é desposado con Margarita, fija del Rey de los Romanos, niña de cuatro años, é ambos quedaron cada uno á su parte en el reino de Francia, en tutela é gobernacion del Parlamento de Paris, é de algunos de los Grandes de Francia; é el Rey Cárlos salió mozo mal dispuesto é feo de miembros y gesto; é luego como fué de edad é le dieron la gobernacion del reino, comenzó á hacer la guerra á la Duquesa de Bretaña, porque otros tiempos habia sido sujeta á la Francia, y la Duquesa estaba desposada por cartas y embajadores con el Rey de los Romanos, Duque de Austria, Maximiliano, fijo del Emperador Federico de Alemania é Roma, yerno que fué del Gran Duque Cárlos de Borgoña, Conde de Flandes; y la Duquesa de Bretaña comenzóse de amparar, y defender, y apercibir de valedores, y vino en su favor el Conde de Escalas, inglés, que fué en la toma de Loja, el cual murió en una batalla que ovo entre franceses é bretones; é el Rey D. Fernando de Castilla fué valedor de la dicha Duquesa, é como andaba en guerra de los moros de la conquista de Granada, aunque le socorrió no fué tanto como quisiera, y Monseor de Labrit, caballero de Francia, Señor de gran parte de la Gasconia, andaba ausentado de Francia, por enojo que á el Rey habia fecho, é el Rey de Francia le habia tomado la tierra, y era tambien valedor de la Duquesa; y este estaba tambien enemistado con el Rey D. Fernando de Castilla, por partes del reino de Navarra, que habia casado su fijo con la Reina de Navarra contra la voluntad del Rey D. Fernando, é tuvo Monseor de Labrit forma como se hiciese amigo del Rey D. Fernando, é el Rey le dió gentes y facultad con que fuese á socorrer á la Duquesa de Bretaña, é envió con él otros capitanes é á Pedro de Mosquera, con más de cinco mil hombres de España, de á caballo é de á pié. É el Rey de los Romanos, su esposo de la Duquesa, no pudo socorrerla ni venir á facer el matrimonio personalmente, porque habia morido estonces el Rey Mathías de Ungría, su lejítimo hermano, el cual era casado con fija del Rey de Fernando de Nápoles; é el Rey de los Romanos habia guerra allá sobre aquel reino, diciendo que le pertenecia gran parte de él, é conquistábalo, é despues no salió con él, é por esto no socorrió á la Duquesa en la dicha guerra, que el Rey de Francia la movió. É estando el Rey D.

Socorro que envió el Rey D. Fernando á la Duquesa, de gente.

Fernando en la guerra de la conquista del reino de
Granada, el Rey susodicho Cárlos, mozo que comenzaba á reinar en Francia, se movió en persona con
muy gran hueste é artillería, é fué sobre Nantes de
Bretaña, que es la más principal ciudad y la mayor
de Bretaña, y cercóla, estando dentro la Duquesa;
é Monseor de Labrit fué traidor á la Duquesa y

Traicion de
Monseor de La-
brit al Rey D. Fernando, á quien se habia ofrecido
por suyo, é le habia dado gente con que ficiese la
guerra al Rey de Francia, en defensa de la dicha
Duquesa de Bretaña, é vendió la ciudad é la Duquesa al Rey de Francia, é desque pensó la traicion,
segun decian, él hizo ir en persona al Rey de Francia, y le prometió dar la ciudad y la Duquesa, y
que le perdonase del enojo que dél tenia, y diese
sus tierras, é el Rey se lo prometió, y aun le mandó gran suma de dineros, é le fizo otras muchas
mercedes, é le volvió sus tierras; é como el Rey
de Francia llegó á Nantes, é la cercó é comenzó
de combatir, Monseor de Labrit, despues de hecho el concierto, abrió las puertas, y entraron los
franceses, é tomaron la ciudad y la Duquesa y
despojaron á todos los españoles é echáronlos de la
ciudad, é así se vinieron á mal recaudo, por la

Salen los espa-
ñoles despoja-
dos y a mal re-
caudo. gran traicion de Monseor de Labrit, que los vendió;
é el Rey tomó la ciudad é se apoderó de ella, y
dende toda Bretaña, é fizo un cuerpo de Bretaña
y Francia, y de aquí creció sus reinos, é tomó
mujer por fuerza, y dejó la mujer con quien su
padre lo habia desposado y mandado casar, Margarita, su hija del dicho Rey de los Romanos, con
la cual se habia desposado el año de 1481, siendo

ella de tres ó cuatro años, é fué tenida por Reina de
Francia cerca de diez años; y dentro en Francia, en
ese mesmo trono é honra tenida, é habida su gobernacion y tutela de el Parlamento de Paris é de los
grandes de Francia, así como estaba el mesmo
Rey Cárlos su esposo: é desque el Rey de Francia ovo tomado á Bretaña, dijo que Margarita no
era su mujer, é mandóla llevar á su padre, y
como fuese ya mujer, doncella de discrecion, de
trece años poco más ó ménos, habiendo reinado
en Francia los más de ellos, ved qué sentiria su
ánima; hizo grandes llantos é lamentaciones, ella
é todos los suyos, quejándose de la sin ventura
acaecida, por ella venida por tal manera; é envió
la triste nueva á su padre el Rey de los Romanos, é envióle el Rey á decir, que no saliese de
Francia, sino que si á él iba y de tal manera,
que él haria presente de su cabeza al Rey de
Francia, su marido; ved qué haria la sin ventura
en tan terrible caso; mucho más amaba perder la
vida, que verse despojada de tal manera de reinos
y marido; maldecia á su fortuna é siniestra ventura, su nacimiento, su vida, su crianza, su mala
suerte, y quejábase á Dios de los cielos con muchas lágrimas, demandando justicia del cielo; é
todos los suyos, é las dueñas é doncellas de su
casa hacian muy gran llanto con ella, é todos
cuantos la conocian. É la Reina desdichada ovo
de salir de Francia con muy gran dolor é sentimiento de su corazon, é de su ánima, con fiucia
que Dios le haria justicia de aquella injuria, que
el Rey de Francia su marido le habia fecho, é

privaria del reino de Francia, como él á ella habia
fecho. É ansí fué, que el Parlamento é Grandes
de Francia, desque vieron que el Rey Cárlos se
habia así casado con la Duquesa de Bretaña, enviaron á Margarita en Flandes y Alemania á tierras de su padre, é Cárlos quedó casado con la
Duquesa, é ovo un fijo, del cual no gozó, que finó-
sele; é él logró mal el reino de Francia, que
no reinó despues de casado sino obra de cuatro
años, y murió sin loor, y casó su mujer con el
Duque de Orliens, que reinó en Francia despues
de él, segun más adelante se dirá; y ansí castiga
Dios tambien á los reyes como á los otros de cualquier estado, que hacen lo que no debian hacer,
y no miran que hay Dios, que es mayor que todos, el cual en los malos y perversos, continuamente vemos que cumple aquello que dijo David
por el Espíritu Santo : *Viri sanguinum et dolosi non*
dimidiabunt dies suos.

Capitanes que
envió el Rey
D. Fernando á
Bretaña.

Los capitanes que el Rey D. Fernando envió
á Bretaña, fueron: Pedro Carrillo, Señor de Pliego
é Torralva, que son en el Obispado de Cuenca, con
trescientas lanzas; Pedro Quijada, Señor de Villagarcía, que es cerca de Medina de Rioseco, con
trescientas lanzas, el cual ovo fortuna en la mar,
é volviólo el tiempo dos veces á Castilla, una á
Santiago, é otra á Bilbao é Santander, é volvió
otra vez hasta que llegó en Bretaña; é sobre todos
fué Pedro Mosquera, para proveer; é desque vido
el vencimiento fecho por el Rey de Francia, que-
ríase quedar allá, despues que él fué en dar la
ciudad en rehenes; é los capitanes no lo dejaron,

é viniendo por la mar, desde la nao se echó en el mar y se ahogó, el dia de San Benito de Julio, estando el Rey D. Fernando en el cerco de Granada. Muerte del ca-pitan Pedro de Mosquera.

CAPÍTULO CVI.

DE EL REINO DE NAVARRA, É DE SUS COSAS É GUER-RAS, É CÓMO REINÓ EN ÉL EL REY D. JUAN, REY DE ARAGON QUE DESPUES FUÉ, É DE COMO SU FIJO D. CÁRLOS FUÉ CONTRA ÉL.

El Rey D. Juan de Aragon, padre del Rey D. Fernando, ovo el reino de Navarra con su primera mujer, siendo Infante de Castilla é Príncipe de Aragon, y fué de esta manera: Ovo en Navarra un Rey llamado D. Cárlos, é no ovo fijo varon, é ovo una fija, que se llamó Doña Blanca, que le sucedió en el reino, que casó con el dicho D. Juan, de la cual el dicho Rey D. Juan ovo dos fijas, la mayor, llamada Doña Brianda, que casó con el Conde de Fox, Febus en Francia, en la Gasconia, é la otra, nombrada Doña Blanca, que casó con el Rey D. Enrique de Castilla, siendo Príncipe, y despues ovo un fijo, que llamaron D. Cárlos, que fué Príncipe de Navarra, é despues de Aragon, é murió la Reina Doña Blanca de Navarra tempranamente, é casó el Rey D. Juan segunda vez con Doña Juana, fija del Almirante de Castilla D. Fidiricus, y siendo el Príncipe D. Cárlos de catorce años arriba, juntáronse con él de dos parcialidades que habia en Navarra, la una la de los Lusita-

nos, que era el Condestable de Navarra, Mosen
Pierres de Peralta, é su hermano el thesorero, é
metieron bullicio y escándalo en el reino, é re-
quiriendo al Rey D. Juan que se lo entregase al
Príncipe su hijo, pues era suyo; y el Rey alegaba,
que aún no era tiempo, que aún no era de edad
para gobernar; é estuvieron con el Rey la parcialidad de los Agrimonteses, que es el Conde de Lerin,
é otros muchos caballeros, é siguióse multa mala
entre ellos; y los del Príncipe tomaron á Pamplo-
na, que es la mayor ciudad de Navarra, y dende
el Príncipe fué á cercar una villa, que llaman San-
güesa, la cual estaba por el Rey, y el Rey salió
á la descercar, é sabiéndolo el Príncipe D. Cárlos,
su fijo, salióle al camino, partiendo de Olite con
su hueste, é ovieron su batalla campal, el fijo con
el padre, donde murieron algunos de una parte y
otra, y el padre fué vencedor, é venció al hijo, é
le desbarató é prendió con otros muchos, y lo trujo
preso á Zaragoza, de Aragon, y lo tuvo allí apri-
sionado, y á ruego de la Reina Doña Juana, su
mujer, lo soltó, y juró estonces el Príncipe D. Cárlos é puso las manos corporalmente sobre la hostia
consagrada, de no ser más contra su padre, sino
estar siempre á su obediencia y mandado; é como
se vido suelto, tornóse otra vez á alzar é hizo
cuanto pudo contra el padre, por lo echar del reino,
y viendo que no podia prevalecer contra el padre
con el reino de Navarra ni su favor, fué á demandar favor al Conde de Almiñanque, el cual no se
lo dió; é fué á demandar favor al Conde de Febus de Fox, su cuñado, y tampoco se lo dió; é

desque esto vido, fué á demandar favor al Rey
Luis de Francia, padre del Rey Luis, el cual tenia estonce cuestion con el Delfin Luis, su fijo, y
con algunos caballeros de Francia, y respondió al
Príncipe D. Cárlos, su pariente, diciendo: «¿qué
ejemplo daré yo á mi fijo ayudándovos á vos contra
vuestro padre?" é con esto respondió: y el Príncipe
D. Cárlos anduvo y tornó á Navarra en persona, pugnando si pudiera echar del reino á su padre, é desque vido que no podia, fuése á Nápoles
á su tio el Rey D. Alonso, hermano del Rey su
padre, el cual lo recibió de muy buen grado, é
le riñó mucho é castigó los yerros que contra su
padre habia fecho, y le dijo: «sobrino, pues has
ido contra tu padre, huye delante de su cara;" é
enviólo en Sicilia ultrafaro, é fízole Príncipe de
ella; é así vivió D. Cárlos en aquella tierra en mucha honra fasta que falleció el Rey D. Alonso su
tio; é fallecido el Rey D. Alonso, los catalanes dijeron, que querian que viniese su Príncipe y estuviese en la tierra, y el Rey D. Juan, ya Rey de
Aragon, que sucedió al Rey D. Alonso su hermano, plugo de ello, é enviaron por el Príncipe D.
Cárlos á Sicilia los catalanes de Barcelona, donde
le fué fecho muy grande y solemne recebimiento
de los barceloneses. Y á este tiempo estaba el Rey
D. Juan haciendo Córtes en Fraga y en Lérida, y
el Príncipe, despues de haber reposado en Barcelona, partió con los Grandes de Barcelona á ver y
besar las manos al Rey su padre; y en Lérida la
Reina Doña Juana y los Grandes de la córte le salieron á recebir y fueron con él á Fraga, donde

Respuesta del Rey de Francia al Príncipe de Navarra.

Lo que dijo el Rey D. Alonso de Nápoles, su tio.

Recebimiento que hicieron al Príncipe.

el Rey estaba, y el Rey salió de la villa á un llano fuera de ella á recebir á la Reina y el Príncipe, y la Reina descabalgó, é se hincó de rodillas y dijo al Rey: «Señor, suplico á V. A. que perdoneis al Príncipe mi hijo D. Cárlos," y el Rey calló; y estonces el Príncipe, estando hincado de rodillas, dijo: «Señor, suplico á V. A. me perdone;" y estonce habló el Rey y dijo: «Hijo, por amor de la Reina, que me lo suplica, te perdono, y no te tornes mas;" y estonce el Príncipe le fué á besar el pié y el Rey huyó el pié del estribo, y dióle la mano á besar, y besólo en la boca, y así con grandes alegrías, y con mucha solemnidad de trompetas y atabales y muchas músicas, se entraron en Fraga, y en la mesma posada que el Príncipe habia de posar, cuando pasaban, estaba una loca á la ventana, y dijo pasando el Rey: «Ved cuan cara lo has de tornar á prender."

Razonamiento entre los Reyes y Príncipe

Dicho de un loco al Rey.

Y estando el Rey y la Reina en aquellas Córtes y el Príncipe D. Cárlos, que tenia el Rey Córtes con aragoneses é valencianos, vinieron allí embajadores de muchas partes, é fueron allí por embajadores del Rey D. Enrique de Castilla, un caballero alcaide de Búrgos, é un fraile; é un dia dijo al Príncipe el Rey: «Hijo, bueno será que te cases con la Infanta de Portugal;" y respondió el Príncipe: «Señor, mas con estotra, pues se ha hablado y está ya de concierto:" y dijo el Rey: «¿De concierto? luego más sabe en ello, que no yo." Luego envió por el fraile, embajador, y preguntóle, que qué concierto traia con su hijo, y el fraile le respondió, que él no sabia nada, que no le habian á él dado parte de tal

secreto: y estonce huyó el otro embajador, y vínose en Castilla, y fué fama estonce, que el Rey
D. Enrique lo queria casar con Doña Isabel, su
hermana, y lo facía Maestre de Santiago, y le queria dar favor para que destruyese á su padre; y
estonce su padre le tornó á prender, y moviéronse
los catalanes á demandallo, y el padre lo llevó preso á Fraga, desde Lérida, y los catalanes y barceloneses lo cercaron en Fraga al Rey, porfiando que
les diese al Príncipe, fasta que se lo ovo de otor-
gar, é partieron de Fraga el Rey é la Reina, é el
Príncipe, en son de preso, para Cataluña con los
catalanes, é vinieron todos á Villafranca de Pana-
dés, que está seis leguas de Barcelona, é allí dió el
Rey el Príncipe á los catalanes, é juró el Príncipe
allí otra vez no salir de la obediencia é querer de
su padre, é los barceloneses acordaron y pacificaron con el Rey, é llevaron al Príncipe consigo á
Barcelona; é desque el Príncipe se vido en Barcelona, él ni los catalanes no osaron más de acudir
con la obediencia al Rey, fasta que murió D. Cárlos
dende á cierto tiempo, y de allí decian los catalanes, que habia llevado el mal de la córte de su
padre. Y muerto D. Cárlos, demandaron los de
Barcelona al Rey, que les diese á su fijo D. Fernando por Príncipe, con condicion que el Rey no
entrase en Barcelona; y el Rey les dijo, que ni él
queria estar en Barcelona, y que le placia que lo
oviesen por su parte; y la Reina dijo, que si así querian tener á su hijo por Príncipe, que ella habia de
estar con su hijo en donde él estuviese, y así se concertó, que la Reina y el Príncipe estuviesen en Bar-

celona, y el Rey no entrase, y esto era porque los catalanes barceloneses desamaban mucho al Rey D. Juan. É como la Reina estuviese en Barcelona con su hijo el Príncipe D. Fernando, el Rey ovo de entrar un dia en Barcelona á ver á su mujer la Reina, é su fijo, é su casa; é como esto vieron é supieron los del Consejo de Barcelona, ordenaron y mandaron, que al Rey, Reina é Príncipe los botaran fuera de Barcelona; y luego salieron fuera el Rey, Reina é Príncipe, con toda su casa, y desde aquel dia se rebelló Barcelona contra el Rey D. Juan, y toda Cataluña, y requirió al Rey D. Enrique de Castilla con su obediencia, y no lo quiso, y trujeron al Infante D. Pedro de Portugal, por Señor, el cual tuvieron dos años, ó poco más ó ménos, fasta que murió, é muerto invocaron al Conde de Proenza, hijo del Rey Reynel, que se llamaba Duque de Calabria, y á otros grandes Señores, los cuales, viendo que habian negado y rebelado á su Rey, no quisieron su partido, y así quedaron sobre sí los catalanes; é desque se comenzó la guerra entre ellos y el Rey D. Juan. fasta que se acabó, pasaron diez años, en los cuales muchos males y muertes y robos se siguieron en aquellos reinos de Aragon, entre los catalanes y el Rey D. Juan.

CAPÍTULO CVII.

De la subcesion de los reinos de Aragon.

Muerto el famoso Rey y esforzado D. Alonso, Rey de Aragon, de Valencia, é Nápoles, Sicilia é

Mallorca, Cerdeña, Iviza é Barcelona, y Señor de
los otros señoríos á la casa de Aragon pertenecien-
tes é anejos, é Infante de Castilla, subcedióle su
hermano el Rey D. Juan de Navarra, Infante de
Castilla, conforme á su testamento y al derecho,
en todos los reinos y señoríos, dejando el reino de
Nápoles, que se llama la gran Sicilia citrafaro, porque la ganó el Conde con mucho trabajo por cur-
so de muchos años, porque venia á la casa de Aragon de derecho, y estaba anejado en poder de
quien no le venia de derecho, segun la antigüedad
de ello lo cuenta, y por eso, no con consentimiento de la casa de Aragon, sino de su hermano, que
lo dejó á D. Fernando, su hijo bastardo, el cual
fué muy buen Rey despues de su padre en Nápoles; é como el Rey D. Juan comenzó de reinar en
los dichos reinos y señoríos, vino el Príncipe Don
Cárlos, su fijo, como ya oísteis, de la Italia en Barcelona, y sembróse la discordia entre él y su padre y los catalanes; é tomáronlo los catalanes á su
padre, é tuviéronlo en Barcelona fasta que murió
tempranamente; é desque el Rey D. Juan vido
que su fijo era muerto, á quien pertenecia el reino
de Navarra, envió por el Conde de Febus de Fox,
é sucedió á D. Cárlos, y entrególe el Reino de
Navarra; y en este tiempo envió tambien por la
Condesa Doña Brianda, su fija, Princesa de Navarra, que es quien como tengo dicho subcedió á D.
Cárlos, y á quien tocaba, y en este tiempo siempre crecia la discordia y mal quista, que estaba
entre los catalanes y el Rey, y estando la Reina
Doña Juana y el Príncipe D. Fernando en Girona,

el Rey ausente de la tierra, salió Barcelona, y cer-
cáronlos allí para los prender é destruir, y tuvié-
ronlos cercados hasta que el Conde Febus vino
de Navarra con mucha gente de armas y los socorrió y descercó, y fizo fuir los catalanes.

CAPÍTULO CVIII.

COMO FUÉ EMPEÑADO PERPIÑAN AL REY DE NAVARRA, Y SUS GUERRAS.

Volviendo á la subcesion del reino de Navarra, como murió el Príncipe D. Cárlos, reinaron
en Navarra Doña Brianda y D. Phebo su marido,
Condes de Fox, los cuales ovieron cuatro fijos é
cinco fijas, y el mayor, á quien convino la subcesion del reino, fué llamado Felipo, é fué casado
con una hermana del Rey Luis de Francia, é este
murió temprana muerte, antes que el Rey D. Juan
su abuelo, é subcediéronle un fijo é una fija, Phebo
é Doña Brianda, é D. Phebo reinó en Navarra
siendo niño, so la guarda é tutela del Rey D. Juan,
su abuelo, é murió siendo mozuelo, é subcedió D.ª
Brianda, que quedó en poder de su madre; é mientras el Rey D. Juan vivió, siempre tuvo muy gran
parte y favor en Navarra, y fortalezas á su mandar,
las cuales nunca osó soltar, por temor del daño
que del Rey de Francia le podia venir; y en aquel
mesmo grado entró el Rey D. Fernando su fijo,
despues que murió el Rey D. Juan; é como murió el Rey D. Phebo, Rey de Navarra, quedó en

*Este capítu-
lo no mienta
en todo él á
Perpiñan.*

la encomienda del reino el Rey D. Fernando, é
como D. Phebo murió, quedó la subcesion del reino á Doña Brianda, su hermana, la cual se llamó
luego Reina de Navarra, y el Rey D. Fernando la
quisiera casar con el Príncipe D. Juan, su fijo,
puesto caso que ella era de más años que no él, é
nunca la pudo haber, ni su madre, que la tenia
en poder, se la quiso dar, ni el Rey de Francia
fué de este casamiento contento, cobdiciándola casar en Francia, por tener de su mano el reino de
Navarra; é su madre de la dicha Reina, sin placer
ni consentimiento del Rey D. Fernando, ni del Rey
de Francia, sus tios, la casó con un fijo de Monseor de Labrit, Señor de la Gasconia, ya dicho
en el capítulo de Bretaña, del cual casamiento
ovo mucho enojo los reyes susodichos de Castilla
y Francia, sus tios; y eso mesmo los navarros, é
una gran parcialidad de ellos tuvieron tanto enojo, que no querian recibir por rey al marido de
su Señora, y decian que no reinaría sobre ellos,
é tuvieron en Navarra diversas opiniones, é las
villas é fortalezas que estaban por el Rey D. Fernando nunca se las quiso entregar, no embargante
que le mandó dar sus rentas, recelando que po- Retiene el Rey
dia el Rey de Francia entrar é ofender á Castilla Don Fernando de Castilla las
é á Aragon, é siempre ovo en Navarra dos parcia- fortalezas.
lidades, las antiguas é las de Mosen Pierres de Peralta, y otros caballeros tenian con el Rey é Reina
de Navarra, sus Señores; é el Conde de Lerin, Mosen Juan de Piamonte, hierno del Rey, y Juan de
Aragon, casado con su fija bastarda, y otros muchos caballeros é comunidades, de que era cabeza

330

el Conde de Lerin, tenian con el Rey D. Fernando; é ovo sobre esto con el Rey D. Fernando, é la Reina Doña Brianda, é el Rey de Navarra, su marido, muchas divisiones y conciertos é rehenes, é

Doña Brianda, Reina de Navarra, viene á Castilla y es agasajada de sus reyes.

concordias, é vino la Reina de Navarra á Castilla, donde el Rey D. Fernando y la Reina Doña Isabel, su mujer, le ficieron muchas honras, é le dieron muy grandes dádivas, é alhajas, é oro, é plata, é ropa, é riquezas sin medida, é todavia se retuvieron las fortalezas, é sobre ciertos conciertos quedó en rehenes una fija del Rey de Navarra, que murió acá en Castilla, y el Rey D. Fernando le desempeñó algunas villas é fortalezas, é afirmaron su concordia é paz con él, é reinaron en Navarra pacíficamente.

CAPÍTULO CIX

De el Rey D. Juan de Aragon.

É el Rey D. Juan, desque vido la enemiga de los catalanes é rebelion, y que no tan solamente

En este capítulo se trata del empeño de Perpiñan, é otras plazas y para qué sirvió

se la defendian, mas ántes le ofendian y querian destruir, fué demandar socorro al Rey de Francia Luis, al cual empeñó los cuatro castillos en el condado de Rosellon, Perpiñan, la Vellaguarda, Roca y Colibre, por cierta suma de coronas de oro, con lo cual, é con la ayuda de Dios é del dicho Rey de Francia, domó é sojuzgó á Barcelona, é toda Cataluña, é quedaron las dichas cuatro fuerzas al Rey de Francia, é llevó mucho tiempo las rentas de aquellas tierras; é despues con concierto los ciudadanos de Perpiñan alzáronse contra el Rey de Francia, é dieron la ciudad al Rey D. Juan, é vínolos á cercar el Rey de Francia con gran poder, estando el Rey D. Juan dentro de la ciudad; é fué sobre los cercadores el Príncipe Don Fernando, Rey de Sicilia, que se llamaba, é desbaratólos é fizo alzar el cerco, é quedó la ciudad por el Rey D. Juan; é siguióse guerra entre el Rey de Francia, é el Rey D. Juan é sus tierras, é volvió el Rey de Francia otra vez sobre Perpiñan, más poderoso, é púsole cerco, é tomóla, é sojusgóla en todo lo empeñado, é túvola fasta que murió el Rey D. Juan, que murió año de 1479, que nunca pagó la suma del desempeño: é túvola más el dicho Rey de Francia todos los dias de su vida fasta que murió el año de 1481, y mandó en su testamento, que dando el Rey D. Fernando la suma y desempeño que su padre el Rey D. Juan habia recibido, le diesen á Perpiñan, é todo lo empeñado, é esto mandó á su fijo Cárlos, Delfin, que así lo hiciese é cumpliese; é el dicho Rey Cárlos de Francia, que subcedió al Rey Luis su padre, é sus tutores, aunque por el Rey D. Fernando por muchas veces fueron requeridos, nunca deliberaron de dar los dichos empeños, fasta que Dios lo permitió.

CAPÍTULO CX.

DE COMO FUERON LOS JUDIOS ECHADOS DE ESPAÑA.

Año de 1492.

En el nombre del muy alto Dios nuestro Señor. Visto por los cathólicos christianísimos Rey é Reina, el muy gran daño procedido de la endurecida opinion y perpétua ceguedad de los judíos, y como de allí habian su nudrimento la herética pravedad mosáica; estando en el cerco de Granada el año de 1492, mandaron y ordenaron, que á todos los judíos de toda España, é todos los reinos de ella, les fuese predicado el Santo Evanjelio é fé cathólica, é doctrina christiana, é que los que quisiesen se convertir é baptizarse, permanecieran en sus reinos, asi como sus vasallos, con todo lo suyo, y los que no se quisiesen convertir, que dentro de seis meses se fuesen é partiesen de sus reinos, é so pena de muerte no volviesen más á ellos, é que llevasen todo lo suyo, ó lo vendiesen en lo que quisiesen, salvo no sacasen oro ni plata. E salido este edicto é mandado en todas las sinagogas, é plazas, é iglesias, por los sábios varones de España les fué predicado el Santo Evanjelio é doctrina de nuestra Santa Madre la Iglesia, é probado por sus mismas escrituras, como el Mesías que aguardaban era nuestro Redemptor Jesuchristo, que vino en el tiempo convenible, el cual sus antepasados con malicia ignoraron, y todos los otros que despues de ellos vinieron, nunca quisieron dar el oido á la verdad, ántes engañados por el falso

Edicto de los Reyes Católicos estando sobre el cerco de Granada.

libro del Talmud, teniendo la verdad ante sus ojos
y leyéndola en su Ley cada dia, la ignoraban, em-
briagados así los sábios de ellos como los simples,
por el edicto y doctrina de Revase é de Ravina,
que compusieron el dicho Talmud. Y porque se-
pais de qué manera y en qué tiempo fué fecho el
dicho descomulgado Talmud, los que no lo habeis
leido, me pareció ser bien en este lugar poner el
capítulo siguiente, sacado del *Fascículum tempo-
rum,* que dice así:

»*Talmud Judeorum, quod sonat apud eos Doctrina, circa hæc témpora anno CCCC. á duobus
summis Rabbis S. Rabina, et Rabase, liber utique
grandis et maior decem Biblis, in quo sunt inexe-
crabilia mendatia, turpia facta abominabilia contra legem Dei, contra legem naturæ, contra legem
scriptam. Videntes namque Judei legem suam quo-
tidie deficere, et fidem christianam proficere in
toto orbe etiam cum gloria temporalium, hi duo
deceptores, instinguarumt quatenus hunc librum
componerent, et tam que Moysii scriptus firmari,
adhiberent fidem, prohiberent que, sub pena mortis,
nequis aliquid negaret de his quæ in eo continen-
tur. Factum est ita ad suam infelicem execratio-
nem et suorum perpétuam damnationem. Ne autem
simplices habeant ocasionem recedendi a tanta falsi-
tati, innuerunt eis, ut interrogati de dificilibus, res-
ponderent: «Nos hæc non intelligimus, sed Rabbi
nostri poterunt respondere vobis." Sic tradditi sunt
in reprobum sensum, ut plus his nugis creddant,
quam Moyse, aut Christo, verum tamem plures in
diversis mundi partibus conversis crebro leguntur,*

*et aliqui pro fide magna fecerunt, et utilissima
scripta reliquerunt."*

Que quiere decir en nuestro lenguaje castellano:

«El libro de los judíos, llamado Talmud, suena
«acerca de ellos doctrina; fué compuesto cerca de
«aquellos tiempos, en el año del Nacimiento de
«nuestro Redemptor Jesuchristo de cuatrocientos
«años, de dos grandes Rabies, llamados el uno Ra-
«base, y el otro Rabina, y fué ciertamente un libro
«grande, mayor que diez Bíblias, en el cual hay
«mentiras muy escuras, y abominables cosas de lo-
«cura, contra la ley de Dios, y contra la ley de na-
«tura, y contra la ley de escriptura. Viendo los ju-
«díos en aquel tiempo ya dicho, amenguarse, y
«crecer la ley christiana en todo el mundo, y aun
«con gloria de bienes temporales, buscaron estos
«dos engañadores, conviene á saber, Rabina y Ra-
«base, para que compusiesen este libro, y tan co-
«mo á los libros de Moisen, y defendieron, so pena
«de muerte, que ninguno negase cosa alguna de lo
«que en él era escripto, y fué así compuesto para
«su ceguedad y perpétua pena, mal aventurada de
«los suyos; y porque no hubiesen los simples oca-
«sion de apartarse de su ceguedad, mandáronles,
«que cuando fuesen preguntados de algunas cosas
«dificultosas, que respondiesen: «Nosotros no en-
«tendemos eso, mas nuestros Rabies vos respon-
«ponderán;" é de esta manera fueron caidos en re-
«probado entendimiento, creyendo más á las men-
«tiras de este libro, que no á Moysen y á Christo.
«Empero muchas veces se lee muchos de ellos
«ser convertidos en diversas partes del mundo.

«Otro sí ficieron grandes cosas por la fé, é des-
«pues de sus dias dejaron escripturas muy pro-
«vechosas."

É cebados con la dicha descomulgada doctrina del Talmud los judíos que en aquel tiempo
vivian en España, aunque ante los ojos vian el
destierro y la perdicion suya, aunque requeridos
fueron y amonestados por las dichas predicaciones y amonestamientos, siempre quedaron perti-
naces é incrédulos, y aunque de fuerza dieron el
oido, nunca de grado recojieron en el corazon
cosa que les aprovechase, ántes quitados de oir
la predicacion evanjélica, les predicaban sus Rabies la contraria, é los esforzaban y ponian esperanzas vanas, y les decian, que supiesen por
cierto que aquello venia por parte de Dios, que
los queria sacar de cautivos, y llevarlos á la tierra
de promision; y que en esta salida verian como
Dios hacia por ellos muchos milagros, y los saca-
ria de España ricos y con mucha honra, segun
lo esperaban, que si en la tierra oviesen alguna
fortuna ó siniestra, que en entrando en la mar
verian como Dios era su guiador, como habia fecho
á sus antepasados en Ejipto. Los judíos ricos hacian la costa de la salida de los judíos pobres, y
usaban los unos con los otros en aquella partida de mucha caridad; ansí que en ninguna manera se quisieron convertir, salvo algunos, muy
pocos, de los más necesitados. Comunmente entre los judíos, así simples como letrados, en aquel
tiempo, habian opinion y creian todos, do quiera que
habitaban, que ansí como con mano fuerte y brazo

estendido y mucha honra y riquezas, Dios por
Moysen habia sacado el otro pueblo de Israel de
Ejipto milagrosamente; que así de estas partidas
de España habian de volver ellos y salir con mucha honra y riquezas, sin perder nada de lo suyo
á poseer la santa tierra de promision, la cual confesaban haber perdido por sus grandes é abominables pecados, que contra Dios sus antepasados
habian fecho; de lo cual en esta salida todo á la
contra de lo que esperaban les acaeció; como ellos
negaces y enemigos de la verdad fuesen; ca en la
otra salida que salieron del cautiverio de Ejipto,
por mandado de Ntro. Señor, que era su valedor
y los queria bien, en pago de los trabajos é majamientos que los ejipcios les habian dado é les
debian, les mandó robar á Ejipto seguramente,
é los robaron cuando quisieron salir para ir al de-
sierto, donde Dios los mandó; diciendo que habian
de volver, demandaron prestadas joyas de oro, é
plata, é seda, é paños, é otras cosas á los ejipcios, que les prestaron, segun dice el capítulo XII
del Exodo, y estonces muy bien cupo, ca ellos eran
buenos é humildes, y creian en Dios soberano y
eterno, criador del cielo y de la tierra; los ejipcios
eran malos y gentiles é idólatras, y ahora por la
contra, los judíos eran malos y descreidos, é idólatras, y no fijos de Israel, salvo fijos de Canaám,
y de perdicion, y los christianos son buenos é fijos de Dios, de ley de bendicion y de obediencia,
é pueblo de Dios, é fijos de Israel, pues que del
pueblo de Israel ovieron comienzo de salvacion,
é ovieron ley, é conocieron é recibieron el Mesías

verdadero, que los redimió, que fué Ntro. Redemptor Jesuchristo, Dios y hombre, que Dios
habia prometido enviar é envió, el cual ellos por su
malicia no conocieron é recibieron los que estonce
eran, ni quisieron dar el oido á sus grandes milagros é maravillas que fizo, ántes con malicia lo
persiguieron é mataron; y el yerro hecho, nunca se
arrepintieron, ni quisieron creer la verdad, ni por
la muchedumbre de los milagros de los Apóstoles
y discipulos de Jesuchristo, que eran de su linaje,
por lo cual Dios los guardó para que se conocie-
sen y arrepintiesen, y recibiesen la santa doctrina
de el su Santo Mesias, que les envió, que era Ntro.
Redemptor Jesuchristo, cuarenta años, y en cabo
de los cuarenta años, viendo nuestro Señor como
era pueblo rebelde, incrédulo y duro de cerviz y
sin provecho, envió sobre ellos la su ira, é del
Emperador de Roma Vespasiano, é Tito su hjo,
que destruyeron á Jerusalen y á toda su comarca,
y mataron un cuento y cien mil judíos, é vendieron ochenta mil, é cautivaron é prendieron toda
la tierra de ellos, é trujeron á Roma é todas sus
tierras muchos cautivos, é de todos aquellos ochenta mil vendidos, é de los otros cautivos é desterrados, vinieron á Francia y á España muchos
en muchas veces, que se libertaron por diversas
maneras, é modos, de donde estos que este tiempo eran vivos procedieron, así en linaje como en
contumacia; de los cuales se fallaron en los reinos
de Castilla treinta mil vasallos y más, que eran
treinta mil casas y más; de lo cual escribió Rabí
Mair al Rabi mayor D. Abrahan Señor, su suegro,

Habia en Castilla treinta mil familias ó treinta y cinco mil.

por verdad supiese, que desterraba el Rey y la Reina treinta y cinco mil vasallos, que eran treinta y cinco mil casas de judíos. É de los Rabíes que yo baptizé á la vuelta que volvieron de allende, que fueron diez ó doce, é de uno que era muy agudo

Certificase el autor de lo mismo, de un judío que baptizó, llamado Zentollo, que era de Vitoria, á quien puso nombre Tristan.

á natura, que llamaban Zentollo, que era de Vitoria, al cual yo puse nombre Tristan Bogado, fui yo certificado que habia en Castilla más de treinta mil judíos casados, y que habia en Aragon seis mil casados, esto se entiende con Cataluña y Va-

En Aragon y sus reinos seis mil, y en todos ciento sesenta mil ánimas.

lencia, en que habia más de ciento y sesenta mil ánimas, al tiempo que el Rey y la Reina dieron la sentencia que los que no quisiesen ser christianos que fuesen desterrados de España para siempre. En el tiempo del edicto de los seis meses

Venden sus haciendas á precios muy bajos

vendieron é malbarataron cuanto pudieron de sus haciendas, é aparejaron su viaje los chicos y los grandes, mostrando grande esfuerzo y esperanza de haber próspera salida é cosas divinas, y en todo ovieron siniestras venturas; cá ovieron los christianos sus faciendas muy muchas, é muy ricas casas y heredamientos por pocos dineros, y andaban rogando con ellas, y no hallaban quien se las comprase, é daban una casa por un asno, y una viña por un poco paño ó lienzo, porque no podian sacar oro ni plata; empero es verdad que sacaron infinito oro é plata escondidamente, y en

Sacan oro y plata, escondido, en qué forma algunos de ellos.

en especial muchos cruzados é ducados abollados con los dientes, que los tragaban é sacaban en los vientres, é en los pasos donde habian de ser buscados, é en los puertos de la tierra é de la mar, y en especial las mujeres tragaban más, cá á

persona le acontecia tragar treinta ducados de
una vez.

CAPÍTULO CXI.

DE CÓMO SALIERON É POR DONDE LOS JUDÍOS DE CASTILLA.

En el plazo de los seis meses vendieron é malbarataron los judíos lo que pudieron de sus ha-
ciendas, é casaron todos los mozos é mozas que En el tiempo del edicto casa-
eran de doce años arriba, unos con otros, porque ron los solte-ros, y por qué
todas las hembras de esta edad arriba fuesen á causa.
sombra é compañía de marido; é comenzaron á
salir de Castilla los primeros en la primera semana del mes de Julio, año del Nacimiento de
nuestro Redemptor Jesuchristo de 1492 años. Salieron de Castilla é entraron en Portugal con consentimiento del Rey D. Juan los siguientes: salieron
por Benavente, tres mil ánimas y más, que entraron en Portugal por Berganza: salieron por Zamora
treinta mil ánimas á Miranda, que entraron en Portugal; salieron por Ciudad-Rodrigo á Villar treinta
y cinco mil ánimas, y salieron por Miranda de Alcántara á Maruan, quince mil; salieron por Badajoz á Helves diez mil ánimas. De los que estaban en frontera de Navarra, metiéronse en Navarra dos mil ánimas. De los que moraban en
frontera de Vizcaya, entraron por Laredo en la
mar, é de los de Medina de Pumar é su tierra
trescientas casas; y entraron por Cádiz en la mar

ocho mil casas de los del Andalucía; é de los del Maestradgo de Santiago. Otros muchos fueron por Cartajena é por los puertos de Aragon y de aquellas comarcas, é otros fueron á embarcar por los puertos de Aragon é sus confines. Los de los reinos de Aragon é Cataluña embarcaron por los puertos de Cataluña é Aragon, é entraron por la mar, y muchos de ellos entraron en la Italia, é otros á tierra de moros al reino de Tunez é de Tremecen é otros reinos, donde su ventura los echaba. Estos fueron los de los reinos de Aragon é de Cataluña, é los de Castilla, que embarcaron por los puertos de Cartajena é confines del reino de Valencia, de los cuales los más ovieron siniestras fortunas, robos é muertes en la mar y en la tierra por donde iban y arribaban, ansí de los cristianos como de los moros.

CAPÍTULO CXII.

DE CÓMO LOS JUDIOS VIVIAN EN ESPAÑA, Y DE SUS RIQUEZAS É OFICIOS, É DE LA FORTUNA QUE LLEVABAN.

Volviendo á contar de los otros judíos que embarcaron en el Puerto de Santa María é en Cádiz, é de los siniestros é fortunas que acontecieron á los unos é á los otros en este destierro, digo: que estos judíos de Castilla, en cuyo tiempo fué este edicto del Rey y de la Reina, estaban heredados en las mejores ciudades, villas é lugares, é en las tierras más gruesas é mejores, y por la mayor parte moraban en las tierras de los señoríos, é todos

Vivian en los mejores lugares de las Castillas, y más píngües y ricos.

eran mercaderes é vendedores, é arrendadores de alcabalas é rentas de achaques, y hacedores de señores, tundidores, sastres, zapateros, curtidores, zurradores, tejedores, especieros, buhoneros, sederos, plateros, y de otros semejantes oficios; que ninguno rompia la tierra, ni era labrador, ni carpintero, ni albañiles, sino todos buscaban oficios holgados, é de modos de ganar con poco trabajo; eran gente muy sotil, y gente que vivia comunmente de muchos iogros y osuras con los christianos, y en poco tiempo muchos pobres de ellos eran ricos. Eran entre sí muy caritativos los unos con los otros. Aunque pagaban sus tributos a los señores y reyes de las tierras de donde vivian, nunca por ello venian en mucha necesidad, porque los Concejos de ellos, que llamaban Aljamas, suplian por los necesitados. Eran bien señores de lo suyo; do quiera que vivian, habia entre ellos muy ricos hombres, que tenian muy grandes riquezas y faciendas, que valian un cuento y dos cuentos, y tres; personas de diez cuentos, donde eran, así como Abraham Señor que arrendaba la masa de Castilla, y otros que eran mercaderes, que tenian gran suma de dineros; y pospuesta la gloria de todo esto, y confiando en las vanas esperanzas de su ceguedad, se metieron al trabajo del camino, y salieron de las tierras de sus nacimientos, chicos é grandes, viejos é niños, á pié y caballeros en asnos y otras bestias, y en carretas, y continuaron sus viajes cada uno á los puertos que habian de ir; é iban por los caminos y campos por donde iban con muchos trabajos y fortunas, unos ca-

Todos eran arrendadores, y mercaderes, y otros oficios de poco trabajo.

Ningunos eran labradores, ni oficios de trabajos.

Condiciones y riquezas de los judíos.

yendo, otros levantando, otros moriendo, otros naciendo, otros enfermando, que no habia christiano que no oviese dolor de ellos, y siempre por do iban los convidaban al baptismo, y algunos con la cuita se convertian é quedaban, pero muy pocos, y los Rabies los iban esforzando, y facian cantar á las mujeres y mancebos, y tañer panderos y adufos para alegrar la gente, y así salieron fuera de Castilla y llegaron á los puertos, donde embarcaron los unos, y los otros á Portugal.

Los que fueron á embarcar por el Puerto de Santa María é Cádiz, ansí como vieron la mar, daban muy grandes gritos é voces, hombres é mujeres, grandes y chicos, en sus oraciones demandando á Dios misericordia, y pensaban ver algunas maravillas de Dios y que se les habia de abrir camino por la mar, y desque estuvieron allí muchos dias, y no vieron sobre sí sino mucha fortuna, algunos no quisieran ser nacidos; é ovieron de embarcar en veinte y cinco navios é naos, en que iban siete naos de gavia, é fué por Capitan Pero Cabron, é tomaron la vía de Orán, donde estaba en el puerto el corsario Fragoso con su armada, y viendo esto, enviaron un Rabí, que allí llevaban, ansí como por caudillo mayor de los judios entre sí, que llamaban Rabi Leví, y llegando al Fragoso en la barca, le contó el hecho de su embajada, y le prometió diez mil ducados porque no les ficiese mal, y les dejase allí desembarcar, con esto el corsario se aseguró, é volvió el Rabí á la flota y al capitan Pero Cabron. En tanto anocheció, é habido su consejo, dieron la vuelta para Arcilla,

Forma de caminar que tuvieron.

Convidanles con el baptismo por las partes donde pasaban, y se convierten muy pocos.

Puerto de Sta. María.

Lamentos que hicieron los judíos ansi que vieron el mar.

Capitan y navios que los llevaron la vía de Orán.

ć ovieron fortuna, é fueron los diez y siete navios á parar al puerto de Cartajena, donde salieron ciento y cincuenta ánimas demandando bastimento, é se lo dieron, é se volvieron en Castilla hechos cristianos; é dende la flota volvió á Málaga, donde asímismo demandaron baptismo cuatrocientas personas, hombres y mujeres, é los sacaron de los navios é fueron baptizados, é se volvieron en Castilla; todos los otros llevaron fasta Arcilla é allí los echaron á tierra, é dende se fueron á Fez.

Arriban á Cartajena y se baptizan ciento cincuenta. •

Sucedelo mismo en Málaga y se baptizan cuatrocientos.

CAPÍTULO CXIII.

DE LO QUE FUÉ DE LOS JUDÍOS QUE ENTRARON EN PORTUGAL.

Los judíos que entraron en Portugal dieron al Rey D. Juan á cruzado por cabeza, porque los dejase estar ende seis meses, é cumplido el plazo embarcaron en el puerto de Portugal, y salieron en el mes de Marzo de 1493 para ir en Africa al reino de Fez, y quedaron en Portugal seiscientas casas de los más ricos, por cierto tiempo, dando al Rey á cien cruzados por casa, é quedaron otras cien casas, que dieron á ocho cruzados por cabeza de cada persona, de las que en ella habia; é esto ficieron é dilataron fasta saber cómo iba á los demás que se partian; y porque ya sabian la mala andanza de los que primero habian embarcado, y quedaron mas de mil ánimas cautivas en poder del Rey, porque no pagaron los cruzados de los de-

Tributo que pagaron por la entrada en Portugal, al Rey.

Año 1493, salida á Africa.

Tributo que pagaron los que se quedaron, y cuántos fueron.

Cautivos por no pagar la entrada en Portugal

rechos de la entrada. Los más de los navios, de

la muchedumbre de judíos que embarcaron en Gibraltar, fueron á desembarcar en Arcilla, é de allí los llevaron por sus conciertos en guarda ciertas capitanías de moros, por sus dineros, á Fez, por mandado del Rey de Fez, donde en el viaje eran robados por diversas maneras, é les tomaban las mozas, é las mujeres, é los lios de la hacienda, é echábanse con las mujeres á vista de sus padres é de sus maridos, faciéndoles mil plagas é mil desventuras; de manera que tambien los que estaban en Fez, puesto caso que tambien allá habia muchos judios moriscos, tambien eran muy maltratados, y estaban desesperados; y sabido esto por los que iban, unos y otros no facian sino desembarcar, y estarse en el campo allí en Arcilla, como quien está en feria, donde se allegó un gran real de gente; é estando allí aquella muchedumbre, ha-

bian su consejo, é muchos se venian á la villa y se hacian baptizar; é muchos se volvian de Fez, viendo la mala andanza de allá, de donde los del real sabian como los trataban. Allí, habido su acuerdo, se ficieron dos partes, la una se fué su vía por el reino de Fez, la otra parte demandaron al Conde de Borva, que estaba por Capitan general en Arcilla, que por amor de Jesuchristo, en el cual ellos creian, que los ficiese baptizar, é los ficiese volver á España; el cual los recibió é fizo mucha

caridad; y los clérigos los baptizaban echándoles agua con un hisopo, por encima, que eran muchos, lo cual despues acá supimos los curas y los clérigos por donde vinieron, los cuales despedidos de

Arcilla por todo el año de 1493, desque comen- Su vuelta des-
zaron á dar vuelta á Castilla, fasta el año de 1496, de el año de
1493 hasta el
no cesaron de pasar de allende acá en Castilla á de 1496
volverse cristianos. Aquí en este lugar de los Palacios, aportaron cien ánimas, que yo baptizé, en Certifica del
que habia algunos Rabies, que traian por escudo de hecho con los
que el autor
lo que habian leido una autoridad del capítulo X. baptizó en los
Palacios.
de Isaias: «*Aperiam in montibus flumina, et in*
mediis campis fontes disrumpam, et terram sitien-
tem sine aquas confundam. Ecce puer meus exal-
tabitur, et elevabitur et sublimis erit valde. Hau-
rietis aquas in gaudiis de fontibus Salvatoris, et
dicetis in illa die, confitemini Domino, et invocate
nomen ejus, cantate Domino quoniam magnifice
fecit, anunciate hoc in universam terram, &c.
Que quiere decir: «Abriré rios en montes, enme-
«dio de los campos abriré, romperé fuentes, y con-
«fundiré la tierra sedienta sin agua. Hé ahí mi niño
«será ensalzado é levantado será muy alto; saca-
«reis agua con gozo de las fuentes del Salvador,
«y direis en aquel dia, confesaos al Señor, invocad
«su nombre, dad á conocer á los pueblos sus in-
«venciones, recordadvos cá ensalzado es su nom-
«bre, cantad al Señor, cá maravillas fizo, anunciad
«esto en toda la tierra." Esta y otras muchas profecías del advenimiento, encarnacion, nacimiento
y pasion y resurreccion de Ntro. Señor Jesuchristo, venian confesando en hebráico, ser verdadero
y haberse cumplido en el advenimiento de Ntro.
Señor Jesuchristo, el cual confesaban que verda-
deramente creian ser el verdadero Mesías, del cual
decian, que habian estado ignorantes por impedi-

mento de sus antepasados, que les habian dejado, so pena de descomunion, que no leyesen ni oyesen las Escripturas de los christianos.

Todos cuantos judíos pasaron al reino de Fez que volvieron por aquí, venian desnudos, descalzos y llenos de piojos, muertos de hambre é muy mal aventurados, que era dolor de los ver, y esto fué dentro en pocos dias, porque viendo el Rey, despues de habellos recojido aquella gente en Fez, que era perdicion suya, y que era gente robada y pobre de quien él no podia haber provecho, dióles licencia que se volviesen ó fuesen do quisiesen, é con esto hubo lugar á que muchos de los de Fez, así hombres como mujeres, se volvieron en Castilla, y venian todos como dicho es; y por los caminos por donde venian desde Fez á Malzalquivir, é dende á Arcilla, salieron los moros y los desnudaban en cueros vivos, y se echaban con las mujeres por fuerza, y mataban los hombres, y los abrian por medio, buscándoles el oro en el vientre, porque supieron que lo tragaban; é á ellos é á ellas apartaban del camino, y les hacian abrir las bocas para que les diesen el oro, metiéndoles así mesmo las manos abajo para esto mismo; y despues de haber padecido tantos males, viéndose libres acá, daban gracias á Dios porque los habia sacado de entre tales bestias, y traídolos á tierra de gentes de razon, y aun las mujeres confesaban cosas muy feas, que aquellos brutos animales moros alarbes con ellas cometian, y con muchachos, que no conviene escribirlas; ved qué desventuras, qué deshonras, qué plagas, qué mancillas, qué ma-

En la manera y con la pobieza que volvian los judíos que fueron á Fez, y el autor los vido.

Malos tratamientos que hacian con ellos los moros

jamientos vinieron en esta generacion por el pecado de la incredulidad, y porfiada y vana afeccion
que tomaron de negar al Salvador y verdadero
Mesías suyo, que es Ntro. Señor y Redemptor
Jesuchristo, el cual siempre les tuvo los brazos
abiertos para los recibir, y nunca de grado quisieron, fasta que por fuerza ovieron de venir, por
las plagas ya dichas, y aquí parece que se cumplió la profecía, que dice David en el Psalmo *Con-
vertentur, ad vesperam et famem patientur ut ca-
nes et circundabunt civitatem:* que quiere decir:
«Convertirse han en la tarde, y habran hambre co-
«mo perros, y andarán cercando la ciudad;" así estos fueron convertidos muy tarde por fuerza, é
por muchas penas, como dicho es. É como vieron que continuamente se venian á ser christianos
cuantos podian, mandó el Rey poner guardas que
non dejasen venir mas de los que ya eran venidos,
y si licencia tuvieran para se volver, ó dineros para
se libertar, de cuantos judíos de Castilla entraron
en el reino de Fez, no quedara allí ninguno que
no se viniese á ser christianos. De las setecientas
casas que entraron en Portugal, algunos se embarcaron para Italia, y otros para tierra del Turco,
é muchos se convirtieron é bautizaron é volvieron
en Castilla á sus mesmas tierras. Debeis saber, que
estos judíos, que en España habitaban, no todos
venian de el derramamiento de la destruccion de Jerusalen, que fué cuarenta años despues de la pasion
de nuestro Redemptor, que ántes de aquellos habia judíos en España, especialmente en Toledo, los
cuales, segun contaban algunos judíos de estos é

[marginal note:] Lo que hicieron los que
quedaron en
Portugal.

algunos de los confesos que venian de aquellos, vinieron en el tiempo, que Roma señoreaba la

De dónde y en qué tiempo vinieron los judíos á España, y habia entónces en ella más de cien mil casas.

mayor parte del mundo, é señoreaba á Jerusalen é á España; é otros decian, que cuando Roma pobló á Toledo é á Segovia; é que los libros de memorias de esto, fueron quemados en el robo de la judería en tiempo de Fr. Vicente, en el cual tiempo se hallaban en Castilla cien mil casados é aun más; porque seria prolijo y sin provecho escribir más de estos judíos, no quiero aquí mas de ellos escribir, salvo que en Fez el nuevo hicieron una muy gran judería de casas de paja, los que allí

Quémase la judería de Fez, y dáles pestilencia.

asentaron, y un dia no supieron cómo, se encendió la villa de muy gran fuego, que quemó más de dos mil casas, con todas las haciendas y alhajas que en ellas estaban é con muchas librerías de su hebráico, é ovieron que hacer en poner las personas en salvo, y con todo eso se quemaron, que murieron luego diez y ocho personas é quedaron muchos quemados vivos, que se escaparon huyendo, de lo cual murieron despues mas de ochenta personas, y despues dió pestilencia en la judería que de acá fué, que en muy pocos dias murieron de ellos mas de cuatro mil personas de pestilencia, y de cámaras mas de dos mil.

CAPÍTULO CXIV.

DE LOS JUDÍOS DE LA CIUDAD DE FFZ.

Podeis saber, que en el reino de Fez, y en la ciudad mesma ovo anexamente muchos judíos,

así como acá en España, ca se hallaban mas de
cien mil vecinos, é tambien fueron robados é muertos no ha muchos años, como en Castilla, todos
en un tiempo. Ovo un judío, que llamaron Aaron,
sabio muy sotil, que privaba mucho en demasiada manera con el Rey de Fez, en manera, que él
rejía y mandaba en el reino cuanto él queria, de
lo cual los moros eran muy mal contentos, los
que algo valian, é alborotaron el comun contra
el Rey y contra los judíos, y levantóse el comun
de Fez, y mataron al Rey y al privado Aaron, é
dende entraron en las juderías, donde habia en la
ciudad mas de dos mil casas, y metiéronlas á espada, y mataron é robaron, y no dejaron mas de
los que decian que querian ser moros, é ansí ficieron en todas aquellas comarcas, é ficieron Rey
en Fez; y en su tiempo aquellos tornadizos judíos
no tenian mas ley de Mahomad, que de ántes,
como hacian acá los malos conversos sobre quien
vino la Inquisicion, é ovo quien dijo al Rey como
aquellos judios habian sido moros por fuerza, y
que proveyese sobre ellos, á ver si eran moros ó
nó, é el Rey mandó salir al campo todos los judíos
moros tornadizos que habia en Fez, é mandó, que
los que quisiesen ser judíos quedasen, y los que
quisiesen quedar moros por su grado, que lo quedasen é que fuesen libres como los otros moros,
é los que quedasen judíos, que fuesen sujetos á
ciertas leyes é condicion que les puso, que no cal-
zasen zapatos, salvo alpargatas de esparto, que
no cabalguen en caballo ensillado, y que nunca
cabalguen en la ciudad, salvo que todos andan, é

Matan los mo-
ros al Rey de
Fez por la pri-
vanza de un ju-
dío, y matan
los judíos y ro-
ban la judería,
y vuélvense
moros muchos

Ardid del Rey
para conocer
los que eran
moros, y leyes
que les puso.

anden á pié, que no tomen ni traigan armas, que los hombres nunca vistan albornoces, nin toquen tocas, salvo todo negro; que las mujeres judías non traigan caragueles, nin la cara tapada, nin trujesen tocas moradas, nin vistiesen almejía; y sobre todo ficieron otras muchas ordenanzas en perjuicio de los judíos. É estando en el campo mandaron que se apartasen los judíos, y los moros que quedasen par de ellos á otra parte, é ellos temieron que lo querian facer por matarlos, que dijesen que querian ser judíos, y no quedaron sino muy pocos judíos, todos los más quedaron moros tornadizos, y de estos quedó la ciudad y toda la tierra llenas, de donde ahora hay infinitos de ellos, y despues acá se han libertado y tornado á ser judíos muy muchos de ellos, que hay de aquel metal, dando al Rey una pieza de oro, é les dá licencia que sean judíos; así lo acostumbran é hacen aun ahora.

Los que se declararon judíos fueron muy pocos y por qué causa, como lo acostumbraban.

CAPÍTULO CXV.

De como el Rey D. Fernando demandó á Perpiñan.

Año 1492.

Cuando el Rey D. Fernando estaba sobre Granada envió embajadores al Rey Cárlos de Valois, de Francia, demandándole á Perpiñan é el condado de el Rosellon, el cual se lo prometió, que en alzando de sobre Granada se lo daria, dándole la suma del dinero que sobre ello se le debia hizo esta esperanza. Despues de ganada Granada é puesta en concierto, partió el Rey de Córdoba con la Reina é Príncipe, é toda la córte para Barcelona y fueron á Zaragoza, donde estuvieron algunos dias, y dende á Barcelona, en el Agosto del año de 1492. É estando allí vinieron los embajadores del Rey de Francia con el concierto de le entregar á Perpiñan, á los cuales dió el Rey D. Fernando muy grandes dádivas de oro, plata, caballos é joyas, con que se volvieron en Francia, é vueltos, el Rey Cárlos habia mudado propósito, é dilató la data de Perpiñan, é ovo mucha dilacion; é el Rey D. Fernando ovo mucha turbacion de ello, é ovo algunos desconciertos entre los fronteros de ambas partes, é el Rey D. Fernando comenzó de demandar por via del Papa su condado, y el Papa, vista la justicia, mandó al Rey de Francia que le diese lo suyo á su dueño, y en esto se dilató un año, que no lo quiso entregar, y por ventura no lo entregara, si la muerte del Rey D. Fernando de Nápoles no interviniera en ello; lo cual intervino de esta manera; que por cobdicia de tomar é señorear el reino de Nápoles, y porque sabia que le habian de conquistar á Perpiñan mientras él ausente, lo quiso entregar, como adelante se seguirá, por ir más seguro sobre Nápoles.

CAPÍTULO CXVI.

DE LA CUCHILLADA QUE UN MAL HOMBRE DIÓ AL REY D. FERNANDO.

Estando el Rey D. Fernando allí en la ciudad de Barcelona, esperando de recobrar á Perpiñan con su condado de Rosellon, por trato de los embajadores, el diablo envidioso de los santos misterios y cosas que nuestro Señor habia fecho y mostrado por este muy noble Rey, envidioso y pesante de todas sus cosas, honras y prosperidades, puso en corazon de un maligno y dañado hombre que lo oviese de matar, y acaeció, que estando el Rey un viérnes, vijilia de la Concepcion de la Vírjen nuestra Señora, siete dias del mes de Diciembre del dicho año de 1492 años, en la casa del judgado, asentado en juicio, juzgando y oyendo el pue-

Sitio y dia en que dieron la herida al Rey.

blo, en lo cual habia estado desde las ocho horas hasta las doce, é desque se levantó del juicio, descendió por unas gradas abajo fasta una plaza, que dicen «Plaza del Rey," con muchos caballeros y ciudadanos con él, los cuales todos cada uno se fué á cabalgar en sus caballos é mulas, y el Rey se paró en lo más cerca de las gradas abajo cerca del suelo, á departir con su tesorero, y allegóse cerca de él, por detrás, aquel dañado y traidor hombre, y así como el Rey acabó de departir con el tesorero, abajó un paso para cabalgar en su mula, y él que tendia el paso, y el traidor que tiraba el golpe con un alfanje ó espada, cortanchano de fasta tres palmos, y quiso Ntro. Señor milagrosamente guardarlo, que si le diera ántes que se mudara, partiérale por medio la cabeza hasta los hombros, y como se mudó, alcanzólo con la punta de aquel mueron una cuchillada desde encima de la cabeza por cerca de la oreja, el pescuezo ayuso fasta los hombros. Y como el Rey se sintió é vido herido, púsose las manos en la cabeza é dijo: «Santa María, val;" y comenzó de mirar á todos, y de decir: «¡Oh qué traicion! ¡oh qué traicion!" que pensó que era ordenada allí entre muchos traicion contra él, y mirando á todos, no vido ir ninguno contra sí; mas vido un mozo de espuelas Sauzedo, que este era su nombre, é un su trinchante, llamado Ferrol, que daban de puñaladas allí al traidor, y otros allí tomándolo y teniéndolo, los cuales le impidieron de manera que él no le pudo dar al Rey mas de un golpe; y estonce el Rey dijo: «No muera ese hombre," y así quedó, que no lo mataron, herido de ciertas puñaladas, y lleváronlo preso, y metiéronlo al Rey en su palacio á curar, y el traidor curáronle tambien por estonce. ¡Oh ánima! ¿advertirte quién podrá contar la turbacion y lloro, la grita que ovo en la ciudad, diciendo: «Traicion, traicion, mataron al Rey, muerto es el Rey?" Armáronse los cortesanos y armáronse los de la ciudad en favor del Rey, y andaban por las calles de la ciudad todos á una parte y á otra, corriendo, todos espantados, llorando á muy grandes gritos y tristezas, así hombres como mujeres, que no se vian los unos á los otros por toda la ciudad; y en este caso muchas eran las opiniones, unos decian: «Francés es el traidor;" otros decian: «Navarro es el traidor;" otros decian: «No es sino castellano;" otros decian: «Catalan es el traidor;" y nuestro Señor no quiso dar lugar milagrosamente que muriesen gentes, que maravilla fué no perderse la ciudad, segun que se decian las naciones, y estando ellos ofuscados con esto, salió otro sonido por toda la ciudad, «vivo es el Rey, vivo es el Rey," y

(nota marginal:) Los que detuvieron y hirieron al traidor, sus nombres y oficios.

(nota marginal:) Alboroto grande en la ciudad.

el Rey, como fué curado, envió á decir por toda
la ciudad, que supiesen que era vivo y sin peligro,
que diesen gracias á Dios é oviesen placer; é estaban en derredor del palacio dél, donde lo curaban, y por todas las plazas y calles muy gran
multitud de gente armada, y todos decian, que
querian ver al Rey si era vivo, y el Rey se asomó
á una ventana, donde lo vieron, y les fabló y dijo,
que se fuesen en buen hora á sus posadas. Aquí
podreis sentir, qué turbacion habrian la Reina, el
Príncipe, la Infanta, las señoras continuas de la
córte, las damas, los señores del Consejo, todos
los de casa del Rey y de la Reina, todos fueron
en muy gran sobresalto, y en muy gran turbacion y temor, y pensaban que la traicion era de
la ciudad, hecha pensada, y que toda la ciudad era
contra ellos, y apercibieron luego las galeras para
se meter luego dentro; el Rey envió á los confor-
tar diciendo, que creyeran con la ayuda de Dios
ser sin peligro, que no se turbasen. El traidor
dañado pareció ser catalan y loco imajinativo y ma-
licioso, y muy mal hombre á natura, y de muy
mal gesto y figura, y por eso halló el diablo en
él morada, y confesó que habia envidiado al Rey
por sus buenas venturas; y confesó, que el diablo
le decia cada dia á las orejas, «mata é este Rey,
y tú serás Rey, que este te tiene lo tuyo por fuerza:" y en esta manera todas las naciones de gentes que habia en Barcelona fueron claramente lim-
pias sin culpas. La ciudad de Barcelona y los caballeros y cónsules fueron en muy gran tristeza,
y mostraron mucho sentimiento por haber acaecido

Asómase el
Rey á una ven-
tana para que
viesen estaba
vivo

El traidor era
catalan. Loco
imajinativo

un caso como este en ella y por manos de catalan, y mostraron su lealtad y limpieza muy cum-
plida y abundantemente.

El Rey llegó á ser en gran peligro de la herida, Peligro de la herida y pa-ciencia del Rey.
y tomaba tanta paciencia, que decia, que él atribuia
aquella pena serle dada por sus pecados.

El traidor fué condenado por la justicia de la Castigo del traidor.
ciudad á muy crudelísima muerte; fué puesto en
un carro y traido por toda la ciudad, y primeramente le cortaron la mano con que le dió al Rey,
y luego con tenazas de hierro ardiendo le sacaron
una teta, y despues le sacaron un ojo, y despues
le cortaron la otra mano, y luego le sacaron el otro
ojo, y luego la otra teta, y luego las narices, y
todo el cuerpo le abocadaron los herreros con tenazas ardiendo, é fuéronle cortando los piés, y
despues que todos los miembros le fueron cortados, sacáronle el corazon por las espaldas y echá-
ronlo fuera de la ciudad, lo apedrearon, é lo que- Llamábase Juan de Caña-mas
maron en fuego é aventaron la ceniza al viento:
llamábase este traidor Juan de Cañamas.

El Rey fué muy bien curado, y en su fatiga
é trabajo visitado de todos los Reyes sus amigos,
y del Rey de Francia, que enviaron á él sus nun- Envian los Re-yes vecinos á visitar al Rey.
cios á lo ver y visitar en tan terrible y espantoso
caso; é sanó despues de haber sacado huesos é de
haber recibido muchas penas, é mientras que estuvo malo no se negoció ninguna cosa de Perpiñan,
empero no cesó la demanda.

CAPÍTULO CXVII.

Andando en los tratos de Perpiñan y cosas del
Año de 1493. Rosellon, en el año de 1493 entre el Rey D. Fernando y el Rey de Francia, murió el Rey muy
famoso y honrado D. Fernando de Nápoles, fijo
del muy famoso ínclito Rey D. Alonso de Aragon,
y sucedió su fijo D. Alonso, Duque de Calabria el
Garço, que llamaban, fijo de su primera mujer,
el cual era muy mal quisto en su tierra é en todo
el reino de Nápoles, é comenzó de reinar en Nápoles, é el Rey de Francia tenia muy gran cobdicia de el reino de Nápoles, porque le decian que
le pertenecia de antiguo, y por poderlo ir á tomar más desempachadamente, deliberó de entregar
á Perpiñan, finjiendo que lo hacía por descargar
el ánima de su padre, y ántes que entrase fizo su
paz, amistad y hermandad, sobre lo cual ficieron
é firmaron cierta capitulacion, y prometieron de
ser amigos y hermanos, y amigos de amígos, y
enemigos de enemigos, salvo que si el Rey de
Francia fuese contra la Iglesia, que estonce no
fuese el Rey D. Fernando obedecido á la capitulacion. Fecho este concierto, el Rey D. Fernando
envió la suma de dinero del desempeño al Rey de
Francia, y entrególe á Perpiñan y las otras fortalezas del condado, y fizo presente de toda la suma
del dinero á la Reina Doña Isabel, para ayuda á
los gastos fechos en las guerras de los moros, por
mostrar magnificencia y grandeza; otros dijeron,
que lo habia fecho, porque mas que aquello se

Este capítulo está sin título, y en él se trata de la muerte del Rey de Nápoles y entrega de Perpiñan.

Envia el Rey el dinero del empeño al Rey de Francia, y lo envia y vuelve á la Reina Doña Isabel.

debia de las rentas corridas, y por descargo del
anima de su padre, que habia fecho y fizo muchos
daños en aquel condado de Rosellon, que destruyó, cuando se rebeló Perpiñan, y en muchas villas y lugares que destruyó totalmente, que nunca
jamás despues acá se poblaron; é tambien el Papa,
ante quien el Rey D. Fernando la demandaba, le
mandó, so pena de excomunion, que diese lo suyo
á su dueño. El dia! de Ntra. Señora de Setiembre
se entregó Perpiñan, y luego partieron para allá
el Rey, y la Reina y el Príncipe y córte desde
Barcelona, y ficieron por ello muchas alegrías, y
dió el Rey á los franceses muchas dádivas é joyas
de oro é plata, con que se fueron á su tierra é le
dejaron sus fortalezas del condado de Rosellon; así
vieron sus ojos lo que deseaban, y cobró aquellas
fortalezas y ciudad, en cabo de más de treinta años
que habia que estaban empeñadas y en poder del
Rey de Francia.

Dia de la en-
trega de Per-
piñan.

CAPÍTULO CXVIII.

De como fueron descubiertas las Indias.

En el nombre de Dios Todo-poderoso, ovo un
hombre de tierra de Génova, mercader de libros
de estampa, que trataba en esta tierra de Andalucia, que llamaban CHRISTOBAL COLON, hombre de
muy alto injenio, sin saber muchas letras, muy
diestro de la arte de la Cosmographía, é del re-
partir del mundo, el cual sintió, por lo que en
Ptolomeo leyó, y por otros libros y su delgadez,

Quién fué
Christobal Co-
lon, y sus es-
tudios

cómo y en qué manera el mundo este en que na-
cemos y andamos está fijo entre la esfera de los
cielos, que no llega por ninguna parte á los cielos, ni á otra cosa de firmeza á que se arrime;
salvo tierra é agua, abrazadas en redondez, entre
la vaguidad de los cielos; y sintió por qué vía
se hallaba tierra de mucho oro; y sintió como
este mundo y firmamento de tierra y agua es todo
andable en derredor por tierra y por agua, segun
cuenta Juan de Mandavilla; quien tuviese tales navios, y á quien quisiese guardar por mar y por
tierra por cierto él podia ir y trasponer por el poniente, de en derecho de San Vicente, y volver
por Jerusalen, y en Roma y en Sevilla, que sería
cercar toda la tierra y redondez del mundo, é hizo
su injenio un mapa-mundi, y estudió mucho en
ello, y sintió que por cualquier parte del mar Occéano, andando y travesando no se podia errar
tierra, y sintió porque vido se fallaria tierra de
mucho oro; y leto de su imajinacion, sabiendo que

Váse al Rey D. al Rey D. Juan de Portugal aplacia mucho el des-
Juan de Portu-
gal y no lo cree. cubrir, él le fué á convidar, y recontado el fecho
de su imajinacion, no le fué dado crédito, porque
el Rey de Portugal tenia muy altos y bien funda-
dos marineros, que no lo estimaron, y presumian
en el mundo no haber otros mayores descubridores
que ellos. Así que Christobal Colon se vino á la

Vá á la córte córte del Rey D. Fernando y de la Reina Doña
de los Reyes
cathólicos, é Isabel, y les hizo relacion de su imajinacion, á la
infórmanse.
cual tampoco no daban mucho crédito, y él les
platicó y dijo ser cierto lo que les decia, y les en-
señó el mapa-mundi, de manera que les puso en

deseo de saber de aquellas tierras; y dejado á él, llamaron hombres sábios astrólogos, y á estrónomos, y hombres de la córte sabidores de la cosmographía. de quien se informaron, y la opinion de los más de ellos, oida la plática de Christobal Colon, fué que decia verdad, de manera que el Rey y la Reina se afirmaron á él, y le mandaron dar tres navios Mándanle dar en Sevilla tres navios para el descubrimien-to. en Sevilla, bastecidos, por el tiempo que él pidió, de gente é vituallas, y lo enviaron en el nombre de Dios nuestro Señor é de nuestra Señora, á descurir; el cual partió de Palos en el mes de Setiembre de 1492, é tomó su viaje por el mar, ade- Año de 1492, por Setiembre, salieron al des-cubrimiento. lantando á las islas de Cabo-verde, y dende siempre al Occidente, siempre en popa hácia donde nos vemos poner el sol en el mes de Marzo, por donde todos los marinos creian ser imposible hallar tierra, y muchas veces los reyes de Portugal enviaron por aquella vía á descubrir tierras, pues la opinion de muchos era, que por aquella vía se habian de hallar tierras muy ricas de oro, y nunca pudieron fallar ni descubrir tierra alguna, siempre se volvian con el trabajo perdido; y la buena ventura del Rey y de la Reina, y su merecer, quiso Dios que en sus dias y tiempos se hallasen y descubriesen. Ellos ansí, en uno de los navíos iba de capitan Martin Alonso Pinçon, vecino de Palos, gran marinero, é hombre de buen consejo para la mar, y desde la isla de Cabo-verde, fueron hácia donde era la creencia de Colon, el capitan de la armada, é anduvieron treinta y dos dias, fasta que hallaron tierra; y en los postreros dias de esto, viendo que habian andado más de mil leguas y no se descubria, las opiniones de los marineros eran muchas, que de ellos decian, que ya no era razon de andar más, que iban sin remedio perdidos, y que seria maravilla acertar á volver; y de esta opinion eran los más; y Colon y los otros capitanes, con dulces palabras, los convencieron que anduviesen más, y que fuesen ciertos, que con la ayuda de Dios fallarian tierra. È Christobal Colon miró al cielo un dia, y vido aves ir volando muy altas, de una parte hácia otra, é mostrólas á los compañeros, diciéndoles, buenas nuevas; y de allí á medio dia descubrieron tierra, y llegados á ella perdieron el navío mayor de los tres que llevaban, en la Española, que encalló en bajo, empero no se perdió ningun hombre, y en la primera isla salieron, é Colon tomó posesion en forma por el Rey y por la Reina, con pendon y bandera estendida, y púsole nombre la isla de *San Salvador*, y llámanla los de ella *Guanahani*, y allí vieron como todas las gentes de aquellas tierras andaban desnudas como nacieron, ansí hombres como mujeres; y allí, aunque huian de las gentes de acá, ovieron de llegar á hablar con algunos de aquellos indios, é diéronles de lo que llevaban, con que los aseguraron. É á la segunda isla que halló, puso nombre *Santa María*, á honra de Nra. Señora.

Á la tercera isla que halló, puso nombre *Fernandina*, en memoria del Rey D. Fernando; á la cuarta isla que halló, puso nombre la *Isabela*, en memoria de la Reina Doña Isabel; á la quinta isla que halló, puso nombre *Juana*, en memo-

Tomó posesion de la primera isla, y pónele nombre de S. Salvador.

Segunda isla, y le puso nombre Sta María.

ria del Príncipe D. Juan, y así á cada isla de
las que hallaron nominaron de nombre nuevo; y
esta isla Juana siguieron el costado de ella al
poniente, y halláronla tan grande, que pensaron
que seria tierra firme y como no hallaron villas
ni lugares en la costa de la mar de ella, salvo
pequeñas poblaciones con la gente, de las cuales
no podian haber fabla, por que luego huian como los vian, volvieron atrás á un señalado puerto, donde Christobal Colon, envió dos hombres
la tierra á dentro para saber si habia Rey ó grandes ciudadanos, los cuales anduvieron tres jornadas, é hallaron infinitas poblaciones de madera y
paja, todas con gente sin número, mas no cosa
de rejimiento, por lo cual se volvieron, é los indios que ya tenian tomados dijeron por señas,
que allá no era tierra firme, salvo isla; é siguiendo la costa de ella al Oriente fasta ciento y siete leguas, donde le fallaron fin por aquel cabo, y desde allí vieron otra isla al oriente dis-
tante de estas diez y ocho leguas, á la cual puso nombre Christobal Colon, la *Española,* é fueron allá, y siguiendo la parte del Septentrion, ansí como de la Juana, de la cual, todas las otras y
esta, vieron ser hermosísimas á maravilla, y esta Española mucho más famosa que todas las otras,
que en ella hay muchos puertos de mar muy sin-
gulares, sin comparacion de buenos, y los mejores que tierra de christianos se pueden hallar; y
muchos rios y grandes á maravilla; las tierras
de ella son altas y en ellas hay muy altas sierras y montañas altísimas, hermosas y de mil he-

churas, todas andables y llenas de árboles, de
mil hechuras y naturas, muy altos, que parece
llegan al cielo, creo que jamás pierden la hoja,
segun por ellos parecia, que era en el tiempo cuan
do acá es ivierno, que todos los árboles pierden
la hoja, é allá estaban tódos como están acá en
el mes de Mayo; y de ellos estaban floridos, y
de ellos en sus frutos y granas; y allí en aquellas arboledas cantaban el ruiseñor, y otros pá-
jaros en las mañanas en el mes de Noviembre como hacen acá en Mayo; allí hay palmas de seis
ó siete maneras, que es admiracion verlas, por la
diversidad de ellas; de las frutas, árboles yerbas,
que en ella hay es maravilla; hay en ella pina-
res, vegas, y campiñas muy grandísimas; los árboles y frutas no son como los de acá; hay minas de metales de oro, el cual no era estimado
de ella en su valór. Pareció á Christobal Colon,
y á los demás que con él fueron, que segun la gro-
sedad y hermosura de las tierras, que serian de
mucho provecho para labrár, plantár y criar mie-
ses y ganados de acá de España, y por tales las
reputaron. Vieron en esta isla Española muy grandes rios y muy dulces, y supieron que habia mucho oro en ellos entre las arenas. Vieron que los
árboles montesinos no parecian á los de acá. Vieron y supieron por los indios, como en aquella
isla habia grandes minas de fino oro, y de otros
metales. Las gentes de éstas islas y de las sobre
dichas andaban todas desnudas, así hombres como, mujeres como nacieron, tan sin empacho, y
tan sin vergüenza, como las gentes de Castilla,

vestidas; algunas mujeres traian cojido un solo lugar abajo, con una hondilla de algodon y con Traje de las mujeres una cuerda de cintura por entre las piernas, que cubrian no mas de lo bajo por honestidad. Otras traian tapado aquello con una hoja de un árbol que era larga y propia para ello. Otras traian una mantilla tejida con algodon recinchada, que cubria las caderas, y fasta medio muslo, y creo que esto traian cuando parian. Ellos no tenian hierro ni acero, ni armas, ni cosa que de ello se hiciese, ni de otro ningun metal, salvo de oro; eran é son gente muy temerosa de la de acá, que de tres hombres con armas huian mil, y no tienen armas, sinó de cañas, ó de varas sin hierro, con alguna cosa aguda en el cabo, que pueden á los hombres de acá empecér muy poco; y aunque aquellas armas tenian, no sabian usár de ellas, ni de piedras, que es fuerte arma, porque el corazon para ello les faltaba. En el Natural de la gente que vieron en el descubrimiento. dicho viaje aconteció á Christobal Colon enviar del navio dos ó tres hombres á alguna villa para haber habla con aquellas gentes, y salir á ellos gente sin número, y despues que los vian llegar cerca, huir todos, y no quedar ninguno; y despues que se aseguraban algunos é perdian el miedo, eran muy mansos y muy alegres, y holgábanse mucho de platicar con los de acá. Ellos eran todos gentes sin injenio y sin malicia, liberales y de muy buena voluntad, partiendo lo que tienen los unos con los otros, y convidan con lo que tienen dándolo sin escacear, los cuales despues de perdido el temor venian á los navios, mostraban á la gente de acá muy grande amor y calida, y por cualquier cosa que de los navios les daban, daban ellos muchas gracias y lo recibian con mucha merced y como reliquia, y daban ellos á los

Lo que dieron á un marinero por una agujeta, y lo que á otros daban.

de acá cuanto tenian allí. Acaeció á un marinero por una agujeta, haber un peso de dos castellanos y medio de oro, y á otros, por cositas de poco valor así mesmo, mucho más, y por blancas nuevas daban por uno dos pesos de oro de tres castellanos; é una arroba, é dos de algodon, hilado, que tienen mucho en aquellas tierras. No conoció Christobal Colon, ni los que con él en este viaje fueron, la creencia ni seta de estas gentes, y al cielo señalaban que creian que allí era la fuerza y santidad toda, é pensaban é creian que

La creencia de la gente.

aquella gente con aquella armada que allí habia ido era salida del cielo y que eran gente de otro mundo, y con aquel acatamiento y reverencia los reverenciaban en todo lugar, despues de haber perdido el temor; y esto no por que ellos fuesen tan inocentes y de tan poco entender, que es gente muy sutil y de muy agudo injenio, y hombres que navegan todas aquellas mares, y es maravilla la cuenta que dan de todo, salvo que nunca vieron gente vestida ni semejantes navios; ni los habian oido decir.

Coje Christobal Colon algunos indios, y de que sirvieron.

Luego como Christobal Colon llegó á las indias con su armada, en la primera isla tomó algunos indios por fuerza para haber noticia de las cosas de allá, y fué así qué ora por señas ora por hablas, muy presto se entendieron los de los navios con ellos; y estos aprovecharon mucho en el viaje; que por donde llegaban soltaban y en-

viaban algunos, y ellos iban diciendo por la tierra á grandes voces: «venid, venid á ver gente que
vino del cielo,» y los que oian, desque se infor-
maban bien de ello iban á decirlo á otros por la
tierra de lugar en lugar, y de villa en villa, que
viniesen á ver tan maravillosa gente que venia
del cielo, y así todos, hombres y mujeres, venian
á ver tan gran maravilla, y despues de haber perdido el miedo, y los corazones seguros, todos
se llegaban sin temor á los hombres de acá de la
armada, y les traian de comer y beber maravillosamente, de lo que tenian ellos. Tenian en todas aquellas islas unas naves con que navegaban,
que llaman canoas, que son y eran de longura Canoas, y su hechura.
de fustas, de ellas grandes, y de ellas chicas sal-
vo que son angostas, por que no es cada una
mas que de un tronco de un árbol, y los facen
con piedras de pedernales muy agudas; y tales
hay que son tamañas como una fusta de ocho
bancos, mas una fusta no tendrá con ellas al remo,
por que van tan recias que no es de creer; y
con estas canoas navegan las gentes de aquellas
islas todas aquellas mares por allí, y tratan sus cosas unos con otros. Algunas canoas habia en que
cabian y navegaban sesenta hombres, y otras habia
mayores, en que cabian y navegaban ochenta hombres; cada uno con su remo en las manos, y en todas
aquellas dichas islas no vieron diversidad en la he-
chura y costumbres de las gentes, ni en la lengua, Facciones de los indios.
salvo que todos eran las gentes, las frentes y las caras
largas, las cabezas redondas, tan anchas de sien á
sien, como de la frente al colodrillo, los cabellos prie-

tos comentios, de medianos cuerpos, de color rojos,
y blancos mas que negros; todos parecia que se entendian y eran de una misma lengua, que es cosa
maravillosa en tantas islas, no haber diversidad de
lengua, y podíalo causar el navegar, que eran señores de la mar, y por eso en las islas Canarias no
se entendian, por que no tenian con que navegar,
y en cada isla habia una lengua. Ya dije como
Colon habia andado en derredor de la isla á que puso nombre Juana, con su navio ciento y siete leguas por la costa de la mar, por derecha línea,
por lo cual dijo que le parecia ser mayor isla que
Inglaterra y Escocia juntas. De la parte del poniente de la isla Juana quedaron dos provincias
Descubren otras islas y sus distancias que Colon no anduvo, á la una llaman los indios
Naan, donde dicen que nacen los hombres con la
cola, empero yó no creo que sea allí, segun se
señala en el mapa-mundi, en lo que yo he leido,
y si es allí, no tardará mucho en se ver, con la
ayuda de Dios; las cuales islas y provincias, segun
los indios decian, podian tener cincuenta ó sesenta
leguas cada una de longura.

La isla Española, á quien los indios llaman
Haïtí, es entre las otras ya dichas ansí como oro
entre plata, es muy grande, é muy fermosa, de
árboles de rios, de montes de campos, es de muy
fermosos mares é puertos; tiene un circuito mas
que toda España desde Colibre, que es en Cataluña, cerca de Perpiñan, por la costa del mar de
España en derredor de Granada, y Portugal y Galicia, é Vizcaya fasta Fuenterrabia, que es en cabo
de Vizcaya; é ellos anduvieron ciento y ochenta y

ocho leguas en cuadro por derecha línea de Occidente á Oriente, y por aquí pareció su grandeza de esta Española, que es muy grande, y esta
en lugar más convenible y mejor comarca para
las minas del oro y para todo trato, así de la
tierra firme de acá, como de la tierra firme de
allá. Tomó asiento Christobal Colon allí en la Es- Toma Colon
pañola, *Haïti* llamada por los indios, en una villa asiento en la
á la cual puso nombre la villa de la *Navidad,* Isla Española,
y dejó allí cuarenta hombres con artillería é armas y deja cuarenta hombres
é vituallas, comenzando á hacer una fortaleza,
y dejó maestros para la facer, y dejóles que co-
miesen fasta cierto tiempo, y dejó allí hombres
de los que llevó especiales y de buen saber y entender para todo, y fué forzoso, segun pareció,
dejarlos, por que como se perdió el un navio,
no habia en que viniesen, y esto se calló acá y
se dijo que no quedaban sinó por comienzo de
pobladores; y puso su amistad Colon con un Rey
de aquella comarca, donde dejó la gente, y otor- El navio que se
gáronse muchos por amigos como hermanos, y perdió de los
encomendóle Colon aquellos hombres que allá deja- que llevó Co-
ba. La nao se perdió en la Española cerca de lon, fué en di-
donde dejó aquellos cuarenta hombres. cha isla
Hay allí en la entrada de las Indias ciertas
islas, que llaman los indios de las islas ya dichas
Caribes, que son pobladas de unas gentes que estos
tienen por muy feroces, y han de ellos muy gran
temor, por que comen carne humana; estos tienen muchas canoas con las cuales corren todas
aquellas islas comarcanas y roban cuanto pueden
y fallan, y llevan presos los hombres y mugeres

que pueden, y mátanlos y cómenlos, lo cual es cosa de muy grande admiracion y espanto. Ellos no son más disformes que los otros, salvo que tienen esta mala costumbre, y son gente más es-

Indios caríbes, sus armas. forzada, y tienen muchas armas, que usan flechas é arcos de cañas, y ponen en las flechas un palillo agudo al cabo, ó espinas de pescados por defecto de hierro, que no tienen. Estos traen los cabellos luengos como mugeres, y son temidos por feroces, entre estos pueblos e islas susodichas, y esto es por que los otros son gentes muy cobardes, y muy domésticas y sin malicia, mas no por que ellos sean fuertes, ni las gentes de acá los hayan de tener en más que á los otros.

Frutos de estas islas Y en las islas de estos Caribes, y en las otras susodichas hay oro sin cuento, é infinito algodon, especialmente muchas especias como es pimienta, que quema y tiene mayor fuerza que la pimienta que usamos en España cuatro tantos, la cual todas aquellas gentes tienen por cosa muy provechosa y muy medicinal y hay árboles de lino, aloé, y almástiga, y ruibarbo, y otras muchas buenas cosas, segun pareció al dicho Colon. No habia res de cuatro piés, ni alimaña de las de acá pudie-

Nutras. ron ver en cuantas islas de esta vez descubrieron, salvo unos gozquillos chiquitos, y en los campos unos ratones grandísimos, que llaman *hutias* que

Año de 1493. Vuelve á Castilla Colon, y entra en Palos y despues en Sevilla, y es bien recibido, y deja allí cuatro iudios. comen y son muy sabrosos, y cómenlo como acá los conejos, y en tal precio los tienen. Hay muchas aves difererentes todas á las de acá, especialmente muchos papagayos.

Descubierta la tierra susodicha por el dicho

Cristóbal Colon, se vino á Castilla, é llegó á Palos á veinte y tres de Marzo, año de 1493 años, y entró en Sevilla con mucha honra á treinta y un dias del mes de Marzo, Domingo de Ramos, bien probada su intencion, donde le fué fecho buen recibimiento; trujo diez índios, de los cuales dejó en Sevilla cuatro, y llevó á Barcelona á enseñar á la Reina y al Rey seis, donde fué muy bien recibido, y el Rey y la Reina le dieron gran crédito, y le mandaron aderezar otra armada mayor y volver con ella, y le dieron título de Almirante mayor de la mar Océano, de las Indias, y le mandaron llamar *D. Cristóbal Colon*, por honra de la dignidad; é él se partió de Barcelona, encomendado al muy honrado y discreto varon D. Juan de Fonseca, Arcediano que era entónces de Sevilla, Obispo que fué de Badajoz, é despues de Córdoba, é despues de Palencia, y Conde de Pernia, que tenia el cargo estonce por Sus Altezas de las armadas y grandes negocios de Sevilla y de esta Andalucía; y de allí con este concierto se vino á Sevilla, donde en breve tiempo fué proveido de la dicha armada, y de la gente, y vituallas y mantenimientos que para ella fueron menester, y de capitanes, y de justicias y de hombres letrados, y físicos, y hombres de muy buen consejo, y de armas, y de todas las otras cosas que para ello era menester, y de muy buenos navíos, y de muy escojidos marineros, y de hombres buenos cribes para saber conocer y apurar el oro.

Pasa á Barcelona, y el Rey y la Reina le honran, y dan título de Almirante.

De órden de los Reyes D. Juan de Fonseca, arcediano de Sevilla, le provee de armada.

FIN DEL TOMO PRIMERO.

ÍNDICE

DE LOS CAPÍTULOS CONTENIDOS EN ESTE LIBRO.

(*) *No tiene título. Trata de las consecuencias que tuvo el haberse declarado el Arzobispo de Toledo por el Rey de Portugal.*

376

(*) Este Capítulo no toca esto, sino en el siguiente, y en él se trata de la conquista de otros lugares que el Rey hizo y los suyos, y del reencuentro del Conde de Cabra con el Rey de Granada.

378

(*) *Este capítulo no trata en todo él de Perpiñan*

(**) *En este capítulo es donde se trata del empeño de Perpiñan, y para que sirvió lo que se dió por él y otras plazas.*

(***) *No tiene título. Trata de la muerte del Rey de Nápoles
y entrega de Perpiñan*

Se imprimió la presente obra en la imprenta
que fué de don José M.ª Geofrin calle
de las Sierpes número 35 antiguo, 73
moderno.—Acabóse este primer vo-
lúmen, á dos dias del mes de
Agosto de 1869
años.

SEÑORES

12. *Sr. D. Manuel María Asensio y Toledo.*
13. » *Fernando de Gabriel y Ruiz de Apodaca.*
14. *William Stirling Maxwell.-Bart.*
15. *Frederic William Cosens.-Esq.*
16. *Robert S. Turner.-Esq.*
17. *Mr. Adolfo Federico Schack.*
18. *Illmo. Sr. D. Manuel de Bedmar.*
19. *Sr. D. José Fernandez y Velasco.*
20. » *José Lamarque de Novoa.*
21. » *José de Hoyos.*
22. » *José de Buiza y Mensaque.*
23. » *Vicente Tovia.*
24. » *Gonzalo Segovia y Ardizone.*
25. » *Manuel Urzay.*
26. » *Modesto de Castro.*
27. » *Manuel Andérica.*
28. » *Mariano Zabalburu.*
29. » *Antonio Charlain.*
30. » *Manuel Laraña.*
31. » *Francisco Portillo, Pro.*
32. » *José Rojo.*
33. » *Leocadio Lopez.*
34. » *Eduardo Cano.*
35. » *Francisco de Toledo.*
36. » *José García y Guerra.*
37. » *Manuel de la Cueva.*
38. » *Joaquin Emilio Guichot.*
39. » *Narciso J. Suarez.*
40. » *Fernando Baños.*
41. *Mr. Maisonneuve et comp.*

42. *Sr. D. Luis Vidart.*
43. » *Francisco Collantes.*
44. *La Biblioteca provincial de Sevilla.*
45. *Sr. D. José María Montoto.*
46. » *Cayetano de Ester.*
47. » *Gregorio Cruzada Villaamil.*
48. » *Ramon Sanjuanena y Nadal.*
49. » *Feliciano Ramirez de Arellano.*
50. » *Eduardo de Mariategui.*
51. » *Francisco Mateos Gago, Pro.*
52. » *Francisco Escudero y Perosso.*
53. » *Alejandro Groizard.*
54. » *Francisco Asenjo Barbieri.*
55. » *Juan José Diaz.*
56. » *Francisco de Orejuela y Placer.*
57. » *José Escudero de la Peña.*
58. » *Cayetano Rossell.*
59. » *Antonio Colom y Osorio.*
60. » *Juan Manuel Alvarez, Pro.*
61. » *Federico Rubio.*
62. » *Antonio María Fabié.*
63. » *Rafael Laffitte y Castro.*
64. » *Juan José Bueno.*
65. *George Ticknor.--Esq.*
66. *Venerable Archdeacon Churton.*
67. *Excmo. Sr. D. Antonio Cánovas del Castillo.*
68. *Sr. D. Pedro Salvá.*
69. *Excmo. Sr. D. Leopoldo Augusto de Cueto.*
70. *Illmo. Sr. D. Fermin de la Puente y Apezechea.*
71. *Sr. D. Antonio Sendras y Gambino.*

Ingram Content Group UK Ltd.
Milton Keynes UK
UKHW022211060623
422990UK00005B/160